国家社科基金项目成果 *经管* 文库

Measurement and Evaluation of the Dynamic Effects of
the New Energy Vehicle Industry Support Policies under
High-Quality Development

高质量发展视域下
新能源汽车产业扶持政策
动态效应测度与评价研究

周银香／著

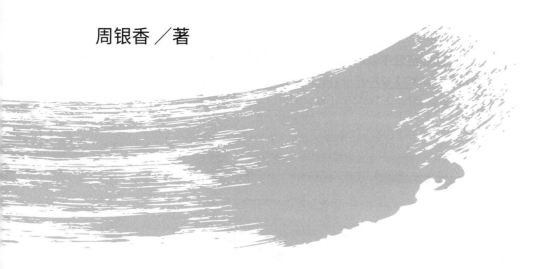

中国财经出版传媒集团
经济科学出版社
Economic Science Press
·北 京·

图书在版编目（CIP）数据

高质量发展视域下新能源汽车产业扶持政策动态效应
测度与评价研究／周银香著 . -- 北京：经济科学出版
社，2024.12. --（国家社科基金项目成果经管文库）.
ISBN 978 - 7 - 5218 - 6511 - 0

Ⅰ. F426.471

中国国家版本馆 CIP 数据核字第 2024A52B78 号

责任编辑：张　燕
责任校对：杨　海
责任印制：张佳裕

高质量发展视域下新能源汽车产业扶持政策动态效应测度与评价研究

GAOZHILIANG FAZHAN SHIYU XIA XINNENGYUAN QICHE CHANYE FUCHI
ZHENGCE DONGTAI XIAOYING CEDU YU PINGJIA YANJIU

周银香　著

经济科学出版社出版、发行　新华书店经销
社址：北京市海淀区阜成路甲 28 号　邮编：100142
总编部电话：010 - 88191217　发行部电话：010 - 88191522
网址：www. esp. com. cn
电子邮箱：esp@ esp. com. cn
天猫网店：经济科学出版社旗舰店
网址：http://jjkxcbs. tmall. com
北京季蜂印刷有限公司印装
710 ×1000　16 开　19 印张　320000 字
2024 年 12 月第 1 版　2024 年 12 月第 1 次印刷
ISBN 978 - 7 - 5218 - 6511 - 0　定价：99.00 元
（图书出现印装问题，本社负责调换。电话：010 - 88191545）
（版权所有　侵权必究　打击盗版　举报热线：010 - 88191661
QQ：2242791300　营销中心电话：010 - 88191537
电子邮箱：dbts@ esp. com. cn）

国家社科基金项目成果经管文库
出版说明

经济科学出版社自 1983 年建社以来一直重视集纳国内外优秀学术成果予以出版。诞生于改革开放发轫时期的经济科学出版社，天然地与改革开放脉搏相通，天然地具有密切关注经济领域前沿成果、倾心展示学界翘楚深刻思想的基因。

2018 年恰逢改革开放 40 周年，40 年中，我国不仅在经济建设领域取得了举世瞩目的成就，而且在经济学、管理学相关研究领域也有了长足发展。国家社会科学基金项目无疑在引领各学科向纵深研究方面起到重要作用。国家社会科学基金项目自 1991 年设立以来，不断征集、遴选优秀的前瞻性课题予以资助，经济科学出版社出版了其中经济学科相关的诸多成果，但这些成果过去仅以单行本出版发行，难见系统。为更加体系化地展示经济、管理学界多年来躬耕的成果，在改革开放 40 周年之际，我们推出"国家社科基金项目成果经管文库"，将组织一批国家社科基金经济类、管理类及其他相关或交叉学科的成果纳入，以期各成果相得益彰，蔚为大观，既有利于学科成果积累传承，又有利于研究者研读查考。

本文库中的图书将陆续与读者见面，欢迎相关领域研究者的成果在此文库中呈现，亦仰赖学界前辈、专家学者大力推荐，并敬请经济学界、管理学界给予我们批评、建议，帮助我们出好这套文库。

经济科学出版社经管编辑中心

2018 年 12 月

　　本书是国家社会科学基金项目"高质量发展视域下新能源汽车产业扶持政策动态效应测度与评价研究（20BTJ007）"的最终成果。

　　本书同时受到国家社会科学基金重点项目（24ATJ004）、国家社会科学基金一般项目（15BTJ025）等联合资助。

前言

Preface

　　中国经济发展已由高速增长阶段转向高质量发展阶段，从关注经济增长一个维度，转向关注社会经济发展、民生福祉、生态环境等多个维度。新能源汽车产业作为国家战略性新兴产业和支柱性产业，涉及国家能源安全、节能减排、汽车产业转型升级等多重领域，紧密联系着众多上下游关联产业，并成为"蓝天保卫战"的重要战略支撑，对经济高质量发展有着重要的影响。

　　为加强对新能源汽车产业的宏观规划，以确保新能源汽车产业长远高质量发展，中国政府自2009年开始，相继出台了关于新能源汽车推广和价格补贴的系列扶持政策，驱动新能源汽车产业发展进入快车道。但新兴产业不可能一直依靠政策"小灶"永续发展，扶持政策既具有拉动产业发展的正效应，也会带来产业粗放式发展的负效应。基于此，政府于2017年出台"退坡"政策，并预计2020年底补贴政策将完全退出。然而，在技术尚不足以完全支撑企业消化补贴"退坡"后的巨大压力下，2019年下半年中国新能源汽车产销量出现了40%左右的"断崖式"下滑①。为此，工信部提出暂缓补贴"退坡"，并由国务院常务会议确定于2020年和2022年先后两次延续该政策，2023年再次提出将新能源汽车购置税减免政策延长至2027年底。出乎预料的"'退坡'放缓"消息，对于面临"断奶"压力的新能源车企来说是一个利

---

　　① 中国汽车工业协会. 2019年7-11月汽车工业经济运行情况［EB/OL］. http：//www.caam. org.cn/chn/4/cate_38/list_8.html.

好，但对于新能源汽车产业的未来而言，要真正在竞争中能劈波斩浪才能行稳致远。同时，作为创新驱动下的战略性新兴产业，其创新价值链代表着新能源汽车从技术创新源的获得到将创新源转化为新产品，并最终实现产品推广与企业价值增值的过程，各个环节环环相扣、连续递进，其中任何一个环节呈现脆弱性都会导致整体创新效率降低。因此，客观评价新能源汽车产业创新价值链各环节的政策工具质量与效能，科学测度新能源汽车产业扶持政策的动态效应，综合评估政策实施对经济高质量发展所产生的直接效应和波及效应，进而优化政策工具选择以保证政策实施的前瞻性、连续性和实效性，对于推动新能源汽车产业的可持续高质量发展和全社会的节能减排均具有重要的现实意义。

本书基于政策工具与创新价值链的双重视域，运用文本挖掘、内容分析法和 PMC 指数理论，对新能源汽车创新价值链各环节的政策质量与效能进行量化评价；同时，基于政策工具供给侧、需求侧、环境侧三端分类，运用倾向得分匹配法，构建多时点双重差分（PSM - DID）模型及空间面板模型，探究新能源汽车产业政策对创新价值链各环节的驱动效应及扶持政策实施效果的地域异质性；进一步，构建新能源汽车产业"政策—环境—经济"的动态混合 CGE 模型，模拟政策实施及"退坡"对新能源汽车产业高质量发展的直接效应，对相关行业、宏观经济、民生福利及生态环境等领域的波及效应，以及组合政策的协同效应。

首先，对新能源汽车产业政策公众感知及"质量""效能"进行分析。依据新能源汽车产业发展阶段特点，将新能源汽车产业政策的发展历程分为战略规划期、导入期及调整期三个阶段，采用罗斯韦尔和泽格维尔德（Rothwell & Zegveld，1981）提出的基于作用面的政策工具分类法，全面梳理归类形成政策谱系，并从供给端、需求端与环境端三个维度剖析政策影响生产者、消费者和管理者（政府）的行为，进而对经济发展、民生福祉、生态环境等高质量发展的作用机理。同时，通过百度引擎、北大法宝数据库、电动汽车论坛等网络平台，采用网络爬虫技术获取公众对于新能源汽车产业政策评价的相关网络信息，并运用语义网络分析和 LDA 主题模型探究公众对新能源汽车产业政策的感知状况。在此基础上，引入创新价值链理论，将新能源汽车产业创新价值链划分为技术研发、产业化与市场化三个环节，构建

"政策工具—创新价值链"二维框架，采用文本挖掘和内容分析方法，对新能源汽车产业政策"质量"进行文本分析，并构建 PMC 指数模型对新能源汽车产业政策"效能"进行量化评价。

其次，对新能源汽车产业政策工具实施效果及地域异质性进行测度。基于"政策工具—创新价值链"二维框架，构建多时点 PSM－DID 模型分析创新价值链视角下新能源汽车产业政策的实施效果。在此基础上，运用 GIS 空间分析方法，分析省域新能源汽车政策的动态演化特征，并采用标准差椭圆法探究新能源汽车政策的空间演进特征；进一步，基于中国省域新能源汽车销量的面板数据，构建固定效应面板模型，剖析扶持政策效果的地域异质性及其差异成因。

最后，对新能源汽车产业扶持政策及政策"退坡"成效进行模拟分析。依据 Walras 一般均衡理论，将新能源汽车产业扶持政策，特别是将居民新能源汽车购买行为选择模型嵌入标准 CGE 模型框架内，构建一个涵盖经济、新能源汽车产业、燃料产业及居民新能源汽车购买选择行为的动态混合 CGE 模型；在此基础上，设计五种政策情形，模拟扶持政策实施及政策"退坡"对宏观经济、新能源汽车消费需求、能源消耗碳排放、社会福利及其他产业部门的直接影响及波及效应。

研究结果表明：（1）新能源汽车产业政策的讨论热度持续升高，"购置税""补贴""充电"等是公众关注的聚焦热点，充电桩等充电设施的匮乏成为制约新能源汽车发展的主要瓶颈之一。（2）三类基本工具中，环境型政策工具总体过溢，供给型政策工具占比尚可，但需求型政策工具总量明显不足；三类政策工具对创新价值链各环节的驱动效应差异明显，其中技术研发环节的正向效应较为显著，但产业化与市场化方面的作用效应则各不相同。（3）新能源汽车全面市场化发展存在不均衡不充分的问题，但各省份之间的政策扩散存在较为显著的空间集聚效应及近邻效应。（4）新能源汽车产业扶持政策有利于能源消费结构和产业结构优化，碳减排效应也较为显著，但长期动态减排效应有所减弱。（5）新能源汽车产业扶持政策有利于促进新能源汽车的消费需求和提升社会福利，但无助于推动乘用车消费升级。为此，本书从以下方面提出我国新能源汽车产业高质量可持续发展及助力"双碳"目标实现的政策建议：调整三类基本政策工具的总量占比，优化类型内部结构；提高技术研发环节政策质量与效能，完善技术研发环节政策力度、政策目标明确性与政策措施具体性；优化政策组合及政策"退坡"路径等。

著　者
2024 年 10 月

目 录
Contents

第1章 绪 论

1.1 研究背景

全球变暖和极端气候事件频发严重威胁生态平衡与社会经济发展，二氧化碳等温室气体排放量不断增加导致全球气候变化加剧，进而影响全人类生存环境。据国际能源署（IEA）发布的报告显示，2022 年全球与能源相关的二氧化碳排放量再创新高，达到 368 亿吨以上。第 26 届联合国气候变化大会上，世界气象组织发布的临时报告称，"创纪录的"大气温室气体浓度和热量积累已经将地球"推向未知的领域"，并将对今世和后代产生深远的影响。为此，积极探寻低碳发展路径既是可持续发展的内在要求，也是构建人类命运共同体的必然选择。作为全球气候治理的积极参与者和支持者，2020年 9 月中国政府在第七十五届联合国大会上正式提出，中国将采取更加有力的政策和措施，力争于 2030 年前二氧化碳排放达到峰值，努力争取 2060 年前实现碳中和[1]。2020 年 12 月，在联合国及有关国家倡议共同举办的气候雄心峰会上，习近平主席进一步提出"到 2030 年单位国内生产总值二氧化碳排放将比 2005 年下降65%以上，非化石能源占一次能源消费比重将达到25%左右"的国家自主贡献目标[2]。2021 年 10 月，中共中央、国务院下发《关于完整准确全面贯彻新发展理念做好碳达峰碳中和工作的意见》，强调以能源绿色低碳发展为关键，确保碳达峰、碳中和（即"双碳"）目标如期实现。可见，

---

[1] 习近平. 在第七十五届联合国大会一般性辩论上的讲话［R］. 北京：2020 – 9 – 22.

[2] 习近平. 继往开来，开启全球应对气候变化新征程［R］. 北京：气候雄心峰会，2020 – 12 – 12.

碳达峰、碳中和已成为我国的重大战略决策。然而，作为世界最大的发展中国家和全球第一碳排放大国，要如期实现"双碳"目标无疑是一项复杂的系统工程，需要在涵盖能源、工业、交通等关键部门的长期战略指引下，从政策保障、财税支持及多目标协同等角度探索有效的实现路径。

新能源汽车产业作为战略性新兴产业的重点发展领域之一，涉及国家能源安全、节能减排、汽车产业转型升级等多重领域，紧密联系着众多上下游关联产业，被喻为一种"绿色"产业，并成为"蓝天保卫战"的重要战略支撑，对经济高质量发展有着重要的影响，更是实现碳达峰、碳中和的强有力手段（周银香等，2023）。但与传统燃油车相比，新能源汽车存在着销售价格偏高、充电配套设施不完善和技术成熟度偏低等问题，导致消费者对新能源汽车的接受度尚不够高，制约了新能源汽车产业的快速发展。为加强对新能源汽车产业的宏观规划，以确保新能源汽车产业长远的高质量发展，中国各级政府自2009年开始，从供需双侧相继出台了关于新能源汽车推广试点和价格补贴的系列扶持政策，如鼓励充电设施建设、免征购置税、财政补贴及免费专用牌照等，并于2019年12月3日发布《新能源汽车产业发展规划（2021~2035年）》，提出到2025年新能源汽车新车销量占比要达到20%左右，2021年起国家生态文明试验区、大气污染防治重点区域公共领域新增或更新用车需要全部使用新能源汽车。

在国家战略规划和系列扶持政策的驱动下，新能源汽车产销快速增长，产业发展进入快车道，新能源汽车产销量连续8年位居世界第一。工信部发布的《2022年12月汽车工业经济运行情况》报告显示，2022年我国汽车总产量达到2702.1万辆，总销量达到2686.4万辆，连续14年蝉联全球第一。2022年我国新能源汽车销量达到688.7万辆，创下销量历史新高，占比已经达到了汽车总销量的25.6%，相较于2020年占比不足6%的水平，新能源汽车的市场占比已经大幅度提升。中国汽车工业协会发布的《2023年7月新能源汽车产销情况简析》显示，2023年前7个月我国新能源汽车产销量分别达459.1万辆和452.6万辆，同比分别增长40%和41.7%，这些均与近年来国家和地方政府出台的一系列产业扶持政策息息相关。

然而，作为创新驱动下的新兴战略产业，不可能一直依靠政策"小灶"永续发展，扶助政策既具有拉动产业发展的正效应，也会让部分新能源汽车厂商产生"补贴依赖症"，尤其是大量补贴在刺激新能源汽车产业快速发展的同时，也造成产业粗放式发展，即产生负效应；同时，补贴政策在制定和执行过程中也会存在诸多不足，高效的推广数据背后隐含着极大的风险。基于此，中国政府于 2017 年初出台并开始执行补贴"退坡"政策，其中 2019 年 6月为高"退坡"率政策的分水岭，并预计 2020 年底补贴政策将完全退出。然而，在技术尚不足以完全支撑企业消化补贴"退坡"后的巨大压力下，2019年下半年中国新能源汽车产销量出现了 40% 左右的"断崖式"下滑。为此，工信部提出暂缓补贴"退坡"，并由国务院常务会议确定于 2020 年和 2022 年先后两次延续该政策，2023 年再次提出将新能源汽车车辆购置税减免政策延长至 2027 年底；同时积极推进"特斯拉中国化"、投资准入及"双积分"等市场化政策接力补贴政策，以形成新能源汽车产业发展的长效机制。出乎预料的"'退坡'放缓"消息，对于面临"断奶"压力的新能源车企来说是一个利好，但对于新能源汽车产业的未来而言，要真正在竞争中能劈波斩浪才能行稳致远。

　　同时，新能源汽车产业作为创新驱动下的战略性新兴产业和具有较强正外部性的"准公共产品"，发展过程中面临着创新风险高、周期长并有着较强的外溢性等诸多创新难题。从创新的产生到创新成果的转化，再到实现产业的价值增值，是一个各环节紧密联系、系统互动的价值创造过程，这一过程需要各部门协同合作，形成从研发、生产到市场化的完整创新价值链。其创新价值链代表着新能源汽车从技术创新源的获得到将创新源转化为新产品，并最终实现产品推广与企业价值增值的过程，各个环节环环相扣、连续递进，整个创新价值链均离不开政策的有力保障。首先，政策对创新价值链各环节的推动可以作为新兴产业成长的阶段性政策目标；其次，创新价值链的环节划分是对新能源汽车产业成长过程的一个分解，这有助于细致探讨不同类型扶持政策如何助推新能源汽车产业阶段性地成长。从宏观层面来看，中国政府近年来出台了一系列新能源汽车产业"补贴型"和"非补贴型"政策以引导新能源汽车产业研发创新、技术推广并将创新成果转化为商业价值，同时推动消费者提升对新能源汽车的市场需求。这些政策有效地促进了新能源汽车产业规模的迅速扩张，但是产业政策对于研发创新及技术推广等创新价值链各环节的激励效应一直不乏争议。从微观层面来看，由于新兴产业政策在实施过程中常常面临"逆向选择"和"道德风险"问题，部分新能源车企为了套取政策利益，一味追求创新数量而忽略创新质量，甚至出现恶性"骗补"等现象，显然有悖于新能源汽车产业政策意图。

由此可见，我国当前新能源产业政策仍待优化调整，扶持政策作用于新能源汽车产业创新价值链各环节的成效需要深入探究。特别地，当前中国经济发展已由高速增长阶段转向高质量发展阶段，从关注经济增长一个维度，转向关注经济发展、民生福祉、生态环境等多个维度。新能源汽车产业作为宏观经济与社会发展的主动脉，无论从相关产业的拉动效应还是从对新兴产业培育壮大、经济高质量发展、节能减排及服务民生的贡献来看，其"支柱产业"的地位都极其重要，主管部门的决策水平不仅影响着新能源汽车产业的发展，对国民经济的整体运行也会产生极为关键的波及效应。因此，科学评价新能源汽车产业供需双侧政策工具，从创新价值链的视角对新能源汽车产业政策工具进行整体把握与正确判断，探究新能源汽车产业扶持政策与环境、经济及民生福利的均衡关系，综合评估政策实施所产生的直接效果和波及效应，进而优化政策工具选择以保证政策实施的前瞻性、连续性和实效性，对于推动新能源汽车产业的可持续发展和全社会的高质量发展具有重要的现实意义。

1.2　国内外研究文献综述

1.2.1　新能源汽车产业政策工具研究

1.2.1.1　政策工具分类与评价方法应用

政策工具即政策执行过程中所采取的手段和机制，代表着政府的政策价值及政治理念，在一系列基本政策工具设计、搭配、整合、作用下便形成了政策（张永安，2017）。对于政策工具的分类研究，最为经典的是罗斯韦尔和泽格维尔德（Rothwell & Zegveld，1985）将政策工具划分为供给型、需求型和环境型三大类。施奈德和英格拉姆（Schneider & Ingram，1990）在研究中将政策工具划分为权威型、激励型、能力型、符号和规劝及学习型五类。伍尔图斯等（Woolthuis，2005）将政策工具分为战略层、综合层及基本层。黄启佑等（Huang et al，2007）在产业政策研究中将政策工具划分为战略型、综合型与基本型，提出引导产业创新的政策工具通过作用于供给端的研发活动和需求端的国内外市场从而促进产业创新，这些政策工具主要有研发投入、财政政策、税收政策、公共服务、法律法规、政府采购、国际代理等。陶学荣（2006）从经济性、行政性、管理性、政治性和社会性五个方面对政策工具进行划分。丁云霞（2019）在罗斯韦尔和泽格维尔德（1985）的政策工具分类基础上，进一步对公共科技政策进行二阶段分类。樊兴菊等（2020）将政策工具分为命令控制型、经济激励型和公众参与型。杨旭（2021）从环境型、供给型、需求型、劝导型四个维度对政策工具进行划分。刘传俊（2022）将政策工具划分为权威型、社会型、经济型三类。但无论国内还是国外学者，对于政策工具的划分大多是基于自身不同的认知视角来进行的，侧重点不同区分方式也不一样，对于政策的把握也不尽相同。

对于政策工具的评价方法，爱德华和萨奇曼（Edward & Suchman，1967）建立了五类评估，奥维尔和波兰（Oville & Poland，1974）建立了"三 E"评估分类架构。沃尔曼（Wollmann，2007）通过揭示因果关系来分析政策的作用成果以及政策对社会的影响，提出了经典的政策评价方法。卡雷拉等（Carreira，2008）根据各项政策目标的不同，将公共政策评价从法律监管、决议和刺激性方案、技术经济效应和信息量四个方面进行解析。时丹丹等（2011）、马爱霞（2018）等在评价政策时构建了 ARIMA 模型及 BP 人工神经网络，赵维双（2013）、徐新鹏（2013）、李宸等（2017）、高宏霞等（2019）、汪苏（2021）、王浩伟（2023）等运用模糊综合评价法、层次分析法等方法评价相关政策。以上各种政策评价方法均具有一定的科学性和合理性，但多数方法的缺陷体现在主观性较强和精确度较低等方面。为此，由鲁伊斯·埃斯特拉达（Ruiz Estrada，2011）基于万物皆动（Omnia Mobilis）假说而提出的一种政策文本量化评价方法——政策建模一致性（Policy Modeling Consistency，PMC）指数模型开始被学者们采用。PMC 指数模型融合了传统文本挖掘与先进数学工具，通过 PMC 指数值和 PMC 曲面，多维度量化评价和对比政策的差异性和优劣势，是目前节能环保、大数据、人工智能等新兴产业领域较为先进的政策评价方法（Dai et al，2021；胡峰等，2020；戚湧和张锋，2020；臧维等，2021；周城雄等，2017）。

1.2.1.2　新能源汽车产业政策工具研究热点与趋势

选取中国知网数据库 CNKI、中文社会科学引文索引数据库和科学引文索引数据库为文献的主要来源，以 2013～2023 年作为文献检索的时间范围。分别以"新能源汽车政策工具""电动汽车政策工具""环境政策工具"等作为关键词进行检索，对数据进行逐一筛查，对其中的会议通知、新闻稿件等非学术研究类文献及重复文献进行删除，最终得到 441 条有效数据。

应用 CiteSpace 软件，对整理后的新能源汽车产业政策工具研究的相关文献进行关键词共现分析，关键词共同出现的频率越高，说明两者之间的联系就越紧密。关键词共现网络如图 1-1 所示。

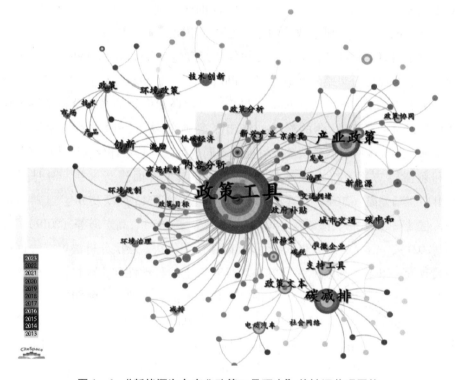

图 1-1　"新能源汽车产业政策工具研究"关键词共现网络

注：笔者采用 CiteSpace 软件分析绘制。

图中的字体大小表示关键词在研究中出现的次数，字体越大表明其出现的频率越高，关键词之间的连线表明关键词之间的紧密程度。结合图 1-1 及可视化分析软件提供的相关数据来看，出现频次较高的关键词主要为政策工具、产业政策、碳减排、内容分析、政策文本、支持工具、环境政策、技术创新、碳中和、电动汽车、政策分析、政策协同、创新、低碳经济、政府补贴、新兴产业等。由此可见，新能源汽车产业发展的政策工具研究方向较多，得出的结果较为丰富，一方面，展现了新能源汽车发展的政策方向可从产业政策、环境政策、创新政策等多方面入手，同时也展现了较为具体的方案如政府补贴、技术创新、政策协同等。另一方面，展现了新能源汽车产业的发展与当前碳减排和碳中和概念的关联性较高。

关键词共现分析是对新能源汽车产业政策工具的一个总体研究，词频统计得出的关键词特点可从宏观的角度进行分析（计方和吴俊霖，2023）。基于此，进一步运用 CiteSpace 软件对以上关键词进行聚类分析，通过计算归纳，400 多篇文献被分为了九个大类，将其中前六个聚类簇作可视化处理，结果如图 1-2 所示。

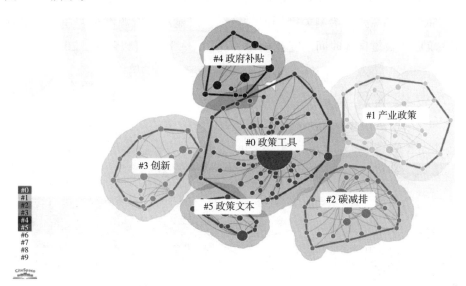

图 1-2　"新能源汽车产业政策工具研究"关键词聚类图

注：笔者采用 CiteSpace 软件分析绘制。

如图 1-2 所示，前六个聚类簇分别为政策工具、产业政策、碳减排、创新、政府补贴及政策文本，且聚类簇较为独立，将聚类簇内的关键词概括、整理，聚类簇名称与其所包含的主要关键词等详细信息如表 1-1 所示。

表1-1　　　　　　　　新能源汽车产业政策工具研究关键词聚类高频词

聚类簇名称	所包含的主要关键词
政策工具	政策目的；演化博弈；演变；协同；文本分析；对策研究；碳排放权；保有量；整合创新；动态博弈；作用机理；减量化；会展政策；干预策略；外部性
产业政策	新能源；政策建议；政策效果；人口密度；地域差异；市场渗透；图谱分析；政策协同；政策变迁；量化评价；协同治理；政府干预
碳减排	支持工具；低碳经济；碳税；制度创新；制度绩效；信息披露；税收优惠；财政补贴；地方政府；协同度；碳中和；价格型；减排路径
创新	政府规制；环境规制；市场；产品；技术；技术路线；激励；政策；协同创新；市场机制；监督；技术吸收；环保
政府补贴	政府采购；政策分析；仿真模拟；新兴产业；比较优势；电动汽车；分时租赁；交通仿真
政策文本	内容分析；价值链；产业链；发展政策；社会网络；产业集群；国际合作

根据对聚类簇关键词信息的读取，政策、创新、政府、协同等词语出现的频率较高，这与国内宏观的新能源汽车产业政策的研究内容具有较强的一致性。

依据聚类高频词绘制关键词的时区图，以显示新能源汽车产业政策工具相关文献中关键词随时间的变化规律（见图1-3）。可以看出，2013年文献

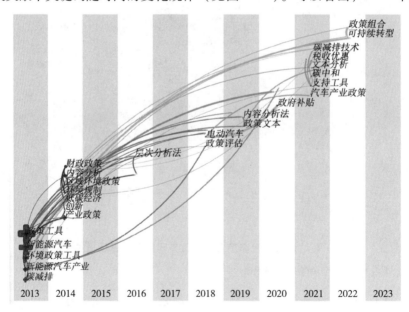

图1-3　"新能源汽车产业政策工具演变"关键词时区图

注：笔者采用 CiteSpace 软件分析绘制。

研究的关键词停留在政策工具、新能源汽车、碳减排及环境政策工具方面；随着时间的推移，研究方向与新能源汽车产业发展的政策不断扩充，研究方法也不断丰富，如内容分析法、层次分析法、政策评估法、文本分析法等逐渐应用到新能源汽车产业政策工具研究中；特别地，近几年学者开始关注碳中和背景下政策工具的组合与协同，以探究新能源汽车发展的可持续转型。

进一步，将文献中出现次数最多的关键词绘制突现图（见图1-4）。可以看出，环境政策在2013~2014年出现的次数最多，产业政策在2019~2020年出现的次数最多，而碳减排、支持工具及碳中和则在近三年出现次数最多，且碳减排的强度最大，这与新能源汽车产业发展的理念吻合。

关键词	首次出现	强度	开始	结束	2013~2023年
环境政策	2013	1.81	2013	2014	
产业政策	2014	2.84	2019	2020	
碳减排	2013	4.1	2021	2023	
支持工具	2021	3.12	2021	2023	
碳中和	2021	2.04	2021	2023	

图1-4 "新能源汽车产业政策工具演变"关键词突现图

注：笔者采用CiteSpace软件分析绘制。

通过对CNKI等数据库收录的相关文献进行可视化分析，得到如下结论：第一，从时间趋势及关键词的突现来看，学术界对于新能源汽车产业发展的政策工具的研究热度逐年增加。其原因主要是国家对碳减排及"双碳"目标的实现十分重视，因此对新能源汽车产业的扶持力度逐年加大，市场份额逐年增加，社会关注度在提高。第二，从研究重点的趋势来看，学者对于新能源汽车产业发展的政策工具从一开始的宏观研究逐渐转到微观层面，政策研究逐步细化并开始注重与技术创新的结合，且近几年学者开始从政策协同的角度进行研究，政策协同及协同创新逐渐成为研究热点，以实现新能源汽车产业的可持续转型。

1.2.2 新能源汽车产业政策效应评价研究

1.2.2.1 新能源汽车产业扶持政策效应的研究视角

新能源汽车产业扶持政策效应的研究视角主要体现在三个方面：一是对

新能源汽车销量或消费者购买意愿的影响效应，采用的方法包括市场调查
（Potoglou et al，2007；Beresteanu & Li，2011；Carley et al，2013；Ancon，
2014；John et al，2015；Zhang et al，2016；Wang et al，2017；Ghasri et al，
2019；许召建，2012；徐国虎和许芳，2015；孙晓华和徐帅，2018；李创，
2020）、博弈论（Shao et al，2017；Zheng et al，2018；王海啸和缪小明，2013；
曹国华等，2015；马亮等，2017；范如国等，2017；岳为众，2020；Tao et al，
2023）、计量经济模型等（Aiello & Cardamone，2008；Ambarish et al，2010；
唐葆君等，2011；熊勇清，2019；吴江和王梦，2023），多数研究表明，政策
补贴会直接影响新能源汽车产销量或消费者购买意愿，但也有少数研究发现
消费补贴和消费者购买意愿之间不存在显著的相关关系（Diamond，2009；
Zhang et al，2013）。二是对企业自主研发和技术创新的促进效应，认为财政
补贴在一定程度上能激励新能源汽车产业的研发投入和技术创新（Lee et al，
2010；Hidrue et al，2011；Harrison & Shepherd，2014；孙晓华等，2016；李
兆友等，2017；郑贵华，2019；梅吟晨，2019），但补贴政策应根据产业所处
的发展阶段进行动态调整，否则会产生挤出效应，造成创新投入不足（程广
宇，2010；谢梦等，2016；钟太勇和杜荣，2015；汪涛，2016；方天舒，
2023）。三是有关政府补贴对新能源汽车供应链影响的研究，提出在由电池供
应商、汽车制造商和零售商组成的新能源汽车供应链的不同环节中政府补贴
效应各异，适用差别化扶持政策（Mitra & Webster，2008；Hong et al，2012；
Huang et al，2013；Luo et al，2014；李苏秀等，2016；程永伟，2018；谢家
平等，2020）。可见，近年来密集出台的新能源汽车产业政策吸引了大量研究
者的注意力，但由于新能源汽车具有较强的正外部性特征且涉及众多关联行
业，对于产业政策的效应评估需要放大"评估体系"的外延，单一的研究视
角容易影响研究结论的实际指导成效。

1.2.2.2　新能源汽车产业扶持政策的作用和成效

新能源汽车作为具有较强正外部性的新兴技术产品，由于新兴产业的创
新和市场形成过程中存在市场失灵现象，政府扶持政策在新能源汽车产业的
发展过程中发挥了相当大的助推作用（Ahman，2006；Stiglitz，2009；Dia-
mond，2009；Engerer & Horn，2010；Turan et al，2012；Gong et al，2013；

Sierzchula et al, 2014；Leurent & Windisch, 2015）。从政策的具体实施手段来看，有直接影响企业或消费者利益所得的财政补贴、税收优惠、信贷支持等财税手段，也有间接改变企业或消费者利益水平的不限行、免费专用牌照等管制和服务政策。研究认为，财政补贴在一定程度上能助推处于发展初期的新能源汽车产业，有效化解市场失灵（Bruce, 2000；Francois, 2010；Ozaki & Sevastyanova, 2011；吴憩棠, 2010；顾瑞兰, 2013；张同斌等, 2017；郑小雪, 2020），但产业扩张后，政府补贴难以有效鼓励企业进行更多的研发投入，后果是同质化与产能过剩（曾耀明和史忠良, 2011；刘海洋等, 2012；周亚虹等, 2015；刘兰剑和赵志华, 2016；刘进, 2017；吉川和赵骅郑, 2019），而且粗放的补贴设计在实施过程中常常面临"逆向选择"和"道德风险"问题，容易诱使"骗补"现象频发（Liu & Liu, 2016；Zhang & Bai, 2017；安同良等, 2009；肖兴志, 2011；于左和李相, 2016；白雪洁和孟辉, 2018；李旭和熊勇清, 2021）；税收减免则由于政策制定的交易费用相对较低、更有利于企业盈利及发展能力提升等原因，其长期效果可能优于补贴政策（Adler et al, 2003；Krupa, 2007；缪小明和刘啦, 2015；高秀平和彭月兰, 2018；周燕, 2019）。此外，一些学者认为，免费牌照及限行限购等非财税类政策在现阶段的激励效果更加明显（Xiao et al, 2017；Zhang et al, 2018；蒋丽, 2013；陈麟瓒和王保林, 2015；张国强和徐艳梅, 2017；李国栋等, 2019；李晓敏等, 2020；熊勇清和刘徽, 2022；Xian, 2022）。总体上看，新能源汽车产业因其技术和发展阶段的特殊性，不同类型的扶持政策在各阶段的作用成效也不尽相同。

1.2.3　新能源汽车产业扶持政策"退坡"成效研究

扶持政策是支持我国新能源汽车产业发展的重要政策工具，但新能源汽车产业高质量发展不能永久依赖于政策"小灶"，综合考虑新能源汽车产业当前的发展仍面临技术难题、经济发展形势、外资企业竞争加剧等外部因素的影响，在延续购置税减免政策对新能源汽车产业的支持力度的同时，补贴"退坡"政策稳步推进，以促进新能源汽车产业发展并尽早实现市场化运行。在此情境下，补贴如何合理退出、替代政策的方向及接力效果、补贴"退坡"

的实际成效成为学界关注的重点。以中国知网数据库 CNKI 为主要来源，以 2013 ~ 2023 年为时间范围进行关键词"新能源汽车""退坡""去补贴化"等检索，筛查后得到 421 篇有效文献，应用 CiteSpace 可视化工具对整理好的文献进行关键词共现分析，生成关键词共现网络如图 1 – 5 所示。

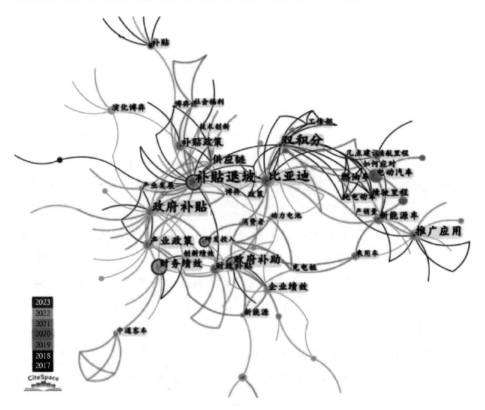

图 1 – 5　"政策'退坡'研究"关键词共现网络

注：笔者采用 CiteSpace 软件分析绘制。

在 CiteSpace 关键词共现网络中，字体越大表示关键词在研究中出现的次数越多，如图 1 – 5 中补贴"退坡"、政府补贴、政府补助、财务绩效等，关键词之间的连线则表明关键词之间的紧密程度。基于关键词共现网络进行聚类分析，发现已有文献的研究热点可大致分为 12 个聚类簇，选取前 5 个聚类簇，结果如图 1 – 6 所示。

由图 1 – 6 可知，前五类聚类簇分别为补贴"退坡"、企业绩效、政府补贴、双积分、推广应用，进一步探究各个聚类簇中的关键词如表 1 – 2 所示。

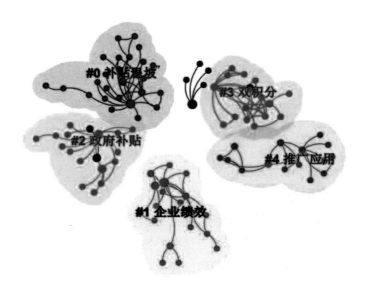

图 1-6 "政策'退坡'研究"关键词聚类图

注：笔者采用 CiteSpace 软件分析绘制。

表 1-2   聚类簇名称及高频关键词

聚类簇名称	高频关键词
补贴"退坡"	补贴政策；补贴"退坡"；社会福利；疫情冲击；市场效应；博弈论；技术创新；专利行为；供应链；演化博弈
企业绩效	政府补助；财务绩效；财政补贴；消费者；创新能力；风险管理；因子分析；新能源；企业价值；企业行为
政府补贴	产业政策；投资绩效；"退坡"政策；创新绩效；双积分制；博弈；产业风险；并购绩效
双积分	双积分；产销量；发展态势；信息披露；工信部；并购潮
推广应用	新能源车；动力电池；税收优惠；充电桩；乘用车；政策解读；保有量

  基于聚类图以及各聚类簇中的高频词，再结合具体文献，可将新能源汽车补贴政策"退坡"的研究热点分为如下四大类：（1）补贴政策"退坡"的市场效应及其对技术创新的影响；（2）补贴政策"退坡"对新能源车企的影响，包括研发投入及企业绩效等方面的影响；（3）扶持政策"退坡"对新能源汽车推广应用的影响；（4）后补贴时代，双积分续接政策的实施及扶持政策的优化。

1.2.3.1 补贴政策"退坡"的市场效应及其对技术创新的影响

关于补贴政策"退坡"的市场效应，学界早期主要聚焦于政策解读层面，分析指出"去补贴化"有助于构建一个公平竞争的市场环境，但也会带来新能源汽车购买成本上升的总量式效应和市场分化的结构性效应（李苏秀等，2016；甄文媛，2019）。王宁等（Wang et al，2018）、李国栋等（2019）分别采用系统动力学模型和嵌套 Logit 需求模型，分析了电动汽车激励政策、财政补贴和免费专用牌照政策取消对中国新能源汽车产业发展及新能源汽车需求的影响，研究结论认为补贴"退坡"会导致新能源汽车销量锐减，新能源汽车市场会遭受较大冲击。但也有学者认为补贴"退坡"有利于新能源汽车产业发展，如曹国华和杨俊杰（2016）以政府和消费者为博弈参与方构建模型，分析指出，消费者选择购买新能源汽车，同时政府未对新能源汽车提供补贴是最优演化策略，这恰好与补贴"退坡"方向一致。景守武等（2023）认为，补贴"退坡"还有助于扩大新能源汽车的出口。

从补贴"退坡"对新能源汽车技术创新的影响来看，学者们运用 Blanche 平台仿真演绎创新网络运行（刘兰剑和赵志华，2016）、构建异质性随机前沿模型（刘相锋等，2021）、演化博弈模型（昝欣等，2021）、中断时间序列分析法（吴江和王梦，2023）等方法进行研究，结果显示，补贴退出能倒逼企业进行技术升级，从而提高新能源汽车在市场上的竞争力，实现销量爬坡。

1.2.3.2 补贴政策"退坡"对新能源车企行为的影响

学界认为，产业发展初期，财政补贴的投入能显著激励企业创新，并将这样的作用称为"挤入效应"；到产业发展的中后期，企业个体的创新活动会被补贴所"挤出"，这就是"挤出效应"。罗尔等（Roel et al，2021）指出，补贴"退坡"会使得企业缩减投资规模，这是由于在补贴的长期存在下，新能源车企已经对财政补贴产生依赖性。李良成和黎祯祯（2023）采用倾向得分匹配双重差分法（PSM－DID），实证分析得出补贴"退坡"使得企业创新投入也同步降低。但赵骅等（2019）认为，补贴的调整可以助推新能源汽车企业调整研发投入，从而促进技术高端化；蔡建湖等（2022）基于组织冗余理论，也提出原有补贴增加了新能源汽车配套企业的财务冗余，使得管理者过于乐观从而忽视研发资金投入。

此外，新能源汽车扶持政策"退坡"对企业融资行为及其绩效也有较大影响。刘相锋等（2021）提出，企业研发过程的稳定性需要充足的资金保障，新能源汽车产业行之有效的融资机制亟待健全。徐小晶和徐小林（2021）通过双重差分模型（DID）发现补贴"退坡"促使企业调整融资行为，加快了回款速度。高玥（2020）、刘畅等（Liu et al，2022）研究指出，补贴"退坡"以及补贴的定向调整能产生显著的正向股票市场效应。

1.2.3.3　补贴政策"退坡"对新能源汽车推广应用的影响

补贴政策"退坡"初期，新能源汽车推广遭受较大冲击。刘颖琦等（2023）采用2018年全国各市面板数据，构建新能源汽车推广效果指标体系，实证分析指出，短期内补贴"退坡"限制了新能源汽车推广。究其原因，部分学者认为补贴"退坡"后，当前较高的电池成本及汽车售价问题愈发显现，成为新能源汽车推广的两大阻碍（岳洪江等，2022；李晓敏等，2022）。陈洲等（2021）还指出，由新能源汽车企业的策略性行为而导致的补贴缩减后新能源汽车质量下降，也是阻碍其推广的原因之一。

为了抵消补贴"退坡"对新能源汽车推广的限制作用，李国栋等（2019）以上海市为研究视角，提出应继续保持免费专用牌照政策，同时加强动力电池研发和充电桩建设。刘颖琦等（2023）提出，地方应增加新能源汽车在公共服务领域的使用，针对新能源汽车出台优惠政策以扩大需求等建议。从消费者环保意愿角度，学者们有的建立博弈模型（郑月龙等，2019；王璐等，2022），有的通过问卷调查法（王超等，2021；杨珂欣等，2023），分析指出，提高消费者节能支付意愿也是新能源汽车推广政策不可或缺的一环。

1.2.3.4　双积分续接政策及扶持政策的优化

2017年9月，《乘用车企业平均燃料消耗量与新能源汽车积分并行管理办法》（以下简称"双积分政策"）发布，自此学界对双积分政策的接力作用展开积极探讨。马亮等（2018）、李社宁等（2019）构建企业生产决策模型，提出大部分企业都同时生产燃油车和新能源车，补贴"退坡"后引入针对燃油汽车的限制性政策确有必要。郑吉川等（2019）利用三阶段博弈模型，提出为保持新能源车企现有优势，政府应出台以双积分政策为主，以引导技术进步的新能源汽车基础工程研发补贴为辅的政策组合。饶亦邦等（2022）以新能源汽车上下游企业为切入点，研究指出，双积分政策能同步促进上下游企业协同均衡发展。部分学者选用双重差分模型实证分析指出，双积分政策有效提高了企业的研发投入和社会责任感，从而促进新能源汽车数量质量双提升（孙建国和田明甫，2023；刘金亚等，2023）。李旭和熊勇清（2021）采用PVAR 模型，利用反事实检验法得出，在双积分政策下，新能源车企环境绩效实现了稳定增长。

同时，为推动新能源汽车产业长期稳定有序发展，学界对于新能源汽车扶持政策的优化也进行了多方面的探讨：（1）补贴的优化。除制定合理"退坡"比例外，有学者提出应增强补贴多样性和动态性，如设置定向补贴和补贴门槛等（彭频和何熙途，2021）。（2）补贴向同为货币性政策的税收优惠转变。部分学者认为，新能源汽车的可持续发展政策选择应逐步由单一的财政补贴转向财税政策组合（周燕等，2019；李社宁等，2019；李晓敏等，2022）。（3）发挥非货币性政策的作用。熊勇清和刘徽（2022）应用双重差分模型研究指出，"路权优先""充电保障"这两类非货币性政策可在补贴"退坡"后成为新能源汽车产业的有力政策支撑。

1.2.4 新能源汽车产业政策评估的 CGE 模型应用研究

部署新能源汽车是解决全球局部空气污染和温室气体排放问题的重要战略，已有研究主要聚焦于低碳交通财税政策对经济社会的直接和间接影响，以及对碳排放的影响。较为典型的研究模型有（多部门）静态 CGE 模型、动态递归 CGE 模型，以及根据本国实际情况建立的动态 CGE 模型，如欧洲的动态 JRC – GEM – E3 模型。一些文献通过构建可计算一般均衡 CGE 模型应用于财政补贴、税收减免、技术进步、现金激励、燃料成本等政策对减排成本、环境和经济的影响分析（Chen & He，2014；Miyata et al，2017；Zhou et al，2018；Chen et al，2021；Guo et al，2021；Jiang et al，2022）。研究指出，提高财政补贴和税收减免能显著促进 GDP 增长，但也增加了碳排放；如果结合技术进步来看，增加电池性能可以显著降低补贴增加碳排放的效果；值得注意的是，燃油价格变化和给予制造商现金激励对 GDP 增长没有显著的积极影响。

卢君生等（2019）通过构建多部门 CGE 模型模拟分析汽车购置税优惠、自主品牌技术进步与投资补贴对不同关联度产业和中国经济增长的影响。分析指出，汽车购置税优惠政策能促进整车及零部件部门的发展，但阻碍其他关联度较低部门的发展，扩大社会贫富差距；自主品牌汽车的技术进步和投资补贴均能弥补汽车购置税优惠政策的缺陷，带动各部门发展并提振经济增长，并能缩小社会贫富差距。朱艳阳等（2022）模拟分析了汽车智能化对中国新能源汽车补贴的"退坡"决策的影响。研究发现，当经济形势不利时，新能源汽车的购置补贴"退坡"会妨碍新能源汽车产业及其他产业的发展，还会加剧收入不平等，且智能化难以发挥对冲作用；只有当经济形势有利时，才能鼓励和促进新能源汽车自动驾驶智能化发展来弥补和对冲补贴政策退出。李文博等（Li et al，2016）、贾智杰（2017）、林伯强和吴微（Lin & Wu，2021）、郭志伟等（Guo et al，2022）将动态递归的 CGE 建模方法应用于推广电动汽车、技术变化、碳价调整、碳排放约束对能源消耗、环境和碳减排的影响。结果显示，推广新能源汽车的政策能够缓解石油安全问题，提高碳价对碳减排有积极影响却不利于 GDP 增长，但引入碳捕获与封存技术能够在节能减碳、缓解 GDP 损失、降低石油需求和碳交易成本方面具有重要作用。

坦巴等（Tamba et al，2022）运用动态 JRC - GEM - E3 模型模拟分析燃油成本和电池技术进步对欧洲经济的影响。研究结果发现，降低燃油价格和电池价格，能够增加新能源汽车的市场份额，加快实现道路运输电气化，有助于降低碳减排的成本。张永强（2021）构建动态 CGE 模型模拟分析了可再生能源发电补贴政策和碳税政策对经济和环境的影响。结果表明，碳税政策可促进能源消费结构优化，加快能源强度和碳强度下降，提高可再生能源消费占比，抑制能源消费总量和碳排放总量增长，但对实际 GDP 和居民效用有负面影响，也会导致物价一定程度的波动；可再生能源发电补贴政策会导致能源消费总量和能源强度一定程度的增长，但可加速能源消费结构优化和碳强度下降，抑制碳排放总量增长，促进居民效用的增长，对实际 GDP 和物价的影响有限。祁玲莉等（Qi et al，2023）模拟分析了碳税和可再生能源发电补贴、优化发电结构对经济和环境的影响。研究发现，碳税政策可促进能源消费结构优化，降低能源强度和碳强度，抑制能源消费和碳排放总量增长，会导致物价一定程度的波动，对经济增长有负面影响；可再生能源发电补贴会加速优化能源消费结构和降低碳强度，抑制碳排放总量增长，对经济增长影响有限；此外，非化石能源提供的清洁电力对于降低二氧化碳、氮氧化物、二氧化硫及颗粒物的减排效果十分可观，有利于优化电力和交通运输部门的碳配额配置，减缓碳排放带来的 GDP 损失。

1.2.5 文献述评

1.2.5.1 政策工具分类与评价研究的文献述评

随着节能减排与新能源汽车推广应用示范工作的大力发展，政策工具逐渐成为国内学者进行新能源汽车产业政策分析的主要手段之一，如谢青和田志龙（2015）、张永安和周怡园（2017）、高伟和胡潇月（2020）等基于对政策工具的供给端、需求端和环境端三个层面划分，分别选取了截至 2013 年底、2016 年底及 2017 年底中央或地方的新能源汽车产业政策进行文本内容分析，结果大多表明，在三类政策工具中，环境端政策工具的运用最为频繁，供给端与需求端政策工具的表现则各不相同。这些研究为新能源汽车产业发展的政策工具选择提供了较好的经验证据，但因政策样本选择的时段与数量限制，研究结果在时空层面上可能出现偏颇。实际上，中国政府于 2017 年出台并开始执行补贴"退坡"政策，2020 年之后更是政策密集期，一系列政策导向的重大调整直接影响着新能源汽车产业未来的发展。为此，应适时扩大研究样本的时空范围探究新能源汽车产业政策工具选择及政策变迁态势，以丰富现有政策工具文本内容研究。

纵观各种政策评价方法的应用领域，鲜有文献从系统、动态视角对新能源汽车产业政策体系展开量化评价研究。检索国内外研究文献发现，张永安和周怡园（2017）、杨彤等（Yang et al, 2021）、王晓丽等（Wang et al, 2021）、张剑等（2023）运用 PMC 指数模型对新能源汽车产业的财税补贴、充电设施奖励、双重信贷政策及央地层面引用量较高的政策工具进行了量化评价，指出部分财税补贴与金融支持政策仍具有较大的提升空间，但量化评价仅涉及少数补贴政策或特定性政策，对于引领新能源汽车产业高质量可持续发展的规划类政策较少涉及，导致研究结果在时空层面具有一定的局限性。

可见，围绕新能源汽车产业政策工具的研究取得了一系列成果，但仍存在一些不足：一是已有研究因政策样本选择的时段与数量限制，或因研究视角的局限性，导致研究结果在时空层面上可能出现偏颇。二是涉及新能源汽车产业政策的量化评价大多采用模糊数学或传统评价方法进行单一政策分析，基于政策文本的多维度评价和群组效能评价则相对缺乏。

1.2.5.2 新能源汽车产业政策效应评估的文献述评

（1）关于新能源汽车产业政策评估方法的述评。

对比经济学事后评价研究中的计量经济学和统计学建模方法，CGE 模型的优点在于：一是可以对政策效果作事前理性预测；二是能够揭示部门与部门、部门与宏观经济之间的关联特征；三是模型可分为静态和动态两大类，分别分析政策冲击的短期和长期影响。较为典型的研究模型有麻省理工学院全球变化科学与政策联合项目开发的经济预测和政策分析 EPPA 模型、欧盟动态 GEM – E3 模型，以及各国根据本国实际建立的静态或动态 CGE 模型，如中国的动态可计算城市经济 CGE 模型。为了评估低碳交通政策、新能源汽车政策的碳减排效应和潜在的经济影响，国内外学者基于不同视角运用多种 CGE 模型方法深入研究交通能源、经济、环境之间的均衡关系，定量揭示交通运输部门、经济系统和环境系统之间的关联特征，有利于在新能源产业政策制定中处理好科学性和合理性的关系以及预判政策实施后的效果。但是，由于不同国家之间交通运输设施条件、社会环境具有较强的差异性，以及各国学者在构建分析模型时也具有较强的个性化特征，反而影响模型的适用性，使分析功能受限。

（2）关于新能源汽车产业政策效果评估的述评。

国内外交通可持续发展政策研究中，财政补贴、税收减免、技术创新、燃料成本、购置税优惠、碳价调整、碳税征收、碳排放约束等政策是学者关注的焦点。研究认为，技术创新被称为交通"脱碳"的重要方法，电池性能的进步、碳捕获与封存技术都是节能减碳的重要方式，自动驾驶智能化技术能够缓冲取消购置税优惠政策的负面影响，技术进步通常被认为对经济增长有显著的积极影响；征收碳税、提高碳价、下调燃油和电池的价格对碳减排有正向作用，但对经济增长有负面影响；而财政补贴和税收减免是促进经济增长最有效和可行的手段之一，但需要考虑新能源汽车的推广可能会增加碳排放；通过非化石能源提供清洁电力，对降低二氧化碳、氮氧化物、二氧化硫及颗粒物的减排效果十分可观，有利于优化电力和交通运输部门的碳配额配置，减缓碳排放带来的经济损失。为此，应使用财政补贴及税收减免等经济激励政策，辅以新能源汽车技术创新，发展非化石能源提供清洁电力，通过协调效应实现绿色发展。

综合来看，新能源汽车取代现有的燃油汽车，对空气质量和人类健康的好处要大于燃油车严格的燃油经济性和排放标准。新能源汽车发展必然会促进交通运输行业电气化、低碳化，同时也会给宏观经济及相关行业带来广泛而深远的影响与冲击，其影响涉及经济、环境、能源和社会福利等诸多方面。推广新能源汽车，应该考量推动技术创新、发展非化石清洁电力能源、购车补贴、碳减排等多重目标，兼顾经济增长和环境治理并行发展。已有研究为新能源汽车产业的财税政策效应研究奠定了较好的基础，但多数结论局限于政策实施对新能源汽车产业的绩效、市场需求及创新研发的贡献，而且由于滞后效应、数据获取有一定难度等问题，关于扶持政策工具实施效果的区域差别化研究相对较少，学者们常关注整个新能源汽车市场，而忽略了不同地区经济水平不同、新能源汽车相关政策不同所带来的差异化影响。

1.2.5.3 新能源汽车产业扶持政策"退坡"成效研究的文献述评

新能源汽车扶持政策"退坡"作为学界关注的对象，探究其成效不仅为探明我国新能源汽车产业发展状况理清了脉络，还为未来产业政策的发展指明了创新方向。梳理文献可知，补贴"退坡"有助于构建一个公平竞争的市场环境，学者通过实证分析指出尽管补贴的缩减在短期内带来销量的同步缩减，但从长期来看，补贴"退坡"能显著带动技术创新，助推未来销量爬坡。同时，补贴"退坡"也利于企业调整自身行为，促使企业加大研发投入来摆脱对补贴的依赖，进一步实现企业绩效稳定增长。但由于现阶段我国新能源汽车产业仍然比较依靠政策扶持，补贴"退坡"为新能源汽车推广带来一定限制。此外，学者还指出双积分政策可作为"退坡"后产业政策的有力支撑，并基于补贴、税收、非货币性政策等不同角度提出了政策优化方向。

综合来看，已有文献为补贴"退坡"成效的影响提供了丰富的理论支撑，但目前学界关于补贴政策"退坡"市场效应的探究多集中于新能源汽车销量这一方面，或是仅从理论的视角阐述补贴政策"退坡"可能对新能源汽车产业发展的负面影响，涉及其对经济社会、环境、社会福利等方面影响的研究相对缺乏，而且研究视角的单一、指标选取和模型设置的局限，易导致研究结论的普适性有限。实际上，新能源汽车产业政策涉及众多领域，必须置于覆盖宏观经济、新兴战略产业、交通、能源和环境的"大系统"中进行"成本与效益"分析，综合评估扶持政策及政策"退坡"对经济、环境及社会福利等方面的直接效应、波及影响和协同效应。

基于此，本书以新能源汽车产业扶持政策为研究对象，从"三个维度、三重效应及两个层面"着手：基于供给、需求和政府管理三个维度厘清扶持政策作用于经济高质量发展、社会环境及居民福利等方面的效应机理，以及三类政策工具对创新价值链技术研发、产业化及市场化三个环节的驱动效应；动态测度扶持政策实施及"退坡"对新能源汽车产业高质量发展的直接效应，对上下游关联产业、宏观经济、民生福利及生态环境等领域的波及效应，以及组合政策的协同效应；立足于"质量"和"效能"两个层面对扶持政策体系进行量化评价。

1.3 研究内容

本书共分为七章，各章的具体内容如下所述。

第1章 绪论。简要阐述本书的研究背景及意义，对该领域国内外研究现状及文献进行综述；提出本书的学术价值和应用价值、研究内容和技术路线，并指出主要创新点。

第2章 相关理论基础及政策效应机理。从高质量发展、产业政策理论、政策工具分类及创新价值链等方面阐述新能源汽车产业扶持政策的理论基础，从供给、需求和政府管理三个维度剖析政策影响生产者、消费者和管理者（政府）的行为，进而对新能源汽车产业、宏观经济、能源消耗碳排放及社会福利等方面产生效应的作用机理，并介绍 CGE 模型的一般均衡理论、生产技术、效用函数等基本原理，为动态 CGE 模型的构建提供理论基础。

第 3 章　新能源汽车产业政策梳理及公众感知分析。依据新能源汽车产业政策的发展历程分为战略规划期（2001～2008 年）、导入期（2009～2015年）以及调整期（2016 年至今）三个阶段，采用罗斯韦尔和泽格维尔德（1985）提出的基于作用面的政策工具分类法，全面梳理归类形成政策谱系。采用网络爬虫技术获取公众对于新能源汽车产业政策的相关网络信息，并运用语义网络分析和 LDA 主题模型探究公众对新能源汽车产业政策的感知状况。

第 4 章　新能源汽车产业政策工具质量与效能评价。在政策工具评价基础上，将政策工具划分为供给端、需求端和环境端；同时，引入创新价值链理论，将新能源汽车产业创新价值链划分为技术研发、产业化与市场化三个环节，构建"政策工具—创新价值链"二维框架，采用文本挖掘和内容分析方法，对新能源汽车产业政策质量进行文本分析，进一步构建 PMC 指数模型对新能源汽车产业政策效能进行量化评价。

第 5 章　新能源汽车产业政策工具实施效果及地域异质性测度。基于"政策工具—创新价值链"二维框架，构建多时点 PSM - DID 模型，分析创新价值链视角下新能源汽车产业政策的实施效果。在此基础上，运用全局莫兰指数（Moran's I）、GIS 空间分析方法，分析省域新能源汽车政策的时空演进特征；进一步，基于中国省域新能源汽车销量的面板数据，构建固定效应面板模型，探究扶持政策效果的地域异质性及其差异成因。

第 6 章　新能源汽车产业扶持政策"退坡"成效动态一般均衡模拟。依据 Walras 一般均衡理论，构建新能源汽车产业"政策—环境—经济"的动态混合 CGE 模型，采用情景模拟法，以新能源汽车产业的财政补贴和免购置税两类具有代表性的财税政策为例，模拟分析多种政策组合情景对交通运输部门及全社会能源需求碳排放、宏观经济以及社会福利的短期静态与长期动态影响，以期在较全面的系统中分析新能源汽车产业扶持政策的"成本与效益"，为政府、交通等有关部门的政策调整及优化提供信息支持和决策依据。

第 7 章　结论与政策启示。根据研究结果，从创新价值链市场化环节政策工具的实施、加大充电基础设施建设力度等方面，完善新能源汽车应用保障体系；提高技术研发环节政策质量与效能；强化政策主体、政策措施与政策目标的有效协同，拓展政策受体和涉及面；通过优化政策组合及政策"退坡"路径、多重政策组合协同推进等方面提出适宜我国新能源汽车产业健康可持续发展与经济高质量增长目标相融合的政策启示。

1.4 创新之处

（1）基于高质量发展视角，创新性地从探索产业政策与环境、经济之间的均衡关系着手，构建动态混合 CGE 模型，在统一框架下动态测度新能源汽车产业扶持政策的直接效应、间接效应及协同效应，拓宽了产业政策效应测度的研究视野。

（2）针对当前新能源汽车产业政策"退坡"成效缺乏系统定量研究的现实，开创性地设计政策"退坡"的不同情景，仿真模拟政策"退坡"的影响效应并进行接续政策的优化设计。

（3）基于"政策工具—创新价值链"二维视角，创新性地综合运用文本挖掘法、内容分析法和 PMC 指数理论对新能源汽车产业创新价值链政策体系的"质量"和"效能"进行统计评价，丰富了我国新能源汽车产业政策体系评价的研究思路。

（4）基于政策工具供给侧、需求侧、环境侧三端分类，构建多时点 PSM - DID 模型综合测度新能源汽车产业创新价值链全环节的政策效应，有效突破了"单一政策工具"对"创新价值链单个环节（大多聚焦于研发环节）"政策效应研究的局限性。

第2章 相关理论基础及政策效应机理

2.1 相关理论基础

2.1.1 高质量发展理论

进入新时代，我国社会主要矛盾已经转化为人民日益增长的美好生活需要和不平衡不充分的发展之间的矛盾，这是关系全局的历史性变化。随着社会主要矛盾的转变，中国的经济已从快速增长阶段过渡到高质量发展阶段。高质量发展从创新、协调、绿色、开放、共享的新发展理念出发，解决新发展阶段中出现的发展不平衡、不充分等问题，化解社会矛盾，满足人民日益增长的美好生活需要的发展，是更有效率、更可持续、更稳定安全的发展，其内涵要比经济增长质量宽泛很多，不只是对经济而言，而是关系到经济社会发展的方方面面，更加强调了经济发展的方向和目标。此外，高质量发展还突出强调要从规模扩张转向结构升级，从要素驱动转向创新驱动，从分配失衡转向共同富裕，从高碳增长转向绿色发展，在追求经济发展的数量和速度之外，更注重发展的全面性。相比可持续发展理论，高质量发展理论更强调在经济发展达到一定规模以后，调整发展方式，优化经济结构，促进社会整体协调、共同进步，同时保证人民的生活水平与质量不断提升。

高质量发展是以资源约束为先决条件，并将其作为一个重要因素来考虑的经济发展，即如何在有限资源约束下，寻求资源的最优配置以达到效益最大化。社会经济的发展离不开自然环境中的各种资源，人类对自然资源的需求与自然资源的供给构成了一种供求关系。自然界具有自我调节的能力，但当其遭受的破坏超过一定程度时，自我调节的能力将会失效，导致环境恶化进而对经济发展产生严重影响（Qian et al, 2024）。环境库兹涅茨曲线是以环境破坏程度为纵坐标，以经济发展水平为横坐标的一条倒"U"形曲线（如图 2 - 1 中的 A、B 曲线），该曲线表明早期的经济增长是以牺牲环境为代价的，但是当经济发展达到一定水平之后，环境质量与经济发展之间就进入了正向发展阶段（周银香，2011）。图 2 - 1 中 A 曲线表示在没有采取措施的情况下，环境破坏程度与经济发展之间的关系，B 曲线表示在实施一些政策措施的情况下，环境库兹涅茨曲线变得较平缓，峰值下降，即经济发展对环境的破坏程度达到最低，促进了经济的可持续发展。

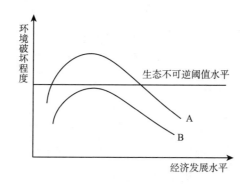

图 2 - 1　环境库兹涅茨曲线

资料来源：笔者参考潘家华（1997）制图。

新能源汽车产业的发展对于促进高质量发展具有重要意义。新能源汽车产业的发展需要不断提高电池技术、电动驱动技术和智能系统等方面的性能，不断推进技术进步和创新，这种创新驱动的态势可以带动整个产业链的发展。同时，新能源汽车的普及可以减少对化石燃料的依赖，减少空气和水源污染，有助于改善环境质量，推动生态文明建设，如图 2 - 1 所示，新能源汽车产业的发展能使得环境库兹涅茨曲线由 A 曲线变为 B 曲线。同时，新能源汽车产业的发展不仅带动了整个汽车产业链的调整和升级，还对其他相关产业链起到了促进作用，有助于优化产业结构；而且新能源汽车产业的发展带动了大量的就业机会，除了汽车制造环节，还有电池制造、充电设施建设、电动车零部件制造等相关产业，这些都给社会带来了更多就业机会，为经济发展提供了动力。可见，新能源汽车产业的发展可以在创新驱动、绿色环保、产业升级、就业机会和国家政策支持等方面促进高质量发展。

2.1.2 产业政策理论

产业政策理论是20世纪中后期新兴起的应用经济理论，是指国家或地区制定和实施的旨在促进产业发展和优化产业结构的政策框架和思想体系，它包括了各个层面和领域，从传统产业到新兴产业，以及相关的技术、创新和市场等方面。产业政策是由政府制定的旨在促进国家产业发展和提升产业竞争力的一系列政策措施，旨在实现经济增长、创造就业机会、促进创新、提升产业结构和提高国际竞争力等目标，是国家或政府干预产业经济发展的实践，不是一个纯理论概念。产业政策作为政府宏观调控的重要手段，是世界各国普遍使用的一项经济政策，对国家经济发展具有重大影响。

2.1.2.1 市场失灵理论

市场失灵理论是指，实现资源配置最优的完全竞争市场在现实中难以存在，仅靠价格机制无法实现帕累托最优，这为政府这只"看得见的手"进行必要的干预、引导要素配置更加合理化提供了理论基础。新能源汽车产业属于新兴产业，相关政策制度尚不完善，市场失灵情况普遍存在，政府通过产业政策方式进行干预一定程度上可以弥补市场不足，推进产业结构转型升级。垄断、外部性以及公共品是市场失灵理论的主要内容，其中，垄断是市场运行的直接结果，外部性和公共品则强调存在于市场之外的某些社会经济关系，并非市场运行的直接结果。相较垄断而言，绝大多数有关市场失灵的研究都是从外部性和公共产品两方面展开，市场失灵理论直接将市场失灵的特征概括为外部性和公共产品。

2.1.2.2 正外部性理论

正外部性理论是指经济学中的一个概念，用于描述某种经济活动对于与其无直接关联的个体或组织所产生的积极影响。它是由市场交易之外的效应或影响引起的，当一个经济主体的行为对他人产生正外部效应时，市场的价格机制无法准确反映这些外部效应的成本或收益，从而导致资源配置的不经济，阻碍帕累托最优的实现。

从理论上而言，社会收益等于所有私人收益的总和，两者应该是一致的，但实际上由于外部性的存在，两者之间并不一定一致。如图 2－2 所示，MPR 为边际私人收益曲线，MSR 为边际社会收益曲线，由于新能源汽车产业的发展可以减少对化石燃料的依赖，减少空气和水源污染，不仅带动了整个汽车产业链的调整和升级，也对其他相关产业链起到了促进作用，具有明显的正外部性。因此，两条曲线并不重合，两者的差值即为边际外部收益。然而新能源汽车企业在自身发展的同时，往往忽略正外部效应的存在，会造成新能源汽车的生产不能满足社会需求。图 2－2 中，MC 为边际成本曲线，等于供给曲线，根据边际收益等于边际成本的生产最优化原则，当新能源汽车的成本为 P_1 时，新能源汽车的数量在 Q_1 时达到市场均衡。此时边际社会收益为 P_3，两者差异为 $P_3 - P_1$，这部分是无效的，产量并没有达到有效数量 Q_2，即私人生产不能满足社会需求，对新能源汽车投入和使用的资源并没有得到合理配置，帕累托最优没有实现。

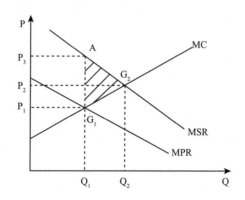

图 2－2　新能源汽车产业正外部性

资料来源：笔者参考石泓等（2014）制图。

图 2－2 中三角区域为新能源汽车发展数量不足所产生的无谓损失。由于外部性的存在，意味着一些与新能源汽车企业不相关的企业可以获得新能源汽车企业发展带来的难以通过市场价格表示出来的正外部收益。因此，就需要政府采用"有形的手"进行干预，也就是制定相关的新能源汽车产业扶持政策来弥补由于新能源汽车产业发展存在外部性带来的市场失灵问题。例如，

政府可以通过制定相关财政政策降低新能源企业的部分生产成本，引导企业继续研发新能源汽车。如图 2-3 所示，除企业愿意支付的成本 P_1 外，剩余的 $P_2 - P_1$ 部分由国家的财政政策支持，弥补企业开展新能源汽车 $G_2 - G_1$ 的成本，减少新能源汽车企业的资金费用。"S = MC-补贴"是边际成本减去政府补贴后的曲线，以此和企业的边际私人收益曲线确定新能源汽车的发展数量。当达到均衡时，企业生产新能源汽车的成本为 P_1，均衡的数量为 Q^*，由此可见政府补贴消除了由于新能源汽车产业发展正外部性带来的无效成本，实现了市场均衡。新能源汽车产业发展的高额成本是制约其进一步发展的瓶颈，因此政府应该制定适当的产业政策降低企业研发新能源汽车的高成本，减少由于新能源汽车产业发展的外部性造成的企业无谓损失，助推新能源汽车产业的可持续发展。

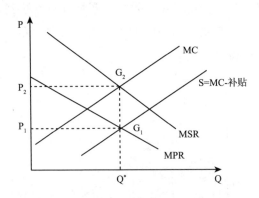

图 2-3　产业政策弥补新能源汽车产业外部性

资料来源：笔者参考石泓等（2014）制图。

2.1.2.3　公共产品理论

公共产品理论是经济学中的一个重要理论框架，用于分析和解释公共产品的性质、供给方式和市场失灵等问题，为政府制定和实施公共政策提供了基础和指导。20 世纪末，在论证政府和市场经济关系的过程中，学者们就初步形成了公共产品的理论。萨缪尔森在发表的《公共支出的纯粹理论》中将公共产品定义为所有成员共同享用的集体消费品，每个人对它的消费并不减少任何他人对它的消费，即供应者将该产品的效用扩展到其他人时的边际成本为零，而且无法阻止他人受益。非竞争性和非排他性是公共产品区别于私人产品最明显的两个特征，非竞争性是指一部分人对某产品的消费不会影响其他人对该产品的消费；非排他性是指不能排除未消费该产品的人享受消费该产品带来的收益。由于非排他性的存在，往往会出现两方面的问题。一是"搭便车"问题，即消费者能在不支付任何费用的情况下享受公共产品，导致在市场经济条件下，供给方无法获得最优生产的收益指标；二是市场上呈现的消费者偏好存在偏差，尤其消费者得知对于公共产品不支付任何费用都可享用，使得消费者不愿意表达自己的主观需求，导致生产者的需求曲线无法确定。

在市场经济中，买卖行为一定要遵守等价交换的原则，也就是买卖双方在进行交换时，应该使彼此受益，并且交换的物品或服务应该具有相等的价值，只有当双方认为彼此的交换物品或服务的价值等价时，交易才能成功进行。在"理性经济人"的假设下，由于公共产品具有非竞争性和非排他性的特点，使得消费者会隐藏自己的消费需求。尽管他对某一公共产品存在需求，但很有可能为了不承担或者少承担获得该公共产品收益的成本而隐瞒。新能源汽车产业的发展需要大量如充电桩网络和氢能加氢站等基础设施建设，这些基础设施往往具有公共产品的特征，即一旦提供给一个人或企业使用，其他人或企业也能够享受到类似的好处。在这个过程中，有部分企业获得了收益但没有付出成本，而有部分企业在购买后没有因为新的使用者对该产品的使用而获得额外的收益，这不符合等价交换的原则，市场价格机制就会失效，企业通常不会自愿提供公共产品，这导致公共产品供应不足，市场失灵。此时，政府就需要根据具体情况采取不同的应对策略来填补这一空缺，以确保新能源汽车产业基础设施的有效供应。比如，由于市场无法有效提供公共产品，政府可以直接提供这些产品或服务；可以通过提供补贴或奖励措施来鼓励私人部门参与公共产品的提供；可以通过法律、法规或行政命令等手段强制私人部门提供公共产品；也可以与私人部门、非营利组织或国际组织建立合作伙伴关系，共同提供公共产品。

2.1.2.4　同质性与异质性

产业是指从事相似或相关的生产、提供产品或服务的一组相互关联的企业或机构，单个企业是产业的基本单位。产业的发展是该产业内部企业各种活动和关系整合的结果。其中，企业的异质性，即在一个产业中不同企业之间在特征、属性或个体之间存在差异，可以通过影响企业的发展进而影响整个产业的发展。早期对企业的研究都是从完全竞争模型的角度出发，认为企业具有同质性。新古典经济学将企业假设为追求利益最大化的专业生产者，是完全理性的，拥有完全的生产信息。即企业的生产要素组合是已知的且可任意调整的，所有生产要素是完全可分且可流动的，企业对每种组合产生的收益和成本也是可知的。在这种假设下，即企业在完全确定的条件下竞争，可以根据价格的变化来调整生产要素的组合以实现利润最大化，实现行业和厂商的双重均衡，即长期利润为零，然而现实中，利润是广泛存在的事实。

如图 2 - 4 所示，D 表示行业的需求曲线，S 表示行业的供给曲线，AC 表示行业内企业的平均成本曲线，MC 表示行业内企业的边际成本曲线。假设行业内需求大于供给，此时短期均衡价格为 P_1，行业内的企业获得超额利润。由于在企业同质性假设条件下，企业是完全理性的追求利益最大化的专业生产者，拥有完全的信息，可以根据价格的变化及时调整生产要素组合实现利润的最大化。因此，在超额利润的驱使下导致产业的供给迅速增加，供给曲线由 S_1 增加至 S_2，均衡点由 G_1 变为 G_2，达到行业和企业的双重均衡，产品价格迅速由 P_1 下降为 P_2，达到行业内长期均衡价格。产业内包括 a 企业和 b 企业在内的所有企业的利润都为 0。综上，在企业同质性的假设条件下，企业竞争的结果是产业租金迅速耗散，企业长期利润为零，难以解释现实情况下利润广泛存在的事实。

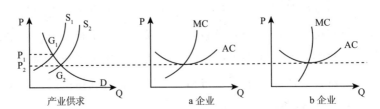

图 2 - 4　同质性假设条件下企业竞争行为分析

资料来源：笔者参考曹兴和陈琦（2009）制图。

解释这一矛盾的关键是承认企业是异质的。换句话说就是行业中各企业之间在技术、知识等方面存在差异，具有优质资源的企业往往能够以低于行业平均水平的成本进行生产。因为低生产成本企业的供给曲线缺乏弹性,如图 2 – 5 所示,具有优质资源的企业(b 企业)相较于行业内其他企业(a 企业)而言,MC 曲线更陡,但不管在多高的价格下 b 企业都不能立即扩大生产。图 2 – 5 是在异质性假设条件下,企业的竞争行为分析。其中,P^* 是行业的均衡价格,此时行业处于供需平衡状态,由于企业之间存在异质性,具有优质资源的企业(b 企业)能够以较低的成本进行生产。在这种情况下,由于该企业的供给曲线缺乏弹性,尽管在较高的市场价格的驱动下,b 企业也不能迅速扩张提高产量,但潜在进入者也难以在短期内快速进入,因而产业的供给得不到迅速扩张,因此具有优质资源的企业(b 企业)将获得超额利润。

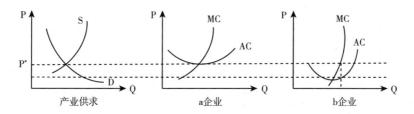

图 2 – 5　异质性假设条件下企业竞争行为分析

资料来源:笔者参考曹兴和陈琦(2009)制图。

因此,由于产业内部企业异质性的存在,使企业处于不同的竞争优势和成长态势,拥有优质资源的企业相较于其他企业能取得持续的超额利润和保持其竞争优势。由于新能源汽车企业之间存在异质性,通过制定有差异的产业政策,促进低效率企业的进入,使得新能源汽车行业达到更高水平的均衡,促进新能源汽车产业的发展。总之,由于不同企业的实际情况和需求存在差异,在制定和实施扶持政策时,需要充分考虑到各种因素的差异,以便更好地促进新能源汽车产业的可持续发展。

2.1.3　政策工具分类理论

政策工具即为实现政策目标的手段或方式,它是政策分析在工具层面的深化,是政策研究领域的重要组成部分。政府发布一项政策,不一定意味着能达到好的政策预期。造成这种情况的一个主要原因就是政策工具的选择，如果没有选择合适的政策工具，完全可能出现好的政策没有达到满意的结果的困境（李侠，2008）。政策工具分类法中最为经典的为罗斯韦尔和泽格维尔德（1985）提出的有关政策工具分类模式，他们提出将技术创新和政策工具相结合，将所有政策工具主要划分为供给端政策、环境端政策和需求端政策三大类，对复杂的政策体系进行清晰地降维处理，并直观展示政策工具的分布特点及所产生的政策影响。其中，供给型政策工具的主要作用是鼓励新能源汽车技术研发与产品生产，提高产品性能、降低生产成本推动新能源汽车市场的发展；需求型政策工具作为拉动力促进新能源汽车市场的发展及新能源汽车产品的消费，以对消费者的购置补贴为主；环境型政策工具通过金融财税、法规管制等方式，通过营造有利的环境条件支持新能源汽车产业的发展，具体分类如表 2－1 所示。

表 2－1　　　　　　　　　　政策工具分类

工具类型	工具名称	工具含义与举例
供给型	科技支持	政府对科学和技术发展的直接与间接支持，如建立实验室、试验区、研究协会等
	人才资源	针对教育体系与人才培训的政策，例如技术培训、见习、职业教育等
	信息支持	与技术、运营、市场相关的信息支持，例如建立专用共享数据库、建立信息中心等
	公营事业	与公营事业的成立与管理相关的措施，如公有事业创新、发展新兴产业等
需求型	公共服务	解决各项社会问题的服务性措施，如公共建筑、健康服务等
	购置补贴	政府为企业、部门或消费者在消费、购置环节中所提供的补贴
	政府采购	中央及地方政府的各项采购规定，如政府采购、公营事业采购、合约研究等
	海外贸易	政府鼓励企业进行海外拓展、关于海外贸易制定的一系列措施
环境型	税收减免	为减少企业在运营过程中的投入，政府实行相应的税收减免政策
	金融支持	各种金融及衍生机构提供的贷款、担保、风险投资等对新能源汽车产业的支持
	目标规划	政府对于接下来一段时间产业发展所达成的目标及规划
	策略措施	政府为协助产业发展所制定的各项策略性措施，如奖励创新、区域性政策等
	制度规范	政府为营造良好经济发展环境而推行的一系列规范制度

资料来源：根据参考文献（Rothwell & Zegveld，1985；谢青和田志龙，2015；张永安和周怡园，2017）整理。

2.1.4 创新价值链理论

创新价值链是指从创新的产生到创新成果转化，并最终实现产业价值增值的过程。它是一个环环相扣、连续递进的价值创造过程（任志成，2013）。战略性新兴产业的发展离不开完整的创新价值链。创新价值链具备如下特点：首先，创新价值链代表了一个流动的过程，该过程伴随着创新的产生、转化与应用。其次，创新价值链是一个系统连续的过程，从创新的产生到将创新转化为有价值的商品并推广应用，各个环节联系紧密、不可分割也不可缺少。最后，在创新价值链中，创新流动过程各环节存在不同的创造价值的主体，各个主体分工协同，共同推动创新价值链发展。

新能源汽车产业作为国家战略性新兴产业，其产业发展同样需要经过创新的产生、转化与应用等完整的过程。如图 2 - 6 所示，创新价值链在新能源汽车产业发展过程中表现出如下特征：首先，创新的产生环节主要表现为新能源汽车相关技术研发，它代表了产业技术从无到有的过程，创新的价值创造主体为各研发机构与研发型企业；其次，创新的转化环节主要包括新能源汽车企业成立、运营与产品生产等部分，这一过程将创新技术转化为具有价值的商品，代表了创新从理论到实物的转变，我国新能源汽车主要以企业为生产单位，故创新的转化环节价值创造主体为企业；最后，创新的应用环节主要表现为新能源汽车产品的推广与使用两个方面，以新能源汽车市场为主要载体，这一过程实现了创新成果最终服务于社会，创新的应用环节创造价值主体为消费者与相关新能源汽车应用单位或集体。

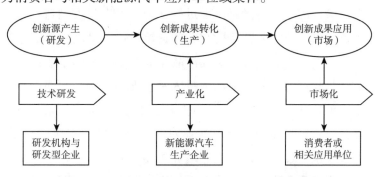

图 2 - 6 创新价值链在新能源汽车产业中的具体表现

基于前文分析，结合创新价值链"流动、连续、协作"的特点，将新能源汽车产业创新价值链分解为"技术研发—产业化—市场化"三个环节，其中，技术研发环节代表创新成果的产生，价值创造主体为研发机构或研发型企业；产业化环节代表创新成果的转化，价值创造主体为新能源汽车生产企业；市场化环节则代表创新成果的推广应用，价值创造主体为消费者或相关应用单位。

2.2　新能源汽车产业政策对高质量发展的影响机理

政策工具分类有助于解释政策工具的性质，为合理选择和使用政策工具提供参考。依据罗斯韦尔和泽格维尔德（1985）提出的政策工具分类模式，将新能源汽车产业政策划分为供给型、需求型和环境型三大类，考察扶持政策对高质量发展的影响机理。其中，供给侧主要考察扶持政策对产业生产者（例如，整车或关键零部件生产企业）行为的影响；需求侧重点考察产业扶持政策对新能源汽车消费者行为的影响，即新能源汽车消费市场的表现；环境端考察政府通过制定相关措施对行业进行规范引导，通过营造相关环境条件和充换电配套设施来支持保障新能源汽车消费市场的正常运转，从而间接地推动新能源汽车产业的发展，具体如图2-7所示。

图2-7展示了新能源汽车产业政策对于产业发展的作用机理。首先，供给侧政策为新能源汽车整车或关键零部件生产企业提供相关支持。在我国新能源汽车产业发展初期，由于国内产业技术处于起步阶段，相关企业需要承担较高的研发和生产成本，同时需要在一定程度上承担产品安全性差、续航能力不足等风险。因此，为激励企业进行新能源汽车研发制造，相关政策分别通过所得税优惠、技术创新奖励与人才资源供给等措施为企业生产提供支持。税收优惠方面，政府主要对达到产品相关技术标准的企业进行相关税收优惠，税收优惠政策对于企业劳动力投入具有促进作用，并能进一步提升企业有效产出（徐玲燕，2018）；同时，政策通过对相关企业、机构技术创新工程进行补贴与奖励，可以有效提升企业对于产品研发的积极性与创新水平；此外，相关政策也通过建立产业人才培养机制，从劳动与技术方面投入相关资源，进一步提升产业研发效率与技术水平（周银香和吕徐莹，2017）。

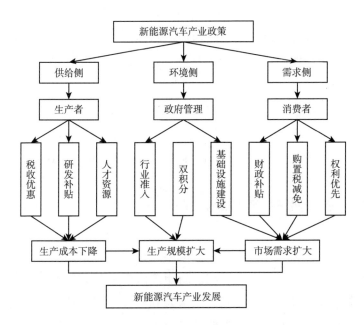

图 2 - 7　新能源汽车产业政策作用机理

　　其次，为了形成良好的行业准入、管理与运营机制，政府在环境端对新能源汽车产业进行了规范引导，同时为新能源汽车营造便利的使用环境。行业规范方面，国家相关部门自 2007 年发布《新能源汽车生产准入管理规则》至今，该项政策文件分别于 2009 年、2017 年以及 2020 年进行了三次调整更新，可见国家是通过推进新能源汽车产品及企业规范化、标准化以促进产业发展。同时，2017 年国家正式实施"双积分"政策，该政策对于促进新能源汽车的大规模生产、推广使用具有积极作用（李旭，2021）。此外，由于新能源汽车对于充电设备较为依赖，国家自 2014 年开始大力普及新能源汽车充电基础设施建设，充电便利性的完善能够极大提升消费者的购买意愿，加快新能源汽车推广应用（周银香，2016）。

　　最后，需求侧政策主要从税收减免与权利优先等方面降低消费者购车成本，进而扩大市场需求。税收方面，我国主要对消费者购置新能源汽车时的购置税与车船税进行减免，产业起步阶段，与同级别燃油汽车相比，新能源汽车存在价格高、充电不方便等问题，为防止市场失灵，政府选择加大对消费环节的税收减免与购置补贴力度，提升车主的消费信心。权利优先方面，

2013～2015 年，部分城市在燃油车限购或限制挂牌的背景下，先后实施新能源汽车挂牌便利政策，该政策也成为促进新能源汽车推广的主要动力，显著提升了消费者对新能源汽车的购买意愿。此外，部分城市推出的新能源汽车不限行政策也在较大程度上推进了新能源汽车的推广应用。

总体来看，供给侧、需求侧和环境端三大类政策通过降低生产成本、扩大生产规模、提升市场需求等作用路径，从而形成了对新能源汽车生产企业、消费者、低碳环境及整个社会的产出效应、环境效应和福利效应。

2.2.1 产业政策的产出效应机理

由产业政策作用机理可知，新能源汽车在研发生产过程中受到研发技术、资本投入、政策作用等各方面影响。新能源汽车生产成本可相应分为技术投入、生产资本投入及人力资本投入，考虑到资金支持对技术研发的影响，构建新能源汽车生产成本模型时忽略技术投入，假设新能源汽车生产成本分为资本投入及人力投入，且人力投入不受产业补贴类政策影响，则新能源汽车政策产出效应如图 2-8 所示。

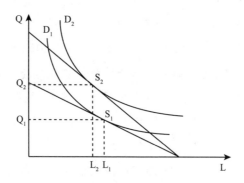

图 2-8 新能源汽车产业政策产出效应机理

图 2-8 中，Q 为车企的新能源汽车产量，L 为人力资本投入，假定新能源汽车产业相关补贴政策实施后，人力资本不发生变化，但其对于单车的生产补贴投入导致新能源汽车的生产资本投入降低，其成本函数斜率由

$k_1 = -\dfrac{P_L}{P_Q}$ 变化为 $k_2 = -\dfrac{P_L}{P_Q - E}$（其中 P_L 为单车平均人力成本投入，P_Q 为单车

平均生产资本投入，E 为政策实施后单车平均补贴），斜率增大，成本曲线变陡峭。同时政府补贴导致新能源汽车的相对价格降低，在消费者的偏好与购买预算不发生变化的情况下其购买曲线相应地由 D_1 上升至 D_2，此时新能源汽车生产均衡点由 S_1 变化至 S_2，其对应产量也由 Q_1 升至 Q_2，这表明新能源汽车产业相应补贴类政策的实施会导致新能源汽车的产量上升，进而促进新能源汽车的推广使用。

2.2.2　产业政策的环境效应机理

新能源汽车产业政策体系主要从以下两方面减少燃油汽车生产，从而降低油耗以达到碳排放目标：一方面，产业政策通过对新能源汽车企业的税收优惠或财政补贴降低其生产成本；另一方面，通过对燃油汽车生产进行规制，提高燃油汽车生产成本，促使企业倾向于生产新能源汽车产品（周银香，2022）。

假定存在两个汽车生产企业（见图 2-9），企业 1 生产新能源汽车，企业 2 生产传统燃油汽车，在产品价格处于同一水平的情况下，其边际收益为 MR，在完全竞争市场条件下，边际收益与平均收益相同，并且此时生产传统燃油汽车的企业 2 达成生产长期均衡。对于企业 1，边际成本在 E 点时与边际收益相等，但新能源汽车相关技术研发难度较大，导致其平均成本大于平均收益，此时生产出现亏损。因此，在政策没有干预的情况下，企业生产新能源汽车的积极性无法提升，更倾向于生产传统燃油汽车。在一系列政策（例如财政补贴）的扶持下，其边际收益与平均收益移动至虚线位置（MR_1'），同时 E′ 点处企业 1 的边际收益与边际成本相等，平均收益大于平均成本，在存在利润驱动的情况下，企业会更倾向于发展新能源技术，生产新能源汽车产品，从而达到减少碳排放的目标。此外，对于传统燃油汽车的规制政策会使企业 2 的平均成本进一步提升至虚线位置，此时由于平均成本大于平均收益，企业 2 会选择减少或放弃传统燃油汽车的生产，从而达到减少汽车碳排放的目标。

2.2.3　产业政策的福利效应机理

在福利经济学中，产业政策被定义为公共政策，其最终目标是追求社会

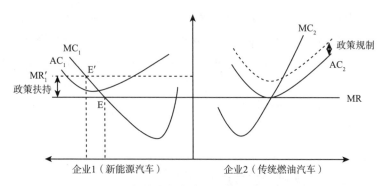

图 2 - 9　新能源汽车产业政策环境效应机理

福利最大化。在新能源汽车产业政策中，一系列扶持政策对新能源汽车供给
双方及整个社会福利都产生了不同影响。如图 2 - 10 所示，假设在新能源汽
车产业政策工具实施前，新能源汽车市场供给曲线与需求曲线分别为 S 和 D，
此时市场均衡点所对应的价格与销量分别为 P_1 和 Q_1，在产业政策工具实施
后，尤其是针对新能源汽车生产企业的优惠政策实施后，在很大程度上降低
了新能源汽车的生产成本，极大地促进了新能源车企的生产积极性，此时导
致市场供给曲线向右下方移动至 S′，此时新的市场均衡点所对应的价格与销
量分别为 P_2 和 Q_2。即在新能源政策实施后，新能源汽车市场的均衡产量由实
施前的 Q_1 增加至实施后的 Q_2，而市场的均衡价格则由 P_1 降至 P_2。

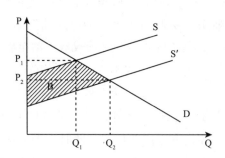

图 2 - 10　新能源汽车产业政策社会福利效应机理

　　由图 2 - 10 可知，政策实施后消费者剩余与生产者剩余总量较政策实施
前增加了 B，但在政策实施过程中，税收减免、生产补贴等激励措施来源于
政府的财政投入，实际上是政府将企业本应上缴的资金无偿让渡给企业使用。
因此，这些政策工具的激励措施实际上也是政府财政收入的一种转移，假设在此期间政府的财政投入为 E，从社会总福利来看，新能源汽车产业政策实施所造成的社会总福利变化为（B－E），由此可见，在判断新能源汽车产业政策工具是否有效时，主要取决于 B 和 E 的大小，当 B 大于 E 时说明政策工具的实施使得社会总福利增加，该政策工具有效，反之无效。

　　具体地说，在新能源汽车产业处于初步发展阶段时，扶持政策的支持和保障能够使得汽车制造商降低成本并促进生产，保障其经营利润，该阶段产业扶持政策的实施能够有效促进企业生产使得社会总福利增加；但随着新能源汽车产业的进一步发展，为获取更多财政补贴企业极易产生"骗补"行为，该阶段相比较于政府的政策激励更重要的是市场自身调节，政府补贴需要大量财政资金的支持，耗资大，加上信息不对称，极易导致资源的无效配置，使得社会总福利减少。

2.3　CGE 模型基本理论

2.3.1　CGE 模型概述

　　CGE（computable general equilibrium）模型，即可计算一般均衡模型。该模型的核心在于全面分析经济体系中商品与要素因供求不平衡所引发的价格变动，进而推动整个经济体系达到均衡状态，也即一般均衡理论的核心思想。在 20 世纪中叶，阿罗与德布鲁通过不动点定理的证明，为一般均衡理论构建了较为完整的框架。随后，约翰森在 60 年代首次提出了 CGE 模型的概念。尽管初期研究主要聚焦于理论层面的均衡解的存在性、唯一性和稳定性，但随着 70 年代能源价格上涨、国际货币体系的剧变以及实际工资率的显著提升，宏观经济计量模型因高度依赖时间序列数据而面临挑战。此时，CGE 模型因其能够评估特定政策变动对经济体系全局性影响的优势，被广泛应用于宏观经济政策模拟中。经过数十年的发展，CGE 模型在构建上日益精致化、大型化，且政策模拟分析领域不断拓展和深化。该模型通过详细量化描述经济体系中的生产供给、消费需求、供求均衡等行为，为国民经济体系提供了一个完整且系统的分析框架。

CGE 模型的基本构成包括生产供给、消费需求、对外贸易、市场均衡及宏观闭合等部分。

（1）生产供给。主要描述国民经济中商品和要素生产者的行为及其优化条件，包括生产函数、生产要素的供给方程及优化条件等，反映了生产要素投入与产出之间的关系，以及生产者在技术限制和利润最大化目标下的行为选择。

（2）消费需求。详细刻画居民、企业和政府等消费者的行为及其优化条件。这涵盖了最终消费、中间产品和投资需求，通过消费者的需求函数和约束条件，体现了消费者在预算约束下实现效用最大化的行为。

（3）对外贸易。主要描述国内产品与国外产品之间的不完全弹性替代关系，以及进出口商品的价格与关税、汇率之间的关联。这部分模型还考虑了国际市场均衡，通过进出口量的调整，实现国内外市场的连接。

（4）市场均衡。主要描述各类市场的均衡状态及其关联的预算均衡，包括产品市场、要素市场、资本市场的均衡，以及政府预算、居民收支等各种预算约束。通过市场均衡的实现，CGE 模型确保了经济体系中的供求关系得到平衡。

（5）闭合规则。宏观闭合是 CGE 模型构建的关键部分，它涉及如何选择外生变量，以及如何通过求解方程中的唯一均衡解来实现宏观经济变量之间的均衡。宏观闭合规则的选择对于模型的解的存在性和唯一性至关重要。根据宏观行为及要素市场中的不同假设，外生变量的选择及其赋值也不同（郑玉散，1999）。CGE 模型常用的闭合规则主要有新古典闭合（neoclassical closure）、凯恩斯闭合（Keynes closure）、约翰逊闭合（Johansen closure）及路易斯闭合（Lewis closure）等闭合规则。

①新古典（neoclassical）闭合规则。在新古典主义理论框架下，强调市场机制的自发调节与均衡寻求。依据此规则，模型内所有价格，包括要素价格与商品价格，均被视为内生变量，由市场供需关系决定。投资水平同样作为内生变量处理，其大小不直接外生给定，而是通过模型内部的经济动态和利率调节机制来确定。在充分就业的假设下，居民储蓄成为决定投资水平的关键因素。本期的投资在下一期转化为生产成本，推动经济持续增长，从而形成了一个由储蓄驱动的经济循环。新古典闭合规则因此强调

了储蓄在经济活动中的重要角色，以及市场机制在资源配置和经济增长中的核心作用。

②凯恩斯闭合（Keynes closure）。按照凯恩斯理论，在宏观经济处于萧条状态时，劳动力市场会出现大量失业，同时资本也会闲置。在这种情境下，生产要素中的资本和劳动的供应量被视为不受限制的，即它们不是经济活动的制约因素。就业水平和资本的使用量由市场需求内生决定，这意味着它们是根据经济体系内部的需求和供给动态调整的。此外，在凯恩斯闭合中，要素价格（如工资率和资本利率）通常被假定为固定不变，或者至少不是由模型内生决定的。

③约翰逊闭合（Johansen closure）。与强调市场自发均衡和内生变量决定的新古典闭合不同，约翰逊闭合突出了政府干预的重要性。其核心特征在于投资水平的设定是外生的，即不由经济体系内部自发决定。在此框架下，政府扮演着积极干预的角色，旨在通过调整其收支活动，来影响和调控经济中的消费与储蓄关系，从而确保储蓄与投资之间达到均衡状态。

④路易斯闭合（Lewis closure）。根据路易斯理论，发展中国家经常出现的一个显著特征是资本稀缺与劳动力过剩并存。这一现象导致了劳动力市场的特殊性，即劳动力价格（工资）并非由市场供需内生决定，而是被外生地设定在一个相对固定的、维持基本生存的水平上，这一状况对企业的生产决策和经济的整体运行产生了深远的影响。

（6）动态机制。CGE 模型可分为静态和动态两种类型。静态模型主要关注当前时期的经济行为，无法有效模拟政策在多个时期内的长期累积效果，也难以捕捉劳动力增长、技术革新以及劳动生产率提升等动态变化对经济体系的深远作用。动态 CGE 模型注重长远预期行为，通过引入时间维度揭示政策效应的累积与反馈路径，一般可分为跨期动态（inter-temporal dynamic）和递归动态（recursive dynamic）两类。跨期动态模型中，经济主体如厂商和居民基于对未来各期价格的预期来决定投资或消费行为，强调长期均衡的实现。这类模型需要准确把握动态过程中实现稳态的时间点，对数据要求较高，目前应用相对较少。递归动态模型则不同，经济主体的行为决策依据特定的外生假设条件，不考虑未来价格预期，这类模型易于校准和计算，建模要求相对较低，因此在各领域应用广泛。但无论是跨期动态还是递归动态，都能反映劳动力、技术和生产率的变化效应，这种动态机制使 CGE 模型能够更真实地模拟经济政策在不同时间尺度上的影响，为政策分析提供有力工具。

2.3.2 CGE 模型的基本原理

CGE 模型基于微观经济学理论，通过价格机制将生产者、消费者、政府及国外等经济主体与商品市场、要素市场紧密联系起来。模型中，各经济主体在生产技术及效用偏好的约束下，追求利润最大化或效用最大化，进而作出最优选择。市场机制如同无形之手，调节着供求关系，引导资源在不同市场间有效配置。当所有商品市场和要素市场同时达到供求平衡时，经济系统便进入一般均衡状态。CGE 模型正是通过模拟这一均衡过程，深入剖析经济主体的行为及其在供给、需求和均衡关系中的作用，为经济分析和政策评估提供有力工具。

2.3.2.1 一般均衡理论

1874 年，瓦尔拉斯在其著作《纯粹经济学要义》中首次提出了"一般均衡"的概念，并构建了一般均衡理论的基本框架。瓦尔拉斯认为，经济体系中的所有市场都是相互关联的，任何一个市场的供求不平衡都会通过价格的调整引发其他市场的连锁反应，最终通过市场的自发调节机制，使得所有市场同时达到供求平衡。因此，一般均衡也被称为"瓦尔拉斯均衡"（Walrasian equilibrium）。

一般均衡与局部均衡形成鲜明对比。局部均衡专注于单一市场在假定其他市场条件不变的情况下的均衡状态，而一般均衡则着眼于整个经济体系，探讨所有市场同时达到供给与需求平衡的复杂局面。在一般均衡理论中，经济体系由多个市场组成，包括要素市场和商品市场，生产者和消费者是这些市场中的主要参与者，两个市场通过价格机制相互联系，价格变动能够迅速传递并影响整个经济体系。一般均衡理论的核心要素包括以下五点。

（1）市场相互关联性。任何一个市场的变动都会通过价格机制影响其他市场。例如，如果某个商品的供给增加，其价格可能会下降，这可能会增加消费者对该商品的需求，同时减少对替代品的需求，从而影响其他商品市场。

（2）价格调节机制。价格是市场供求关系的信号，通过价格的变动来调节供求，实现市场均衡。价格的上升或下降会引导生产者和消费者调整他们的行为，从而推动市场向均衡状态发展。

（3）经济主体的最大化行为。生产者追求利润最大化，消费者追求效用最大化。这些行为通过市场机制相互作用，共同推动经济体系向均衡状态发展。生产者会根据价格信号调整生产规模，消费者会根据价格和收入调整消费选择。

（4）均衡状态。在一般均衡状态下，所有市场的供给量等于需求量，资源得到最有效的配置，经济主体的利益得到最大化。这种状态是经济体系运行的理想状态，但实际上可能很难达到，因为市场条件会不断变化，新的信息和外部冲击也将不断出现。

（5）动态调整过程。一般均衡理论也强调经济体系从非均衡状态向均衡状态的动态调整过程。这个过程可能涉及价格的持续调整、生产和消费的重新配置，以及市场参与者行为的不断适应。

在一般均衡模型中，生产者根据市场价格信号调整生产要素的投入和产品的产出，以追求利润最大化；消费者则根据自身的偏好和预算约束，选择最优的消费组合，以实现效用最大化。在要素市场和产品市场中，经济主体的经济行为相互交织，形成了一个复杂的市场网络。如图 2 - 11 所示，生产者通过要素市场获取生产要素，生产商品并在商品市场上供给。消费者通过要素市场提供生产要素，获取收入并在商品市场上满足商品需求。价格机制在要素市场和商品市场中起调节作用，当供需不平衡时，商品价格的调节能够驱动生产者与消费者调整追求利润与效用最大化行为，最终实现商品市场的总供给和总需求的平衡。

2.3.2.2　生产技术

在 CGE 模型中，生产模块通过生产函数刻画生产要素投入与产出之间的技术关系。尽管现实中的生产技术多样，但受规模报酬不变和计算可行性的

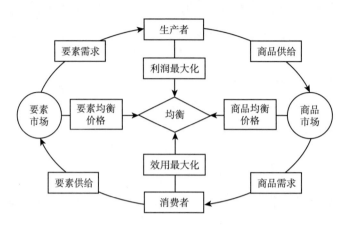

图 2 - 11 一般均衡理论的核心经济关系

资料来源：笔者整理绘制。

约束，CGE 模型通常采用列昂惕夫函数（Leontief）、柯布 - 道格拉斯函数（Cobb-Douglas，C - D）和常替代弹性生产函数（constant elasticity of substitution，CES）三种生产技术函数，参考瓦里安（Varian，1992）对这三种生产技术进行讨论。

（1）列昂惕夫（Leontief）生产技术。

Leontief 生产技术的核心特点是生产要素之间完全不可替代，必须按固定比例组合进行生产。假设有 m 种生产要素，一个典型的 Leontief 生产技术函数有如下形式：

$$Q = \min\{\alpha_1 X_1, \alpha_2 X_2, \cdots, \alpha_m X_m\} \tag{2.1}$$

其中，X_1，X_2，$\cdots$，X_m 为投入量，Q 为产出，α_i 表示单位投入的产出系数。为简化图示，假设生产中只有两种投入要素 L 和 K，如图 2 - 12 所示，当且仅当要素投入组合位于等产量线的 L 型拐点$\left(\text{即满足 } L^*(Q_1) = \dfrac{Q_1}{\alpha_1} \text{ 及 } K^*(Q_1) = \dfrac{Q_1}{\alpha_2}\right)$时，两种要素的投入量同时达到理论最小值，实现无冗余的完全利用。若要素投入偏离拐点$\left(\text{如 } L^*(Q_1) > \dfrac{Q_1}{\alpha_1} \text{ 或 } K^*(Q_1) > \dfrac{Q_1}{\alpha_2}\right)$，则至少存在一种要素的过量投入，表现为资源浪费或技术非效率。

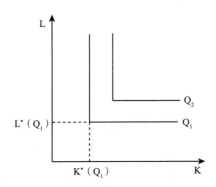

图 2 - 12 Leontief 生产技术

资料来源：笔者参考范里安（2014）制图。

（2）柯布 - 道格拉斯（C - D）生产技术。

C - D 生产技术描述的是投入要素部分可替代的情形，在规模报酬收益不变的假设条件下，C - D 生产函数可描述如下：

$$Q = A \prod_{i=1}^{m} X_i^{\alpha_i} \tag{2.2}$$

其中，A 代表技术进步水平，$\alpha_i (0 < \alpha_i < 1, i = 1, \cdots, m)$ 表示第 i 种要素所占份额，当 $\sum_{i=1}^{m} \alpha_i = 1$ 时，规模报酬不变；当 $\sum_{i=1}^{m} \alpha_i > 1$ 时，规模报酬递增；当 $\sum_{i=1}^{m} \alpha_i < 1$ 时，规模报酬递减。假设生产中只有资本 K 和劳动 L 两种投入要素，则公式可表示为：

$$Q = AK^{\alpha}L^{\beta} \tag{2.3}$$

以 MRS 表示两种要素之间的边际替代率，可求得资本对劳动的替代弹性为：

$$\sigma = \frac{d(L/K)}{d(MRS)} \times \frac{MRS}{L/K} = \frac{d\ln(L/K)}{d\ln(MP_K/MP_L)} = \frac{d\ln(L/K)}{d\ln\left(\dfrac{\alpha}{\beta} \times \dfrac{L}{K}\right)} = 1 \tag{2.4}$$

其中，MP_K/MP_L 为资本投入与劳动投入的边际生产率之比。可见，C - D 生产技术的要素替代弹性恒为 1，即任意两种要素按固定比例替代。C - D 生产技术凭借其简洁性和稳健性，成为 CGE 模型中处理要素组合的基石工具，尤其适用于数据有限或需长期均衡分析的场景。但事实上，不同的行业、要素之间的替代弹性不可能恒定为 1，这是 C－D 生产函数在实际应用中的一个缺陷，因此面对复杂的政策冲击（如低碳转型、技术突变等），需通过混合嵌套结构（C－D 与 CES 结合）或弹性扩展（引入时变参数）增强模型灵活性。

（3）常替代弹性（CES）生产技术。

CES 生产技术描述的是生产投入可替代的一般情形，即生产的各项投入之间可以有不同程度的相互替代可能。在 CGE 模型中，CES 函数主要用于描述生产要素之间的替代关系。对于 m 种生产要素 X_1，X_2，$\cdots$，X_m，CES 生产函数的一般形式为：

$$Q = A \left(\sum_{i=1}^{m} \alpha_i \times X_i^{\rho} \right)^{\frac{1}{\rho}} \tag{2.5}$$

其中，α_i 为要素分配系数，满足 $\sum \alpha_i = 1$；ρ 为替代参数，与替代弹性满足 $\sigma = \dfrac{1}{1-\rho}$。当 $\rho - 1$ 时，即各投入要素之间为完全替代情形，等产量线退化为直线，生产函数演变为线性生产函数；当 $\rho \to -\infty$ 时，即各投入要素之间为完全互补情形，要素间无替代性，生产依赖固定比例组合，生产函数演变为 Leontief 生产函数；当 $\rho = 0$ 时，要素替代弹性恒为 1，生产函数演变为 C－D 生产函数；当 ρ 取其他任何值时，即为一般情形的 CES 生产技术函数。

假设生产中只有资本和劳动两种投入要素时，CES 生产函数可表示为：

$$Q = A[\alpha K^{\rho} + (1-\alpha)L^{\rho}]^{\frac{1}{\rho}} \tag{2.6}$$

在成本最小化的生产条件下：

$$\min C = \gamma K + \omega L$$

$$\text{s. t. } Q = A[\alpha K^{\rho} + (1-\alpha)L^{\rho}]^{\frac{1}{\rho}} \tag{2.7}$$

其中，γ 为资本价格，ω 为劳动价格。为求解最经济的要素投入，将约束条件嵌入目标函数中，构建拉格朗日乘数等式：

$$\min \ell = \gamma K + \omega L - \lambda \times \left[A \times (\alpha K^{\rho} + (1-\alpha)L^{\rho})^{\frac{1}{\rho}} - Q \right] \tag{2.8}$$

对相应的变量微分，可得投入最小化的一阶条件：

$$\frac{\partial \ell}{\partial K} = \gamma - \lambda A \frac{1}{\rho} \left[\alpha K^{\rho} + (1-\alpha) L^{\rho} \right]^{\frac{1}{\rho}-1} \times \alpha \rho K^{\rho-1} = 0 \qquad (2.9)$$

$$\frac{\partial \ell}{\partial L} = \omega - \lambda A \frac{1}{\rho} \left[\alpha K^{\rho} + (1-\alpha) L^{\rho} \right]^{\frac{1}{\rho}-1} \times (1-\alpha) \rho L^{\rho-1} = 0 \qquad (2.10)$$

$$A \left[\alpha K^{\rho} + (1-\alpha) L^{\rho} \right]^{\frac{1}{\rho}} - Q = 0 \qquad (2.11)$$

由式（2.9）和式（2.10）的一阶条件等式可得成本最小化的要素需求比：

$$\frac{\gamma}{\omega} = \frac{\alpha}{1-\alpha} \left(\frac{L}{K} \right)^{1-\rho} = TRS \qquad (2.12)$$

其中，TRS 在经济学上称为技术替代率。如图 2 – 13 所示，TRS 为等产量线和等成本线的切点。

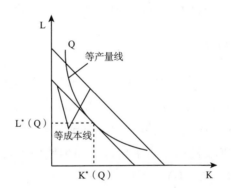

图 2 – 13　CES 生产技术

资料来源：笔者参考蒋中一（2006）制图。

从拉格朗日法求解结果中已知要素需求比（见式（2.12）），令要素价格比 $\varpi = \dfrac{\omega}{\gamma}$，则：

$$K = L \left(\frac{\alpha}{1-\alpha} \varpi \right)^{\sigma} \qquad (2.13)$$

将 K 表达式代入 CES 生产函数：

$$Q = A \left\{ \alpha \left[L \left(\frac{\alpha}{1-\alpha} \varpi \right)^{\sigma} \right]^{\rho} + (1-\alpha) L^{\rho} \right\}^{\frac{1}{\rho}} \tag{2.14}$$

化简后解得劳动需求：

$$L^* = \frac{Q}{A} \left[\alpha \left(\frac{\alpha}{1-\alpha} \varpi \right)^{\sigma\rho} + (1-\alpha) \right]^{-\frac{1}{\rho}} \tag{2.15}$$

由式（2.13）、式（2.15）和总成本 $C = \gamma K + \omega L$ 构建成本函数：

$$C = \frac{Q}{A} \left[\alpha^{\sigma} \gamma^{1-\sigma} + (1-\alpha)^{\alpha} \omega^{1-\sigma} \right]^{\frac{1}{1-\sigma}} \tag{2.16}$$

在构建 CGE 模型时，国内总产出在国内外市场间的转换以及国内需求中本国产品与进口产品间的替代，其优化过程与 CES 生产技术相似，但具体假设存在差异。国内总产出在国内外市场间的转换优化由固定转换弹性（constant elasticity of transformation，CET）函数描述，而国内产品与进口产品之间的替代优化则基于 Armington 假设，其函数形式仍为 CES 函数。

2.3.2.3　效用函数

在 CGE 模型架构中，微观经济主体（居民部门与政府部门）的商品需求形成机制具有核心理论价值。该过程严格遵循新古典经济学框架，通过建立预算约束条件下的效用最大化决策模型，推导出各经济主体对最终商品的需求函数。当前主流 CGE 模型主要采用以下四种效用函数形式进行参数化建模：柯布 – 道格拉斯（C – D）、常替代弹性（CES）、线性支出系统（LES）和斯通 – 格瑞（Stone-Geary）效用函数等。基于本书应用需求，在此仅介绍 C – D 和 CES 两种效用函数。

（1）柯布 – 道格拉斯（C – D）效用函数。

C – D 效用函数刻画了消费者偏好中部分可替代的特性。它表明不同消费品类之间存在有限的替代性，消费者可通过调整商品组合实现效用最大化，体现了偏好权衡与选择灵活性。在规模效用不变的假设条件下，C – D 效用函数可描述如下：

$$U(x_1, x_2, \cdots, x_n) = A \prod_{i=1}^{n} x_i^{\alpha_i} \tag{2.17}$$

其中，x_i 表示第 i 种商品的消费量；A 代表效用度量系数，通常标准化为 1；α_i 表示第 i 种商品的边际预算份额，具体可解释为消费者对每类商品的支出占总收入的比例，且 $\sum_{i=1}^{n} \alpha_i = 1$。令 Y 为总收入水平，则消费者在收入预算约束条件下的效用最大化数学模型如下：

$$\begin{cases} \max\ U(x_1, \cdots, x_n) \\ \text{s. t. } P_1 \times x_1 + \cdots + P_n \times x_2 = Y \end{cases} \quad (2.18)$$

构造拉格朗日乘数等式：

$$\max_{x_1, \cdots, x_n, \lambda}\ L = U(x_1, \cdots, x_n) - \lambda \times (P_1 \times x_1 + \cdots + P_n \times x_2 - Y) \quad (2.19)$$

根据极值的必要条件，可求解得马歇尔（Marshallian）需求方程。该方程本质上是消费者在预算约束下实现效用最大化的一阶条件解，其数学形式表现为商品需求量与价格、收入之间的函数关系：

$$x_i = \alpha_i \frac{Y}{P_i} \quad (2.20)$$

通过将马歇尔需求方程代入直接效用函数式（2.17），可构造出间接效用函数。该函数以价格向量 P 和收入水平 Y 为参数，刻画了消费者在预算约束下的最大效用值，其经济内涵表现为价格—收入空间中的效用边界，反映了资源配置效率与外部约束条件的对偶关系。间接效用函数可描述如下：

$$V = Y \times A \times \prod_{i=1}^{n} \left(\frac{\alpha_i}{P_i} \right)^{\alpha_i} \quad (2.21)$$

进一步整理为价格指数形式：

$$V = \frac{Y}{P(p)} \quad (2.22)$$

其中，

$$P(p) = \frac{1}{A} \prod_{i=1}^{n} \left(\frac{P_i}{\alpha_i} \right)^{\alpha_i} \quad (2.23)$$

（2）常替代弹性（CES）效用函数。

CES 效用函数作为 CGE 模型的核心建模工具之一，通过引入替代弹性参数 σ，系统刻画了消费者在不同商品间连续可调的替代偏好结构。CES 效用函数的数学表达式可设定如下：

$$U(x_1,\cdots,x_n) = A \times \left(\sum_{i=1}^{n} \alpha_i x_i^{\frac{\sigma-1}{\sigma}} \right)^{\frac{\sigma}{\sigma-1}} \tag{2.24}$$

其中，A 代表效用度量系数，α_i 表示边际预算份额，反映消费者对商品的相对偏好程度。σ 为弹性替代系数，ρ 为参数，且 $\sigma = \dfrac{1}{1-\rho}$，表示商品间替代的难易程度。当 σ 趋向于 0 时，商品完全互补；当 σ 趋向于无穷时，商品完全替代。同理，可以从效用最大化问题中求出 CES 效用函数所对应的马歇尔（Marshallian）需求函数和间接效用函数表达式：

$$x_i = \frac{\alpha_i \times Y}{P_i^{\sigma} \times (\alpha_1 \times P_1^{1-\sigma} + \cdots + \alpha_n \times P_n^{1-\sigma})} \tag{2.25}$$

$$V = A \times Y \times \left(\sum_{i=1}^{n} \alpha_i P_i^{1-\sigma} \right)^{\frac{1}{\sigma-1}} \tag{2.26}$$

当替代弹性系数满足 $\sigma \to 1$ 时，CES 效用函数通过数学极限过程演变为 C-D 效用函数形式，即：

$$\lim_{\sigma \to 1} U(x) = A \prod_{i=1}^{n} x_i^{\alpha_i} \tag{2.27}$$

与 CES 效用函数相比，C-D 效用函数核心优势在于其参数简化性，即所需参数仅包括各类商品支出占总支出的百分比份额 α_i。这一参数可直接从社会核算矩阵（SAM）中直接获取，无须额外估计替代弹性系数 σ。这一特性使其成为简化型 CGE 模型需求模块的首选工具，尤其适用于数据受限或需要快速响应的政策模拟场景。

与其他建模方法类似，CGE 模型在参数设定、数据依赖性和理论假设等方面也存在一些局限性。首先，模型中的关键参数通常依赖经验假设或历史数据标定，通常需要借助敏感性分析进行反复验证和调整，这增加了模型构建的复杂性和不确定性。其次，模型的基准数据多基于特定年份的投入产出表或社会核算矩阵，在经济结构快速变迁的背景下，静态参数可能无法反映长期趋势，导致跨期政策模拟的可靠性下降。最后，模型的假设条件较为严格，如模型假设市场是完全竞争的，生产函数是线性齐次的，消费者和生产者的行为均符合微观经济学的边际效用理论。这些假设在现实中可能并不完全成立，从而影响模型的适用性和准确性。当然，尽管存在这些弱点和局限性，但 CGE 模型凭借其理论自洽性、全局均衡分析能力和灵活的政策模拟功能，仍能在政策调整的效应及宏观经济影响分析中发挥重要作用，成为政策模拟的主流工具之一。

第 3 章　新能源汽车产业政策
梳理及公众感知分析

　　新能源汽车产业是我国战略性新兴产业之一，发展新能源汽车产业不仅可以缓解能源压力与改善环境污染问题，而且可以加速传统燃料汽车产业的转型，助推经济高质量发展。为加强对新能源汽车产业的宏观规划，中国政府自 2009 年开始相继出台了系列扶持政策，但政策意图与实际效果之间仍有较大差距，全面系统梳理政策体系的发展阶段及演进特征，探究不同类型政策工具在各阶段的施策力度，并了解公众对新能源汽车产业政策的关注点，分析公众对新能源汽车产业政策的感知状况，不仅可以促进新能源汽车产业政策决策科学化、民主化，也可以通过适时调整优化以减少政策执行偏差。为此，依据新能源汽车产业化推进阶段性战略，将新能源汽车产业政策发展演进阶段划分为战略规划期（2001～2008 年）、导入期（2009～2015 年）以及调整期（2016 年至今）三个阶段，全面梳理归类形成扶持政策谱系，并借助网络爬虫技术、语义网络分析和 LDA 主题模型探究公众对新能源汽车产业政策的感知状况。

3.1　我国新能源汽车产业发展现状

3.1.1　新能源汽车的界定

　　分析新能源汽车产业扶持政策效应的前提是明确界定新能源汽车的概念。新能源（NE）又称非常规能源，是指传统能源之外的各种能源形式，如太阳能、地热能、风能、海洋能、生物质能和核聚变能等。新能源汽车是指采用非常规的车用燃料作为动力来源（或使用常规的车用燃料、采用新型车载动力装置），综合车辆的动力控制和驱动方面的先进技术，形成的技术原理先进，具有新技术、新结构的汽车。通俗来讲，新能源汽车就是利用新能源作为动力来源的汽车。

（1）按照电动来源不同，新能源汽车可分为纯电动汽车、混合动力汽车、燃料电池电动汽车以及其他新能源汽车四大类，具体如图3-1所示。

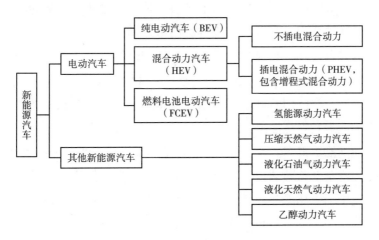

图3-1　新能源汽车按电动来源分类

资料来源：笔者整理绘制。

①纯电动汽车（BEV）。BEV是英文 battery electric vehicle 的缩写，即通常所说的纯电动汽车，是指由车载可充电蓄电池或其他能量储存装置提供电能、由电动机提供驱动力的汽车。纯电动汽车的牵引力由电动机提供，因此传动系统就脱离了离合器和变速器束缚，电动机改变转速，就可以很轻易地调节车速，但更需要充电桩等基础设施的配套。BEV车型具有零排放、低噪音、能源来源多样化、节能、长期成本更低等优点，但也有许多问题需要解决，例如充电基础设施的建设、充电时间较长，以及一些车型的续航里程有限等。

②混合动力汽车（HEV）。混合动力汽车是指选用传统燃料，一同配以电动机/发动机来改进低速动力输出和燃油消耗的车型。按照能否外接充电又可以分为非插电式混合动力汽车（MHEV）和插电式混合动力汽车（PHEV）。非

插电式混合动力汽车采用混合动力系统，可根据实际需要的功率来设定内燃机的最大功率，从而实现油耗低、污染少的最优运行状态。插电式混合动力汽车一般拥有比非插电式混合动力汽车长得多的纯电续航里程，但在电量缺少时驾驭感受会有所下降。相较于传统燃油车辆，HEV 车型在城市驾驶和低速行驶时更加节能，但在高速行驶时的燃油效率可能没有纯电动车型高。

③燃料电池汽车（FCEV）。燃料电池汽车是指以甲醇和氢气等作为燃料，通过燃烧反应产生电能，利用电动机驱动的汽车。由于燃料电池汽车的能量是通过氢气和氧气的化学作用，而不是通过焚烧直接变成电能的，因此燃料电池汽车通常被认为是一种近似零排放的绿色新型环保汽车。此外，相较于电动车辆的充电时间，加氢通常更快，类似于传统燃油车辆加油的速度。且FCEV 车型可以拥有较长的续航里程，通常可以与纯电动车型相媲美，甚至更长。然而，FCEV 车型也面临一些挑战，包括氢气供应基础设施的建设、氢气储存技术的成本和安全性等。

④其他新能源汽车。除了以上三种主流新能源汽车外，还有氢动力汽车、天然气动力汽车、乙醇动力汽车等其他新能源汽车，但这些车辆成本普遍较高，在现实中的应用较少。例如，氢动力汽车以氢气作为主要燃料，驱动车辆时排放物仅为水蒸气，可以实现真正的零排放。其不仅无污染，还因氢气储量丰富，具有可持续发展的优势。所以，作为传统汽车的替代方案，氢动力汽车是十分理想的。但是相比于传统动力汽车，氢动力汽车的成本至少高出两成。随着技术的进步和社会对清洁能源的需求增加，氢动力汽车可能会在未来成为汽车行业的一个重要发展方向。

（2）根据汽车分类标准《汽车和挂车类型的术语和定义》（GB/T 3730.1—2001），新能源汽车整车可分为乘用车和商用车。乘用车是指在设计以及用途上主要用于运载人员及其行李或物品的汽车，一般车辆座位少于 9 座，也是居民通常作为私人交通工具所购买的车型，主要包括轿车、多用途车（MPV）、运动型多用途车（SUV）、交叉型乘用车和专用乘用车。商用车是指车辆座位大于 9 座，以运输货物为主的车辆，其车型主要包括客车、载货车、半挂车、客车非完整车和载货车非完整车。电动乘用车是将乘用车按驱动车辆行驶的能源类型为分类依据进行划分的一类车辆，它是一种以电力为动力的、无污染、低能耗的环保新型车。若对电动乘用车再进行细分，可包括纯电动乘用车、插电式混合动力（含增程式）乘用车以及燃料电池乘用车。

3.1.2 我国新能源汽车产业的发展现状

21 世纪以来，我国的汽车产业高速发展，已经成为汽车生产和销售大国。新能源汽车产业跟随国家"十二五""十三五""十四五"战略发展计划不断演进和发展，对于石油资源匮乏和环境压力大的中国来说，有着非常重大的意义。

首先，近年来新能源汽车销量呈现爆发式增长。从国内市场来看，2010 ～ 2011 年我国新能源汽车销售量增速极快，2010 年新能源汽车销量仅为 0.72 万辆，2012 年突破 1 万辆（1.28 万辆），2014 年后由于政府政策扶持力度加大，新能源汽车的销售量一路飙升，2015 年突破 100 万辆，至 2022 年年销量达到 688.7 万辆，为 2010 年的近 1000 倍之多（见图 3 - 2）。可见，多年来对新能源汽车整个产业链的培育，各个环节逐步成熟，丰富和多元化的新能源汽车产品逐渐满足了市场需求。

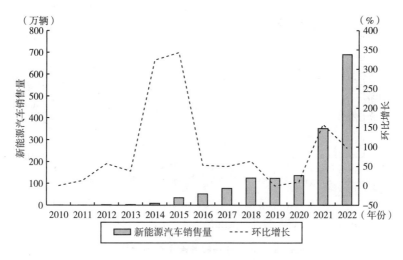

图 3 - 2 新能源汽车销售量趋势

资料来源：中国汽车工业协会发布的 2010 ～ 2022 年的《新能源汽车产销情况简析》。

目前全球新能源汽车市场集中度较高，形成以美国、日本、中国及欧盟为核心代表的市场发展格局。2022 年，中国新能源汽车销量占全球的

63.6%，为全球最大市场；从渗透率方面看，中国新能源乘用车渗透率最高，远超欧盟、日本等发达国家和地区，据中国汽车工业协会统计，中国、欧盟、美国和日本新能源车型渗透率分别为 25.6%、18.3%、6.9% 和 2.2%。

其次，头部厂商市场占有率和集中度高。从新能源乘用车零售销量的数据来看，当前头部厂商的集中度较高。2022 年新能源汽车厂商零售销量排名前 15 位的企业销量合计达到 452.5 万辆，在全年新能源汽车销量中占据较大的比例，其中，新能源乘用车零售销量超过 40 万辆的企业有：比亚迪汽车、上汽通用五菱、特斯拉中国。这三家企业的零售销量在汽车零售销量前 15 位的企业中占比达到 59% 左右。造车新势力中小鹏、蔚来、理想的零售销量在 10 万～15 万辆。①

增长率方面，新能源乘用车零售销量增长超过 100% 的企业有 7 家，零售销量增长超过 200% 的企业有 2 家，分别为比亚迪汽车和吉利汽车（见图 3 - 3）。结合销量规模与增长速度来看，无论是零售销量规模还是增长率，比亚迪汽车均排名靠前。整体上来看，无论是传统车企还是造车新势力在 2022 年的新能源汽车领域均有不俗表现。

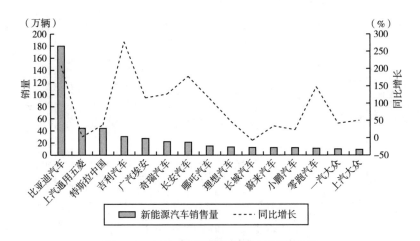

图 3 - 3　2022 年新能源汽车厂商销量排行

资料来源：中国汽车工业协会. 中国新能源汽车大数据年度报告（2022 年）[R]. 2022.

---

① 中国汽车工业协会. 中国新能源汽车大数据年度报告（2022 年）[R]. 2022.

此外，充换电基础设施快速增长但发展规模仍较小。2022 年我国充换电基础设施增长较为迅速，市场格局呈现出较为集中的局面。根据中国电动汽车充电基础设施促进联盟公布的数据，2022 年我国充电基础设施增量达259.3 万台。截至 2022 年底，全国充电基础设施保有量达 520 万台，同比增长近 100%。公共充电基础设施运营企业方面，全国充电运营超过 10 万台充电桩的企业共有 4 家，分别是特来电、星星充电、云快充、国家电网（见图 3 − 4）。前 15 家运营商占总量的 93.8%，充电站与换电站建设在区域上呈现出集中的局面。

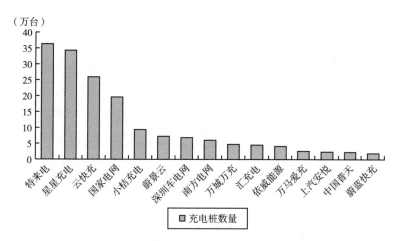

图 3 − 4　2022 年公共充电基础设施运营商排行

资料来源：笔者整理绘制。

当前，充电站在珠三角、长三角、京津冀等经济发达地区规模较大，经济发展前 10 名的省级行政地区充电站数量的集中度高达 71.3%。当前，主要的换电站运营商是蔚来、奥动新能源、杭州伯坦等企业。换电站的发展规模仍较小，仍处于初步发展的阶段。

从新能源汽车细分车型的产量来看，2010 ～ 2022 年各类车型产量均呈稳步上涨趋势。2015 年之前，我国新能源汽车产业处于起步阶段，此时各类型新能源汽车产量较低，之后随着国家政策的支持，我国各类型新能源汽车产量增长迅速，尤其在 2010 ～ 2012 年呈现翻倍式增长（见表 3 − 1）。在这三类新能源汽车中，纯电动汽车的产量相对较高，而燃料电池汽车由于受到技术等因素的限制，仍处于起步阶段。

表 3 - 1　　　　　　　　　2010～2022 年各类新能源汽车产量　　　　　单位：辆

年份	纯电动汽车	插电式混合动力汽车	燃料电池汽车
2010	695	968	0
2011	5655	1744	0
2012	11241	586	0
2013	14243	4176	0
2014	48605	30137	6
2015	254633	87823	10
2016	418342	93805	629
2017	649617	117201	1247
2018	970220	283288	1619
2019	1044167	220844	3018
2020	1095683	260078	1530
2021	2924556	601132	1874
2022	5456210	1580534	3992

资料来源：中国汽车工业协会发布的 2010～2022 年《新能源汽车产销情况简析》。

进一步对三类新能源汽车的产量占比进行分析，2010～2014 年，纯电动汽车产量占比先上升后下降，在 2012 年达到峰值；2014～2016 年，纯电动汽车的产量占比持续上升，此后在 80% 左右小幅波动。燃料电池汽车从 2015 年开始发展起来，近几年的产量也在增长，但相对于纯电动汽车和插电式混合动力汽车，其占比仍然非常小（见图 3 - 5）。

随着"双碳"政策实施、国内经济转型、绿色能源快速发展和能源供给侧结构性改革持续深化，加之"十四五"规划的实施，为国内储能发展打造了更有利的市场环境，储能产业将迎来更广阔的发展空间。总的来说，新能源汽车产业发展呈现出两种趋势：一是新能源汽车产业发展的市场化驱动力将进一步加强。随着我国新能源汽车产业链供应链体系的完善，新能源汽车产品竞争力的提升，新能源汽车供给侧的供给水平将得到进一步提升，在需求侧的接受程度也将会进一步提高。二是新能源汽车的渗透率将进一步提升。目前我国已提前实现《新能源汽车产业发展规划（2021～2035 年）》提出的到 2025 年新能源汽车新车销售量达到汽车新车销售总量 20% 左右的目标。

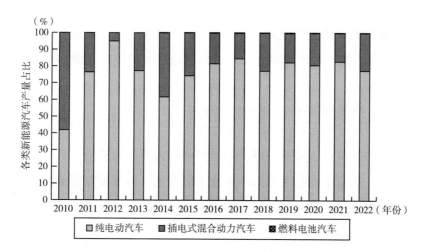

图3-5　2010～2022年各类新能源汽车产量占比

注：图中燃料电池汽车因产量占比过小而未能显示出来。

资料来源：中国汽车工业协会发布的2010～2022年《新能源汽车产销情况简析》。

3.2　我国新能源汽车产业政策梳理

为推动新能源汽车产业发展，我国于2001年启动"863"计划电动汽车重大专项，这标志着我国新能源汽车产业正式启航。随后，各部门相继发布了多项新能源汽车产业相关政策：2001年我国新能源汽车产业刚刚起步政府即投入8.8亿元用于补贴新能源汽车研发工作，2009年进一步扩大市场份额，"十城千辆节能与新能源汽车示范推广应用工程"正式启动，2010年政府从产业链上游端着手，对新能源汽车产业多项应交税进行税率优惠、税收减免……但是，大量补贴在刺激新能源汽车产业快速发展的同时，也会造成产业粗放式发展，为此，2013年政府首次提出将对新能源汽车产业进行的消费补贴开始逐步"退坡"，制定并公布了《关于继续开展新能源汽车推广应用工作的通知》（以下简称《通知2013》）政策，2014～2016年延续了《通知2013》中的部分政策要求，也同样要求补贴标准适当"退坡"，2017年财政补贴加速"退坡"，同时接续出台《乘用车企业平均燃料消耗量与新能源汽车积分并行管理办法》等政策。总体来看，我国新能源汽车产业政策随着新能源汽车产业发展阶段变化而进行动态调整，大致经历了战略规划期（2001～2008 年）、导入期（2009～2015 年）以及调整期（2016 年至今）三个阶段。

3.2.1 战略规划期（2001～2008 年）

2001～2008 年，我国政府出台一系列相关政策，对新能源汽车产业进行了战略规划，国家主要着力于对产业技术研发创新的规划与新能源汽车产品与行业准入标准的规范，为我国新能源汽车发展奠定了技术与标准的相关基础（见表 3-2）。

表 3-2　　　　　　　　　战略规划期新能源汽车产业政策工具

政策标题	发布机构	发布时间	主要内容
"863" 计划电动汽车重大专项	科技部	2001 年 9 月	提出 "三纵三横" 布局目标，要求研制出达到国际先进水平的燃料电池轿车产品原型车并进行示范运行
汽车产业发展政策	国家发展改革委	2004 年 5 月	开展汽车新型动力的研究和产业化，鼓励引导汽车消费者购买和使用新能源汽车
国家中长期科学和技术发展规划纲要（2006～2020 年）	国务院	2005 年 12 月	将新能源汽车技术纳入科学技术发展的重点领域及其优先主题
关于汽车工业结构调整意见的通知	国家发展改革委	2006 年 12 月	鼓励发展节能、环保型汽车和自主品牌产品
新能源汽车生产准入管理规则	工信部	2007 年 10 月	首次对新能源汽车概念进行定义，同时对相关企业准入标准进行了规范

资料来源：根据国家发展改革委、科技部等部委发布的政策文件整理。

产业技术研发创新规划方面，2001 年 9 月，科技部组织召开 "十五" 国家 "863" 计划电动汽车重大专项可行性研究论证会，首次以 "整车" 为目标，要求研制出达到国际先进水平的燃料电池轿车产品原型车并进行示范运行，这也标志着对我国汽车产业发展具有重大战略意义的电动汽车专项正式启动。2005 年 12 月，国务院发布《国家中长期科学和技术发展规划纲要

（2006～2020 年)》，将新能源汽车技术纳入科学技术发展的重点领域。2006 年 12 月，国家发展改革委发布《关于汽车工业结构调整意见的通知》，鼓励发展节能、环保型汽车和自主品牌产品。

产品与行业准入标准的规范方面，2004 年，国家发展改革委发布《汽车产业发展政策》，要结合国家能源结构调整战略和排放标准的要求，积极开展汽车新型动力的研究和产业化，重点发展混合动力汽车技术和轿车柴油发动机技术，同时鼓励引导汽车消费者购买和使用新能源汽车。2007 年，工信部正式印发《新能源汽车生产准入管理规则》，这也是国家层面首次对新能源汽车概念进行定义，同时对相关企业准入标准进行了规范。

3.2.2 导入期（2009～2015 年）

随着战略规划期间达成的技术研发基础与行业准入规范逐步成型，国家于 2009 年开始鼓励新能源汽车使用。这一期间，产能优化与推广应用成为我国新能源汽车政策体系推动产业发展的主题，政府分别从供给侧、需求侧与环境端对新能源汽车产业发展进行了政策扶持。

3.2.2.1 供给侧产业发展政策

为进一步促进新能源汽车产能优化，国家发布一系列政策措施，主要从支持技术研发与鼓励企业生产等角度促进产业发展（见表 3-3）。

表 3-3　　　　　　　　导入期供给侧产业发展政策工具

政策标题	发布机构	发布时间	主要内容
汽车产业调整和振兴规划	国务院	2009 年 3 月	实现新能源汽车关键零部件技术自主化
关于加快培育和发展战略性新兴产业的决定	国务院	2010 年 10 月	实现新能源汽车关键核心技术突破、应用推广与产业化，加大高技能人才队伍建设力度
电动汽车科技发展"十二五"专项规划	科技部	2012 年 3 月	提出技术平台"一体化"、车型开发"两头挤"与产业化推进"三步走"战略

政策标题	发布机构	发布时间	主要内容
关于组织开展新能源汽车产业技术创新工程的通知	财政部	2012 年 9 月	为相关企业提供产业技术创新财政奖励资金
节能与新能源汽车产业发展规划（2012～2020 年）	国务院	2012 年 6 月	提出新能源汽车产销目标，并制定配套政策
乘用车企业平均燃料消耗量核算办法	工信部、国家发展改革委等	2013 年 3 月	企业应建立乘用车产品平均燃料消耗量监控体系
关于加快新能源汽车推广应用的指导意见	国务院办公厅	2014 年 7 月	推进新能源汽车充电设施关键技术攻关，加大科技攻关支持力度，组织实施产业技术创新工程
国家重点研发计划新能源汽车重点专项实施方案（征求意见稿）	科技部	2015 年 2 月	提出加快新能源汽车持续创新，推进我国汽车产业技术转型升级
新能源公交车推广应用考核办法（试行）	交通运输部、财政部、工信部	2015 年 11 月	进一步加快新能源汽车在公交领域的推广应用

资料来源：根据各部委发布的政策文件整理。

　　技术研发支持方面，2009 年，国务院发布《汽车产业调整和振兴规划》，同时投入 100 亿元中央财政资金对包括新能源汽车及专用零部件在内的汽车产业关键技术开发、改造与节能和新能源汽车示范工程进行支持。2010 年，新能源汽车正式被列入国家七大"战略性新兴产业"之一，在国务院发布《关于加快培育和发展战略性新兴产业的决定》等政策文件中，国家提出着力突破新能源汽车动力电池、驱动电机和电子控制领域关键核心技术，同时推进新能源汽车推广应用和产业化。2012 年，国家发布《电动汽车科技发展"十二五"专项规划》和《关于组织开展新能源汽车产业技术创新工程的通知》，提出技术平台"一体化"、车型开发"两头挤"与产业化推进"三步走"战略，并为相关企业提供产业技术创新财政奖励资金，进一步为产业科技发展指明了方向。2014 年，国务院发布《关于加快新能源汽车推广应用的指导意见》，提出推进新能源汽车充电设施关键技术攻关。2015 年，科学技术部发布《国家重点研发计划新能源汽车重点专项实施方案》，提出加快新能源汽车持续创新，推进我国汽车产业技术转型升级。

　　企业生产鼓励方面，2010 年财政部发布《关于组织开展新能源汽车产业技术创新工程的通知》，为相关研发生产机构提供产业技术创新财政资金支持。2012 年，国务院发布《节能与新能源汽车产业发展规划（2012～2020年）》，提出到 2020 年，纯电动汽车和插电式混合动力汽车产能达 200 万辆、累计产销量超过 500 万辆的目标，为此，中央财政对取得高新技术企业所得税优惠资格的企业给予了相关优惠政策，同时，文件规定新能源汽车及其关键零部件企业从事技术开发、转让及相关咨询、服务业务所取得的收入，可按规定享受营业税免税政策。2015 年国家颁布《新能源公交车推广应用考核办法（试行）》，提出要进一步加快新能源汽车在公交领域的推广应用。

3.2.2.2　需求侧产业发展政策

随着生产能力与行业标准的逐步完善，自 2009 年起，国家开始开展新能源汽车示范推广应用工作，并围绕这一主题出台了大量相关政策。与此同时，为进一步促进新能源汽车推广使用，政府分别从私人、公共领域分别制定相关政策扩大产品需求，促进产业发展。

2009 年 1 月，财政部、科技部联合发布《关于开展节能与新能源汽车示范推广试点工作的通知》，文件正式提出"十城千辆"计划，选择部分大中城市成为首批推广示范试点，并要求地方政府对节能与新能源汽车购置、配套设施建设及维护保养等相关支出给予适当补助，这一政策文件标志了国内新能源汽车正式进入推广使用阶段。2011 年，国家分别发布《关于加强节能与新能源汽车示范推广安全管理工作的函》与《关于进一步做好节能与新能源汽车示范推广试点工作的通知》两项政策，对于新能源汽车推广应用过程中出现的相关问题进行监管与调整完善。2013～2014 年，财政部、科技部、国家发展改革委与工信部（以下文中简称四部委）联合相继发布《关于继续开展新能源汽车推广应用工作的通知》与《关于进一步做好新能源汽车推广应用工作的通知》进行大范围推广应用，将新能源汽车推广示范城市扩大至 88个，极大地推动了新能源汽车的商业化。

在购置补贴方面，为加快新能源汽车消费推广，国家在购置税、车船税等方面制定了相关政策以促进产品消费。2012 年财政部、税务总局与工信部联合发布《关于节约能源使用新能源车船车船税政策的通知》，提出对节约能源的车船减半征收车船税的同时，对使用新能源的车船免征车船税。此外，税务总局等部门分别于 2014 年和 2015 年发布《关于免征新能源汽车车辆购置税的公告》《关于减征 1.6 升及以下排量乘用车车辆购置税的通知》《关于完善城市公交车成品油价格补助政策 加快新能源汽车推广应用的通知》，对购置的新能源汽车免征车辆购置税并给予补助，实行普惠制，以促进新能源汽车推广工作。

同时，为促进新能源汽车推广，国家分别在各领域出台相关推广政策。私人购买方面，四部委于 2010 年联合发布《关于开展私人购买新能源汽车补贴试点的通知》，分别对新能源汽车购买、租赁给予一定补助，并对充电站等配套基础设施建设和电池回购等给予支持。

公共领域方面，2010 年和 2014 年四部委联合发布《关于扩大公共服务领域节能与新能源汽车示范推广有关工作的通知》与《关于印发政府机关及公共机构购买新能源汽车实施方案的通知》，通过公共服务与政府采购等方式进一步扩大市场需求。2014 年 9 月，国家发布《京津冀公交等公共服务领域新能源汽车推广工作方案》，提出要加大公共服务领域的财政支持力度。此外，交通运输部于 2015 年发布《关于加快推进新能源汽车在交通运输行业推广应用的实施意见》，提出到 2020 年，新能源汽车在交通运输行业的应用初具规模，在城市公交、出租汽车和城市物流配送等领域的总量达到 30 万辆。这一期间，各部委分别从地域空间、消费群体等多个维度发力，对新能源汽车进行大范围推广应用。

海外贸易方面，国家发布《关于促进我国汽车产品出口持续健康发展的意见》，提出要加快国家汽车及零部件出口基地建设，积极引导节能和新能源汽车产品出口。导入期我国新能源汽车产业需求侧政策工具梳理如表 3－4 所示。

表 3－4　　　　　　　　　导入期需求侧产业发展政策工具

政策标题	发布机构	发布时间	主要内容
关于开展节能与新能源汽车示范推广试点工作的通知	财政部、科技部	2009 年 1 月	选择部分大中城市成为首批推广示范试点
关于促进我国汽车产品出口持续健康发展的意见	商务部、国家发展改革委等	2009 年 10 月	加快国家汽车及零部件出口基地建设，积极引导节能和新能源汽车产品出口

续表

政策标题	发布机构	发布时间	主要内容
关于开展私人购买新能源汽车补贴试点的通知	财政部、科技部、国家发展改革委、工信部	2010 年 5 月	对新能源汽车购置、租赁给予一定财政补助
关于扩大公共服务领域节能与新能源汽车示范推广有关工作的通知	财政部、科技部、国家发展改革委、工信部	2010 年 6 月	根据试点城市实施方案和资金申请，财政部通过省级财政部门将示范推广补助资金预拨给试点城市
关于调整节能汽车推广补贴政策的通知	财政部、国家发展改革委、工信部	2011 年 9 月	对现行节能汽车推广补贴政策进行调整
关于加强节能与新能源汽车示范推广安全管理工作的函	科技部	2011 年 10 月	试点城市立即开展全面、系统、彻底的安全隐患排查，对发现的安全隐患，必须限期改正
关于进一步做好节能与新能源汽车示范推广试点工作的通知	财政部、科技部、国家发展改革委、工信部	2011 年 10 月	对试点城市与示范产品生产企业提出更严格的工作要求
关于节约能源使用新能源车船车船税政策的通知	财政部、税务总局、工信部	2012 年 3 月	对节约能源的车船，减半征收车船税；对使用新能源的车船，免征车船税
关于继续开展新能源汽车推广应用工作的通知	财政部、科技部、国家发展改革委、工信部	2013 年 9 月	继续依托城市尤其是特大城市推广应用新能源汽车
关于进一步做好新能源汽车推广应用工作的通知	财政部、科技部、国家发展改革委、工信部	2014 年 1 月	对相关技术与补助标准进行进一步调整
关于印发政府机关及公共机构购买新能源汽车实施方案的通知	财政部、科技部、国家发展改革委、工信部	2014 年 6 月	对政府机关及公共机构购买新能源汽车提出相关要求并提供相应补贴与便利措施
关于免征新能源汽车车辆购置税的公告	财政部、税务总局、工信部	2014 年 8 月	对购置的新能源汽车免征车辆购置税
京津冀公交等公共服务领域新能源汽车推广工作方案	工信部、国家发展改革委等	2014 年 9 月	加快充电设施建设，创新商业模式，加大财政支持力度，完善政策体系
关于加快推进新能源汽车在交通运输行业推广应用的实施意见	交通运输部	2015 年 3 月	提出新能源汽车在交通运输行业应用的目标任务并提出配套保障措施
关于 2016～2020 年新能源汽车推广应用财政支持政策的通知	财政部、科技部等	2015 年 4 月	对购买新能源汽车给予补贴，实行普惠制

续表

政策标题	发布机构	发布时间	主要内容
关于完善城市公交车成品油价格补助政策　加快新能源汽车推广应用的通知	财政部、工信部等	2015 年 5 月	完善城市公交车成品油价格补助政策，加快新能源公交车替代燃油公交车步伐
关于节约能源、使用新能源车船车船税优惠政策的通知	财政部、税务总局、工信部	2015 年 5 月	对节约能源车船，减半征收车船税；对使用新能源车船，免征车船税
关于减征 1.6 升及以下排量乘用车车辆购置税的通知	财政部、税务总局	2015 年 9 月	对购置 1.6 升及以下排量乘用车减按 5% 的税率征收车辆购置税

资料来源：根据各部委发布的政策文件整理。

3.2.2.3　环境端产业发展政策

除供需双侧政策扶持以外，国家还发布了相关政策旨在为新能源汽车产业提供良好的生产与使用环境。其中，政策导入期间主要从行业准入与充电基础设施建设方面提供支持（见表 3 - 5）。

表 3 - 5　　　　　　　　　导入期环境端产业发展政策工具

政策标题	发布机构	发布时间	主要内容
新能源汽车生产企业及产品准入管理规则	工信部	2009 年 6 月	对原有新能源汽车产品准入标准进行调整
关于开展节能与新能源汽车标准体系研究工作的通知	国家标准化管理委员会	2010 年 7 月	研究部署、统筹指导节能与新能源汽车标准化工作，推动节能与新能源汽车国际标准化工作谋求突破
关于新能源汽车充电设施建设奖励的通知	财政部、科技部、国家发展改革委、工信部	2014 年 11 月	安排资金对新能源汽车推广城市或城市群给予充电设施建设奖励
新建纯电动乘用车企业管理规定	国家发展改革委、工信部	2015 年 6 月	对纯电动乘用车企业进行管理
关于加快电动汽车充电基础设施建设的指导意见	国务院	2015 年 9 月	加大电动汽车充电基础设施建设力度、完善服务体系、强化支撑保障、做好组织实施
关于加强城市电动汽车充电设施规划建设工作的通知	住房城乡建设部	2015 年 12 月	严格新城新区和新建居住区规划标准，切实加强老旧居住区充电设施建设，积极推动单位既有停车场改造配建充电设施

资料来源：根据各部委发布的政策文件整理。

行业准入规范方面，为适应技术水平与市场的不断发展，2009 年工信部对原行业准入标准进行调整，制定《新能源汽车生产企业及产品准入管理规则》，在原有基础上加入企业准入规定。2010 年，国家标准化管理委员会正式开展节能与新能源汽车标准化工作，这也表现了我国新能源汽车产业化进程的不断完善。2015 年，国家发布《新建纯电动乘用车企业管理规定》，提出要对纯电动乘用车企业进行管理。

充电基础设施方面，2014 年四部委发布《关于新能源汽车充电设施建设奖励的通知》，文件提出中央财政对符合相关条件的城市或城市群，根据新能源汽车推广数量安排充电设施奖励资金，鼓励各城市加大充电设施建设力度，为消费者使用新能源汽车营造便利的环境。2015 年 9 月，国务院办公厅发布《关于加快电动汽车充电基础设施建设的指导意见》，要求到 2020 年，基本建成适度超前、车桩相随、智能高效的充电基础设施体系，并建立较完善的标准规范和市场监管体系。2015 年 12 月，住房城乡建设部发布《关于加强城市电动汽车充电设施规划建设工作的通知》，提出加强老旧居住区和单位既有停车场的充电设施建设。

3.2.3　调整期（2016 年至今：后补贴时代）

规划期及导入期的各项扶持政策，促使我国新能源汽车产业发展取得了阶段性成就，但在政策实施过程中也暴露出"骗补"、充电配套设施不完善和技术成熟度偏低等诸多问题。基于此，2015 年 4 月以来四部委联合发布四份政策文件，制定、调整和完善新能源汽车产业财政补贴"退坡"机制，并出台《乘用车企业平均燃料消耗量与新能源汽车积分并行管理办法》以接续补贴政策推动新能源汽车产业持续发展，2016 年以后，我国新能源汽车产业扶持政策正式进入后补贴时代。

相比于战略规划期和导入期的扶持政策，调整期阶段新能源汽车产业发展政策工具制定以发挥市场作用和创新驱动为引领，逐步降低政府干预，开始以市场为主导引领新能源汽车产业创新发展。

3.2.3.1　供给侧产业发展政策

投资引导方面，2017 年国家发展改革委、工信部联合发布《关于完善汽车投资项目管理的意见》，该文件旨在推动汽车产业结构进行调整，支持社会资本和具有较强技术能力的企业进入新能源汽车及关键零部件生产领域，同时对传统燃油汽车投资进行规制，引导资本向新能源汽车产业有所侧重。2021年发布《关于开展2021年新能源汽车下乡活动的通知》，支持新能源汽车消费，引导农村居民绿色出行。

技术支持方面，2016年国家发展改革委、工信部等部门联合印发电动汽车动力蓄电池回收利用技术政策，引导电动汽车动力蓄电池有序回收利用，推动车企研发部门对于动力蓄电池的进一步研发创新。2018年，科技部决定在北京建立全国首个国家新能源汽车技术创新中心，在科技规划、平台建设、人才培养等方面加大支持力度，同时计划按照2020年、2025年、2030年"点—线—网梯次推进"的三步走计划稳步推进；同年，工信部构建新能源汽车国家监测与动力蓄电池回收利用溯源综合管理平台，对动力蓄电池生产、销售、使用、报废、回收、利用等全过程进行信息采集，加强溯源管理。2022年，国家发布《关于进一步提升电动汽车充电基础设施服务保障能力的实施意见》和《关于印发加快电力装备绿色低碳创新发展行动计划的通知》，推进车网互动技术创新与试点示范，推进新建厂房和公共建筑开展光伏建筑一体化建设，加强充换电技术创新与标准支撑。调整期供给侧产业发展政策工具如表3-6所示。

表3-6　　　　　　　　调整期供给侧产业发展政策工具

政策标题	发布机构	发布时间	主要内容
电动汽车动力蓄电池回收利用技术政策	国家发展改革委、工信部、商务部等	2016年1月	引导电动汽车动力蓄电池有序回收利用
关于完善汽车投资项目管理的意见	国家发展改革委、工信部	2017年6月	完善汽车投资项目管理，促进汽车产业健康有序发展
关于支持建设国家新能源汽车技术创新中心的函	科技部	2018年1月	建设国家新能源汽车技术创新中心
新能源汽车动力蓄电池回收利用溯源管理暂行规定	工信部	2018年7月	建立"新能源汽车国家监测与动力蓄电池回收利用溯源综合管理平台"

续表

政策标题	发布机构	发布时间	主要内容
关于开展 2021 年新能源汽车下乡活动的通知	工信部、农业农村部等	2021 年 3 月	支持新能源汽车消费，引导农村居民绿色出行，促进乡村全面振兴，助力实现碳达峰碳中和目标
关于进一步提升电动汽车充电基础设施服务保障能力的实施意见	国家发展改革委、能源局、工信部等	2022 年 1 月	推进车网互动技术创新与试点示范，加强充换电技术创新与标准支撑
关于开展 2022 新能源汽车下乡活动的通知	工信部、农业农村部等	2022 年 5 月	支持企业与电商、互联网平台等合作举办直播或网络购车活动
"十四五"全国道路交通安全规划	国务院安委会办公室	2022 年 7 月	提升新能源汽车安全要求，构建新能源汽车运行安全性检验技术及装备体系
关于印发工业领域碳达峰实施方案的通知	生态环境部、国家发展改革委、工业和信息化部	2022 年 7 月	大力推广节能与新能源汽车，强化整车集成技术创新，提高新能源汽车产业集中度
关于印发加快电力装备绿色低碳创新发展行动计划的通知	财政部、商务部等	2022 年 8 月	推进新建厂房和公共建筑开展光伏建筑一体化建设，支持农（牧）光互补、渔光互补等复合开发
关于开展新能源汽车动力电池梯次利用产品认证工作的公告	工信部	2023 年 1 月	开展新能源汽车动力电池梯次利用产品自愿性认证工作，健全动力电池梯次利用市场体系
关于开展 2023 年新能源汽车下乡活动的通知	工信部、国家发展改革委等	2023 年 6 月	推荐适宜农村市场的先进车型；各充电设施建设运营企业配合完善充电设施布局；与车企合作举办直播售车或云上展销活动

资料来源：根据各部委发布的政策文件整理。

3.2.3.2　需求侧产业发展政策

在政策调整期，新能源汽车产业需求端扶持政策主要从财政补贴、税收减免、刺激消费、政府采购等方面进行实施（见表 3-7）。

表 3-7　　　　　　　　调整期需求侧产业发展政策工具

政策标题	发布机构	发布时间	主要内容
关于调整新能源汽车推广应用财政补贴政策的通知	财政部、科技部	2016 年 12 月	财政补贴"退坡"20%；规定地方财政补贴与中央财政补贴的比例

续表

政策标题	发布机构	发布时间	主要内容
关于免征新能源汽车车辆购置税的公告	财政部、税务总局、工信部等	2017 年 12 月	对购置的新能源汽车免征车辆购置税
关于调整完善新能源汽车推广应用财政补贴政策的通知	财政部、工信部	2018 年 2 月	完善补贴标准；提高补贴准入门槛
关于《免征车辆购置税的新能源汽车车型目录》有关事项公告	工信部、财政部、国家税务总局	2018 年 3 月	购置新车时已享受购置税优惠的车辆，后续转让、交易时不再补缴车辆购置税
关于节能、新能源车船享受车船税优惠政策的通知	财政部、税务总局、工信部、交通运输部	2018 年 7 月	对节能汽车，减半征收车船税；对新能源车船，免征车船税
关于进一步完善新能源汽车推广应用财政补贴政策的通知	财政部、工业和信息化部、科技部、国家发展改革委	2019 年 3 月	优化技术指标，坚持"扶优扶强"；完善补贴标准，分阶段释放压力；完善清算制度，提高资金效益
关于支持新能源公交车推广应用的通知	财政部、科技部、国家发展改革委、工信部	2019 年 5 月	推动公交行业转型升级，加快公交车新能源化
关于继续执行的车辆购置税优惠政策的公告	财政部、税务总局	2019 年 6 月	对购置的新能源汽车免征或减征车辆购置税作出详细规定
关于完善新能源汽车推广应用财政补贴政策的通知	财政部、工信部、科技部、国家发展改革委	2020 年 4 月	将新能源汽车推广应用财政补贴政策实施期限延长至 2022 年底；补贴标准分别在上一年基础上"退坡"10%、20%、30%
关于新能源汽车免征车辆购置税有关政策的公告	财政部、税务总局、工信部	2020 年 4 月	对购置的新能源汽车免征车辆购置税
关于稳定和扩大汽车消费若干措施的通知	国家发展改革委、工信部、财政部等	2020 年 4 月	将新能源汽车购置补贴政策延续至 2022 年底；加大对汽车个人消费信贷支持力度等
关于开展新能源汽车下乡活动的通知	工信部、农业农村部、商务部	2020 年 7 月	地方政府发布本地区支持新能源汽车下乡等有关政策；参与汽车企业发布活动车型和优惠措施
关于进一步完善新能源汽车推广应用财政补贴政策的通知	财政部、税务总局	2020 年 12 月	2021 年，新能源汽车补贴标准在 2020 年基础上"退坡"20%

续表

政策标题	发布机构	发布时间	主要内容
关于 2022 年新能源汽车推广应用财政补贴政策的通知	财政部、工业和信息化部、科技部、国家发展改革委	2021 年 12 月	保持技术指标体系稳定,坚持平缓补贴"退坡"力度;明确政策终止日期,做好政策收尾工作;加强产品安全监管引导
关于印发促进工业经济平稳增长的若干政策的通知	国家发展改革委、工信部等	2022 年 2 月	延长阶段性税费缓缴政策;继续实施新能源汽车购置补贴、充电设施奖补、车船税减免优惠政策
关于进一步加强新能源汽车企业安全体系建设的指导意见	工信部、公安部等	2022 年 3 月	全面增强企业在安全管理机制、产品质量、运行监测、售后服务、事故响应处置、网络安全等方面的安全保障能力
财政支持做好碳达峰碳中和工作的意见	财政部	2022 年 5 月	完善政府绿色采购政策。大力推广应用装配式建筑和绿色建材,促进建筑品质提升。强化采购人主体责任
关于延续新能源汽车免征车辆购置税政策的公告	财政部、税务总局、工信部	2022 年 9 月	对购置日期在 2023 年 1 月 1 日至 2023 年 12 月 31 日期间的新能源汽车,免征车辆购置税
关于巩固回升向好趋势加力振作工业经济的通知	工信部、国家发展改革委等	2022 年 11 月	加快推动通过中欧班列运输新能源汽车和动力电池,支持跨境电商、海外仓等外贸新业态发展
关于支持新能源商品汽车铁路运输 服务新能源汽车产业发展的意见	铁路局、工业和信息化部等	2023 年 1 月	积极鼓励开展新能源商品汽车铁路运输业务,保障新能源商品汽车铁路运输安全畅通
关于切实做好节假日期间新能源汽车充电服务保障有关工作的通知	能源局综合司、交通运输部办公厅	2023 年 4 月	持续提升全社会充电保障能力;提前开展充电需求预判;全面开展充电设施安全检查;加强节假日充电引导
关于延续和优化新能源汽车车辆购置税减免政策的公告	财政部、税务总局、工信部	2023 年 6 月	新能源汽车购置税减免政策再延续四年,至 2027 年底。但不同于前三次,此次新能源汽车购置税减免设置了减免额度

资料来源:笔者根据各部委发布的政策文件整理。

财政补贴方面,2016 年关于调整新能源汽车推广应用财政补贴政策的通知中规定插电式混合动力汽车和纯电动汽车的中央补贴标准和上限在现行基础上下降 20%;2018 年 2 月发布的调整完善新能源汽车推广应用财政补贴政策的通知中添加了里程要求,进一步降低了新能源客车和新能源专用车的补贴标准并要求进一步完善信息化监管平台，加强监督管理；2019 年，国家发布《关于进一步完善新能源汽车推广应用财政补贴政策的通知》，提出要优化技术指标，坚持"扶优扶强"。通知规定，2021 年的新能源汽车补贴标准在2020 年的基础上退坡20％，并与双积分政策相呼应。同时，为了减轻2020 年初新冠疫情对市场需求的影响，原定于2020 年到期的财政补贴政策延长两年，旨在通过积分交易制度逐步承接财政补贴的功能，推动新能源汽车市场向市场化长效发展。2021 年国家发布《关于2022 年新能源汽车推广应用财政补贴政策的通知》，提出坚持平缓补贴"退坡"力度。2022 年国家发布《关于印发促进工业经济平稳增长的若干政策的通知》，提出继续实施新能源汽车购置补贴、充电设施奖补政策。

税收减免方面，2017 年财政部、税务总局等部门联合发布的《关于免征新能源汽车车辆购置税的公告》中提出对购置的新能源汽车免征车辆购置税，2018 年《关于节能、新能源车船享受车船税优惠政策的通知》中提出对节能汽车减半征收车船税并且对于新能源车船免征车船税。购置税及车船税减免政策的出台，在一定程度上降低了消费者购买新能源汽车的成本，从需求端极大地调动了消费者对于新能源汽车的消费意愿，拉动了新能源汽车产业的发展。同年3 月发布《免征车辆购置税的新能源汽车车型目录》，提出购置新车时已享受购置税优惠的车辆，后续转让、交易时不再补缴车辆购置税。2022 年国家发布《关于印发促进工业经济平稳增长的若干政策的通知》和《关于延续新能源汽车免征车辆购置税政策的公告》，提出继续实施车船税减免优惠政策，并对购置日期在2023 年1 月1 日至2023 年12 月31 日期间内的新能源汽车，免征车辆购置税。

政府采购方面，2019 年四部委发布的《关于支持新能源公交车推广应用的通知》规定，要推动公交行业转型升级，加快公交车新能源化，提升公交车中新能源汽车占比；2020 年开展的新能源汽车下乡活动，更是由政府牵头组织相应车企开展新能源汽车优惠购买活动，进一步激发了市场需求。2022 年国家发布《财政支持做好碳达峰碳中和工作的意见》，提出完善政府绿色采购政策。

3.2.3.3　环境端产业发展政策

政策调整期，为了给新能源汽车产业提供良好的生产与使用环境，环境

端产业发展政策主要从行业准入、目标规划与基础设施建设方面提供支持
（见表 3 - 8）。

表 3 - 8　　　　　　　　　　　调整期环境端产业发展政策工具

政策标题	发布机构	发布时间	主要内容
关于"十三五"新能源汽车充电基础设施奖励政策及加强新能源汽车推广应用的通知	财政部、国家能源局等	2016 年 1 月	对充电基础设施建设、运营给予奖补
关于加快居民区电动汽车充电基础设施建设的通知	国家发展改革委、国家能源局、工信部等	2016 年 7 月	规范私人充电桩建设办理流程；明确相关负责人责任
关于进一步做好新能源汽车推广应用安全监管工作的通知	工信部	2016 年 11 月	加快建立健全安全保障体系，推进新能源汽车产业健康可持续发展
关于新能源汽车推广应用审批责任有关事项的通知	财政部、工业和信息化部、科技部、国家发展改革委	2016 年 12 月	规范和加强新能源汽车推广应用财政补助资金管理，明确资金申报、分配、使用各环节责任，确保资金安全
新能源汽车生产企业及产品准入管理规定	工信部	2017 年 1 月	规定新能源汽车生产企业及产品的准入条件
关于加快单位内部电动汽车充电基础设施的通知	国家能源局、国资委、国管局	2017 年 1 月	加快单位内部充电设施建设；规定公共机构、中央国家机关及在京央企的充电设施比例标准
关于印发《新能源汽车动力蓄电池回收利用管理暂行办法》的通知	工信部、科技部等	2018 年 1 月	加强新能源汽车动力蓄电池回收利用管理
关于组织开展新能源汽车动力蓄电池回收利用试点工作的通知	工信部、科技部等	2018 年 2 月	鼓励试点地区的动力蓄电池回收利用工作，研究支持新能源汽车动力蓄电池回收利用的政策措施
关于降低汽车整车及零部件进口关税的公告	国务院	2018 年 5 月	降低部分汽车整车和零部件的进口税率
关于做好新能源汽车动力蓄电池回收利用试点工作的通知	工信部、科学技术部等	2018 年 7 月	统筹推进回收利用体系建设，积极探索创新商业模式，统筹产业布局和规模，强化科技支撑
新能源汽车生产企业及产品准入管理规定	工信部	2020 年 7 月	降低准入门槛，资质撤销延后一年

续表

政策标题	发布机构	发布时间	主要内容
关于印发新能源汽车产业发展规划（2021—2035年）的通知	国务院	2020年10月	坚持市场主导、以创新驱动新能源汽车国家战略；坚持电动化、网联化、智能化发展方向，把市场优势转化为产业优势
关于开展2021年新能源汽车下乡活动的通知	工信部、农业农村部、商务部、国家能源局	2021年3月	鼓励参与下乡活动的企业加强售后运维服务保障，推动农村充换电基础设施建设
新能源汽车动力蓄电池梯次利用管理办法的通知	工信部	2021年8月	科技部鼓励梯次利用新型商业模式创新和示范项目建设
市场监管总局关于规范新能源汽车检测收费的公告	国家市场监督管理总局	2021年8月	规范新能源汽车检测收费，维护机动车检测服务市场秩序
中国银保监会办公厅关于鼓励非银机构支持新能源汽车发展的通知	中国银行保险监督管理委员会	2022年6月	全力支持新能源汽车销售，提升新能源汽车金融服务可得性
关于印发《加快推进公路沿线充电基础设施建设行动方案》的通知	能源局、国家电网有限公司等	2022年8月	科学研判本地区电动汽车增长趋势及出行需求，加快推进公路沿线充电基础设施建设
关于做好锂离子电池产业链供应链协同稳定发展工作的通知	工信部、国家市场监督管理总局	2022年11月	完善废旧新能源汽车动力电池回收利用体系，提高综合利用水平
关于组织开展公共领域车辆全面电动化先行区试点工作的通知	工信部等八部门	2023年1月	完善公共领域车辆全面电动化支撑体系，促进新能源汽车推广、基础设施建设、新技术新模式应用、政策标准法规完善等方面积极创新
关于加快推进充电基础设施建设 更好支持新能源汽车下乡和乡村振兴的实施意见	国家发展改革委、国家能源局	2023年5月	适度超前建设农村地区充电基础设施，支持农村地区购买使用新能源汽车

资料来源：根据各部委发布的政策文件整理。

行业准入方面，2017年1月工信部出台最新新能源汽车生产企业及产品准入管理规定，提高了新能源汽车生产企业的准入门槛，要求新能源汽车企业对新能源汽车的生产、使用、维修和回收建立全流程管理体系，保障消费者权益。2020年，国家发布《新能源汽车生产企业及产品准入管理规定》，提出降低准入门槛，资质撤销延后一年。

目标规划方面，2019 年 12 月 3 日发布《新能源汽车产业发展规划（2021～2035 年）》，提出到 2025 年新能源汽车新车销量占比要达到 20% 左右，2021 年起国家生态文明试验区、大气污染防治重点区域公共领域新增或更新用车要全部使用新能源汽车。由于新能源汽车产业的快速发展，新能源汽车产量也快速增长，但与之对应的充电桩等基础设施建设的不完善给消费者带来诸多不便。因此，政策调整期主要针对于基础充电设施出台相应政策工具，2016 年财政部、国家能源局等部门出台《关于"十三五"新能源汽车充电基础设施奖励政策及加强新能源汽车推广应用的通知》，对不同城市的新能源汽车推广数量规模制定标准，对充电基础设施建设、运营较好的城市给予奖补；同年 7 月，国家发展改革委、工信部等印发《关于加快居民区电动汽车充电基础设施建设的通知》，规范居民区私人充电桩建设办理流程并明确相关负责人责任，并对于居民区内设施改造给予一定补助；为加大单位内部基础充电设施建设，2017 年 1 月国家能源局等部门出台的《关于加快单位内部电动汽车充电基础设施建设的通知》明确规定了公共机构、中央国家机关及在京央企的充电设施比例标准。2023 年国家发布《关于开展 2023 年新能源汽车下乡活动的通知》，提出各充电设施建设运营企业要配合完善充电设施布局。在电池回收方面，2018 年和 2022 年发布《新能源汽车动力蓄电池回收利用管理暂行办法》《关于组织开展新能源汽车动力蓄电池回收利用试点工作的通知》《关于做好锂离子电池产业链供应链协同稳定发展工作的通知》，提出要加强新能源汽车动力蓄电池回收利用管理，完善废旧新能源汽车动力蓄电池回收利用体系。

3.2.3.4 "双积分"政策

2017 年起财政补贴加速"退坡"，《乘用车企业平均燃料消耗量与新能源汽车积分并行管理办法》即"双积分"政策正式出台，企业生产低油耗和新能源汽车能够获得相应的正积分，而生产高油耗汽车则会获得传统燃油车平均燃料消耗量积分，政府对企业的这两种积分进行同时管理。

"双积分"政策的实施导致企业生产燃料消耗高的车型会产生负积分，而生产新能源汽车、燃料消耗低的汽车则能够获得正积分，企业的负积分可以通过自身的正积分抵消或者在积分市场进行购买，还可以由关联企业转让正积分来抵消负积分。同样，正积分有盈余的企业可以选择售出或者保留用于未来年度抵消。

"双积分"政策倾向于供给端，既有节能油耗、新能源汽车积分占比的硬性约束，又有积分交易、转让的价格信号引导，将在后补贴时代对促进行业发展发挥重要作用。但第一版的"双积分"政策在试行一段时间后出现了诸多弊端，于是在 2019 年 7 月工信部发布了"双积分"政策的修订案（征求意见稿）并于 2020 年 4 月正式发布《关于修改〈乘用车企业平均燃料消耗量与新能源汽车积分并行管理办法〉的决定》，修正后的各项举措都使得乘用车企业的燃料消耗量积分变得更高且更难获取新能源汽车积分，从而更有效地督促乘用车企业生产新能源汽车，进而实现节能减排、保护环境的最终目标。2021 年 2 月工信部发布了《关于 2020 年度乘用车企业平均燃料消耗量和新能源汽车积分管理有关事项的通知》，提出企业 2020 年度产生的新能源汽车负积分，可以使用 2021 年度产生的新能源汽车正积分进行抵偿。2023 年 6 月工信部、财政部等部门发布《关于修改〈乘用车企业平均燃料消耗量与新能源汽车积分并行管理办法〉的决定》，调整了新能源车型积分计算方法，建立积分池管理制度，调整期"双积分"政策工具列示如表 3 - 9 所示。

表 3 - 9　　　　　　　　　　调整期"双积分"政策工具

政策标题	发布机构	发布时间	主要内容
乘用车企业平均燃料消耗量与新能源汽车积分并行管理办法	工信部	2017 年 9 月	实行新能源汽车积分与平均燃料消耗积分并行机制；鼓励车企生产新能源汽车
关于修改〈乘用车企业平均燃料消耗量与新能源汽车积分并行管理办法〉的决定	工信部、财政部、商务部、海关总署等	2020 年 6 月	乘用车企业的燃料消耗量积分变得更高且更难获取新能源汽车积分
关于 2020 年度乘用车企业平均燃料消耗量和新能源汽车积分管理有关事项的通知	工信部	2021 年 2 月	企业 2020 年度产生的新能源汽车负积分，可以使用 2021 年度产生的新能源汽车正积分进行抵偿
关于修改《乘用车企业平均燃料消耗量与新能源汽车积分并行管理办法》的决定	工信部、财政部等	2023 年 6 月	调整了新能源车型积分计算方法，建立积分池管理制度

资料来源：根据各部委发布的政策文件整理。

3.3　新能源汽车产业政策公众感知分析

随着网络信息技术的兴起与发展，公众可以凭借着互联网在信息表达和信息传递方面所具备的互动性、即时性、平等性、开放性等诸多优势，及时收集政治资讯，跟踪关键的政治事件的演变，阐述政治观点、提出权益需求、参与政府的决策过程，从而对政府行为产生积极影响。因此，通过网络信息了解公众对政策的看法和感受，可以准确定位我国政府政策执行过程中的行为表现，有助于政府确定政策是否达到了预期的目标，以及是否需要调整。基于此，采用网络爬虫技术获取公众对于新能源汽车产业政策的相关网络信息，运用语义网络分析和 LDA 主题模型探究公众对新能源汽车产业政策的感知情况，为进一步完善政策制定和实施提供依据。

3.3.1　网络爬虫技术原理

采用网络爬虫技术获取网络信息的基本思想是通过计算网页文本或锚文本与主题的相关度，并使用相关度作为标准对统一资源定位系统（url）进行排序，当一个页面与主题的相关度越高时，则位于该页面上的链接指向的网页也属于该话题的可能性会更大。网络爬虫简略图如图 3 – 6 所示，其原理大致如下所述。

（1）利用向量空间模型（VSM）将话题映射到特征空间上得到文本向量 v_t，其中 n 为文本特征维数，$x_{t,i(i=1,2,\cdots,n)}$ 为 TF × IDF（词频—逆文本频率指数）特征权重。

$$v_t(x_{t,1},x_{t,2},\cdots,x_{t,n}) \tag{3.1}$$

对于一个新爬取的网页，同样使用 VSM 对新爬取的网页进行解析，将解析后的网页文本映射为向量 v_w。

$$v_w(x_{w,1},x_{w,2},\cdots,x_{w,n}) \tag{3.2}$$

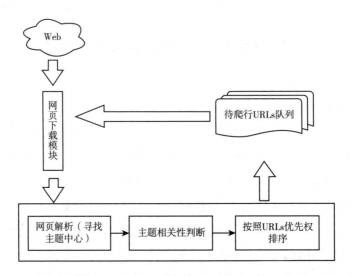

图 3 - 6　网络爬虫简略图

资料来源：笔者整理绘制。

（2）采用 n 个初始网页文本 $v_{u_{i(i=1,\cdots,n)}}(x_{u_i,1}, x_{u_i,2}, \cdots, x_{u_i,m})$ 的中心位置代表用户定制主题的向量，其中 m 为文本特征维数。对于具有相同主题的 n 个网页，则可将其视为一类 M_u，即为主题中心。

$$M_u = \frac{\sum_{i=1}^{n} v_{u_i}}{n} \qquad (3.3)$$

在 VSM 中，两个向量的余弦相似度越趋近于 1，说明两者对应的话题越相似，因此需要计算 v_m 与 $v_{u_{i(i=1,\cdots,n)}}$ 的余弦相似度 $Sim(v_m, v_{u_i})$。

$$Sim(v_m, v_{u_i}) = \frac{\sum_{i=1}^{n}\sum_{j=1}^{m} x_{w,i} \times x_{u_i,j}}{\sqrt{\sum_{i=1}^{n} x_{w,i}^2 \times \sum_{i=1}^{n}\sum_{j=1}^{m} x_{u_i,j}^2}} \qquad (3.4)$$

以 $M_p(x_{p,1}, x_{p,2}, \cdots, x_{p,m})$ 表示更新前的主题中心，$M_n(x_{n,1}, x_{n,2}, \cdots, x_{n,m})$ 表示更新后的主题中心，$v_w(x_{w,1}, x_{w,2}, \cdots, x_{w,m})$ 表示用来更新主题中心的向量，则更新后的主题中心公式可表达为：

$$x_{n,i(i=1,2,\cdots,n)} = \frac{x_{p,i} + x_{w,i}}{n + UpdateCount} \qquad (3.5)$$

其中，n 表示用户给出的链接个数，UpdateCount 为已更新次数。

（3）采用文本向量 $v_w(x_{w,1}, x_{w,2}, \cdots, x_{w,m})$ 与用户定制主题中心 $M_u(x_{u,1}, x_{u,2}, \cdots, x_{u,m})$ 的余弦相似度 $Sim(v_w, M_u)$ 作为网页优先级的衡量标准。

$$Sim(v_w, M_u) = \frac{\sum_{i=1}^{m} x_{w,i} \times x_{u,i}}{\sqrt{\sum_{i=1}^{m} x_{w,i}^2 \times \sum_{i=1}^{m} x_{u,i}^2}} \qquad (3.6)$$

$Sim(v_w, M_u)$ 越逼近 1，则页面 v_w 就越接近主题，该页面上的 url 在队列中位置排序越靠前。

3.3.2　网络信息文本获取

对比百度贴吧、微博、电动汽车论坛、知乎等相关主题的公众参与度、话题质量及互动度，选取微博作为研究的数据来源。截至 2023 年 9 月 11 日，新浪微博上关于新能源汽车的讨论数量达到了 1083.93 万条，阅读量达到了 2849157.45 万条。利用 Python 语言对话题进行采集，去除与主题无关的重复主题，最终得到有效主题 3033 条，网络信息文本提取路径如图 3 - 7 所示。

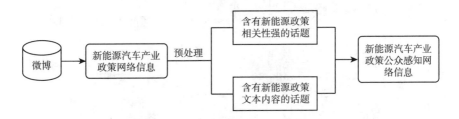

图 3 - 7　网络信息文本提取路径

资料来源：笔者整理绘制。

筛选信息采用了以下两种方法：（1）利用关键词匹配法直接选取出"政策""中国""国家""我国""政府""国务院""财政部""工信部""税务总局""国家发展改革委"等与政策密切相关的话题；（2）在对国家和地方

新能源汽车政策文本进行分析的基础上，选取"补贴""补助""双积分""财政""购置税""优惠政策""充电设施""充电桩""用电"等与政策内容相关的话题。尽管以上两种方法能够获取更多关于新能源汽车政策的公众感知信息，但是仍然保留着无关信息，所以，为了确保信息的准确性，参考专家的意见，对其进行人工甄别，最终得到有效话题2360个。

3.3.3   公众感知话题的语义网络分析

语义网络是一种社会网络分析的方法，可以表示词与词之间的语义关系，通过网络节点和有向线段挖掘出文中背后潜在的、隐藏的信息与联系，从而组成完整的语义网络关系图。语义网络能表示各种事实和规则，具有结构化的特点，更有助于形成对"新能源汽车产业政策公众感知"的整体认识。

将新能源汽车产业政策的相关文章数据导入 ROSTCM 软件中，借助 Net-Drew 工具绘制语义网络图，通过一种可视化的技术来反映感知主体和感知客体之间的联系，语义网络可视化结果如图 3 –8 所示。

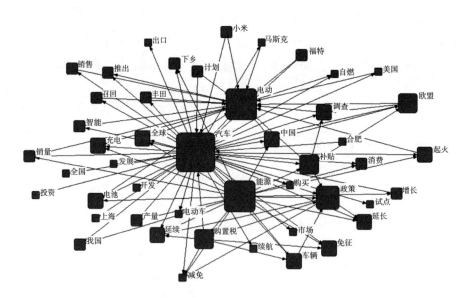

图 3 –8　"新能源汽车产业政策"公众感知话题语义网络

由图 3 - 8 可知，公众感知话题主要内容由"汽车""电动""能源""政策""补贴""充电"等这几个主题发散，与这些词紧密相关的有购置税、智能、免征等。公众对新能源汽车产业政策的关注重点集中于补贴政策、购置税、能源使用、新能源汽车的技术开发和政府扶持等方面。由此可见，政府在出台政策举措来促进新能源汽车产业发展的同时，不仅要延续和优化新能源汽车的车辆购置税减免政策，也要有效推动关键核心技术研发和产业创新，同时还要促进新能源汽车产业充电基础设施的高质量发展，更好地发挥出新能源汽车的消费潜力。

3.3.4　基于 LDA 主题模型的公众感知话题类型分类

3.3.4.1　LDA 主题模型理论介绍

LDA 主题模型是一种文档生成模型，属于非监督学习技术，根据所得文档寻找该文档的主题及挖掘文档中的潜在词。对给定的文档，进行分词和次词频计算得到概率矩阵。其内在机理如下所示：

$$p(词语 \mid 文档) = \sum_{主题} p(词语 \mid 主题) \times p(主题 \mid 文档)$$

针对有关"新能源汽车产业政策"的文献事先设置若干个主题数，根据训练出的结果手动调参，优化主题数目，确定最终主题数为四个，并提供 Python 语言代码运行得到优化文本分类结果。

3.3.4.2　LDA 主题模型研究结果

通过对微博的数据进行处理，得到词语分词结果与词性。由于本书主题是"新能源汽车产业政策"，分词结果中含有大量表述新能源的名词，这些词语与关注焦点无关，故去除新能源、汽车等相关词语，将得到的高权重词语做成词云图（见图 3 - 9），图中词语的大小代表了词语的重要程度。从图 3 - 9 中可以看出，在"新能源汽车政策"话题上，补贴、购置税、减免、免征、充电等词语的重要性程度较高。

由热点词可以看出，公众对新能源汽车产业政策的关注热度持续升高，

图 3 - 9　"新能源汽车政策"关键词词云图

伴随着公众对环保问题越来越关心，将低污染、高智能两者结合于一体的新能源汽车更是众望所归。并且，公众更为关注与自身话题相关的政策话题，"购置税""补贴""充电"等方面都是公众的聚焦热点，表明公众对新能源汽车产业的补贴优惠政策落实有较大的兴趣，同时要进一步推动充电基础设施的建设。此外，新能源汽车的技术发展也是公众关注的重点问题。

进一步，运用 Python 语言代码运行得到 LDA 主题分类结果，如表 3 - 10 所示。

表 3 - 10　　　　　　　　　新能源汽车政策主题词及相关度

政策效果		政策激励		政策评价		政策影响	
特征词	相关度	特征词	相关度	特征词	相关度	特征词	相关度
召回	0.015	电动汽车	0.028	充电	0.010	中国	0.007
回应	0.008	新能源	0.008	多家	0.004	欧洲	0.004
销量	0.007	补贴	0.008	质疑	0.004	品牌	0.004
主流	0.006	投资	0.005	试点	0.004	全球	0.004
大增	0.005	生产	0.005	调查	0.004	里程	0.004
推动	0.004	布局	0.003	难题	0.003	延长	0.003

由政策效果可以看出，高频特征词为"召回""回应""销量""主流"等词，可见新能源汽车产业政策的实施促进了我国电动汽车的发展，并逐渐

趋向主流,公众对新能源汽车产业政策的关注度逐渐提升。

从政策激励可以看出,高频特征词有"电动汽车""新能源""补贴"等,主要反映了使用新能源车作为未来汽车行业的重要发展方向,其环保性能和能源效率远优于传统燃油车。公众对政策补贴的落实十分关心,政府可以运用补贴优惠政策刺激公众需求。就政策评价而言,其高频特征词有"充电""多家""质疑"等,可以明显看出随着新能源汽车的普及,充电设施的缺乏成为制约新能源汽车发展的主要瓶颈之一。

从政策影响可以看出,LDA 主题 4 的高频特征词有"中国""欧洲""品牌"等词,作为全球最大的新能源汽车市场,中国吸引了越来越多的国际新能源汽车制造商进入,新能源汽车产业政策不仅促进了中国自主品牌汽车的发展,还提高了自主品牌的竞争力。

3.3.5　新能源汽车政策公众感知的重要热度话题情感分析

3.3.5.1　公众感知话题类型分析

在分析新能源汽车政策话题特点的基础上,将新能源汽车政策话题划分为政策效果、政策激励、政策评价和政策影响四大类。在所有话题中,31.9%为政策激励类,23.6%为政策影响类,23.0%为政策评价类,21.3%为政策效果类。占比最大的是政策激励类,表明公众更加关注国家是否会继续制定相关的补贴政策。进一步将 LDA 模型中提炼出核心的词汇作为此话题的标签并采用对应分析法探究话题类型和关注点之间的关系,结果如图 3 - 10所示。维度 1 和维度 2 解释了原始数据中的所有信息,其中维度 1 的解释比重为 66.6%,维度 2 的解释比重为 33.4%。

3.3.5.2　重要话题的关注度分布

通过对关注度的分析,可以更好地掌握公众感知话题的关注分布,从而发现公众所关心的热点话题。本章话题的关注度可以用话题讨论数量、话题阅读数量、话题频数来测度,由于三个指标在数量级上存在很大的差距且权重不同,运用 Min-Max 标准化方法将三个指标标准化,并以讨论数为横轴,

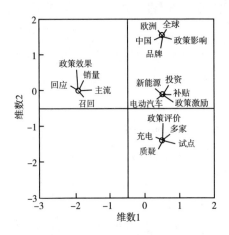

图 3 - 10　对应分析结果

阅读数为纵轴，颜色深浅为频数大小绘制四分图（见图 3 - 11），并根据各感知词所处的位置进行分类：（1）舆论热点：阅读数量高、讨论数量高；（2）关注焦点：阅读数量高、讨论数量低；（3）潜在点：讨论数量高、阅读数量低；（4）沉默点：讨论数量低，阅读数量低。

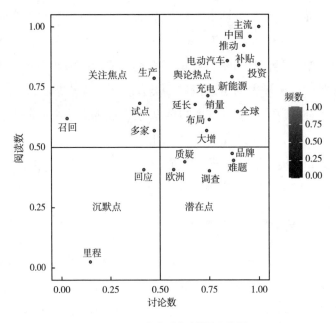

图 3 - 11　公众感知话题四分图

由图 3 - 11 可以看出，感知词"销量""新能源""电动汽车""布局"
"补贴""投资""推动""主流"的讨论数量、阅读数量以及频数都比较高，
是公众讨论的重点话题，表明公众对新能源汽车政策激励较为关注，包括新
能源汽车的补贴等。可见，新能源汽车购置税减免政策的延长以及如何完善
补贴优惠政策都是社会各界关注的焦点。在政府鼓励新能源汽车发展的背景
下，政府推行了补贴政策，这对部分公众来说是有吸引力的。

感知词"召回""试点""生产"处于阅读数量高而讨论数量低的区域，
是公众关注的焦点问题，但是对此公众仅仅处于阅读而未到想要提问的阶段。
国家市场监督管理总局缺陷产品召回技术中心统计数据显示，2023 年上半年，
我国共实施汽车相关召回次数接近 60 次，涉及缺陷车辆约 237.8 万辆，新能
源车召回近两成因电池问题。"召回"话题作为关注焦点，表明公众在购买汽
车时应该仔细了解产品的质量和性能，不能仅仅因为某个品牌被召回便对该
品牌产生偏见。同时，公众应该及时关注汽车召回信息，并按照厂家要求进
行修复或更换，以确保车辆的安全性。2023 年 11 月，工信部、交通运输部等
八部门正式印发《关于启动第一批公共领域车辆全面电动化先行区域试点的
通知》，试点话题处于公众关注的范畴之内，国家通过探索形成一批可复制可
推广的经验模式，为日后新能源汽车技术的发展奠定了基础，利用已有经验
推出政策改善新能源汽车充电设施等方面的不足，以此增加公众对新能源汽
车的体验感。

感知词"调查""质疑""难题"处于潜在点区域，阅读数量虽少但讨论
数量较多。公众更偏向讨论政策评价类话题，如新能源汽车的行业隐患、新
能源反补贴政策调查等。近期热点则为欧盟对中国电动汽车的反补贴调查，
欧盟认为中国新能源汽车的成本优势是政府补贴政策导致的，而这一反补贴
行为一定程度上会阻碍新能源汽车财政补贴政策。

感知词"里程""回应"处于沉默点区域，由于讨论数量和阅读数量都
比较少，在此不作论述。

3.3.5.3 重要热点话题的情感分析

情感分析是从用户产生的文本中提取出作者对评价对象的情感倾向性，
分析作者的态度（或称观点、情感）（Pang et al，2008）。进一步对公众关注

的政策激励类话题进行情感分析,了解公众对新能源汽车补贴政策的态度和情感倾向。在 2360 个与新能源汽车政策相关的话题中,筛选出 754 个与政策激励类相关的话题,随后爬取相关回复共计 3032 条。利用 ROST Content Mining6 软件对话题回复文本进行情感倾向分析。在有关政策激励话题的 3032 个回复中,有 2656 个体现回复者积极情绪的文本,283 个体现回复者消极情绪的文本,93 个体现中性情绪的文本。其中,反映积极情绪的回复占总体数量的 87.60%,表明参与新能源汽车政策激励话题讨论的大部分公众,对新能源汽车补贴政策表达了积极肯定的态度。进一步分析积极情绪和消极情绪的情绪强度,结果如表 3 - 11 所示。

表 3 - 11　　　　　　　　　　积极/消极情绪强度统计结果

积极情绪强度			消极情绪强度		
分段统计	数量	占比（%）	分段统计	数量	占比（%）
一般（0～10）	1041	34.33	一般（-10～0）	204	6.73
中度（10～20）	873	28.79	中度（-20～-10）	62	2.04
高度（20 以上）	742	24.47	高度（-20 以下）	2	0.07

如表 3 - 11 所示,在正面情感回应上,"一般"与"中度"分别有 1041 个和 873 个;在负面情绪回应上,"一般"与"中度"分别有 204 个和 62 个。情感强度的研究表明,多数公众对新能源汽车产业补贴等政策激励持正面的情绪态度。

结合情感分析结果和相关网络信息文本内容,分析不同情绪下公众对新能源汽车政策激励的主要观点。可以发现,对新能源汽车政策激励持积极态度的人群认为电动车市场的持续健康运行仍需要适当力度的政策支持。随着财政补贴及购置税减免等政策的不断"退坡",公众对于延长新能源汽车购置税减免政策等话题关注度较大,希望可以继续延长购置税减免政策。然而,对新能源汽车政策激励持消极态度的人群则认为国家出台的补贴政策虽然激发了市场主体的活力,但是他们将这一行为视作过度干预市场的行为,不仅影响了市场的公平性导致"劣币驱逐良币",而且滋生了一些投机、骗补的行为,给整个新能源汽车产业的良性发展造成了恶劣的影响。持中立态度的人群则认为新能源汽车政策激励是一把"双刃剑",国家要根据产业发展的情况及时调整政策,同时也应该加强监督防止"骗补"行为出现。

第4章 新能源汽车产业政策工具质量与效能评价

完整的政策体系是有效执行政策的先决条件，只有政策质量达到预期，政策体系才能有效促进产业协调发展。政策质量是指政策设计的协调性与合理性，协调性是指同一政策工具下对应的多条政策条款之间是否存在政策冗余、冲突或不一致，合理性则是指政策目标能否服务和推动产业经济系统的高效运行。政策效能是指政策设计达成预期结果及对于产业发展影响的程度。作为产业政策评价中不可或缺的一部分，政策效能很大程度上体现了政策顶层设计是否能被执行者完全领会并付诸有效行动，政策效能评价结果可以支持政策制定者及时有效地调整相关产业政策的制定方向及内容。基于此，在政策工具评价基础上引入创新价值链理论，构建"政策工具—创新价值链"二维视域框架，采用文本挖掘和内容分析方法，对新能源汽车产业政策质量进行文本分析，进一步构建 PMC 指数模型对新能源汽车产业政策效能进行量化评价，以期为新能源汽车产业高质量持续发展的政策调整及优化提供有益参考依据。

4.1 政策文本选取与预处理

政策工具文本分析是基于文本数据挖掘，运用内容分析法即文本解构，将非结构化的政策文本通过编码方法转化为定量数据，以挖掘政策的典型特征、作用关系及内在功能等。依据前文政策工具分类理论基础，引入罗斯韦尔和泽格维尔德（1985）的政策工具分类方法，将政策工具划分为供给型、需求型和环境型三个层面，运用政策工具法探究我国新能源汽车产业政策变迁的内在逻辑与推动力，为政府部门的政策工具选择与方向调整提供决策依据。

4.1.1   政策文件样本选择

依据新能源汽车产业政策发展三阶段特征（2001～2008 年、2009～2015 年、2016 年至今），将 2001 年 1 月至 2023 年 6 月期间的产业政策作为研究样本。由于地方政策通常基于国家政策的扩展且作用对象相对局限，因此本书仅选取国家层面政策进行分析，基于政策相关性进行全文检索与关联检索，政策收集渠道为各政府部门网站与北大法律信息网，在获取政策文本后通过浏览相应政策文件剔除准入名单、处罚条令等无效文件，共获取 2001 年至 2023 年 6 月相关新能源汽车产业政策 117 项，这些政策相互联系又各有侧重，选取政策文件（部分）如表 4－1 所示，三个阶段的政策文件分类汇总如表 4－2 所示。

表 4－1   新能源汽车相关政策汇总

编号	政策名称	发布时间	发布机关
1	"863" 计划电动汽车重大专项	2001 年 9 月	科技部
2	汽车产业发展政策	2004 年 5 月	国家发展改革委
3	国家中长期科学和技术发展规划纲要（2006～2020 年）	2005 年 12 月	国务院
4	关于汽车工业结构调整意见的通知	2006 年 12 月	国家发展改革委
5	新能源汽车生产准入管理规则	2007 年 10 月	国家发展改革委
6	关于开展节能与新能源汽车示范推广试点工作的通知	2009 年 1 月	财政部、科技部
…	…	…	…
116	关于延续和优化新能源汽车车辆购置税减免政策的公告	2023 年 6 月	财政部、税务总局、工信部
117	关于修改《乘用车企业平均燃料消耗量与新能源汽车积分并行管理办法》的决定	2023 年 6 月	工信部等五部门

资料来源：笔者根据新能源汽车产业政策整理。

表 4－2　　　　　　　　　　　　　　三阶段政策文件分类　　　　　　　　　　　　　单位：条

项目	战略规划期					导入期				
	2001 年	2004 年	2005 年	2006 年	2007 年	2009 年	2010 年	2011 年	2012 年	2013 年
政策数量	1	1	1	1	1	4	5	4	6	2
合计	5					41				

项目	导入期		调整期							2023 年（截至6 月底）
	2014 年	2015 年	2016 年	2017 年	2018 年	2019 年	2020 年	2021 年	2022 年	
政策数量	7	13	11	6	13	3	9	5	16	8
合计	71									

资料来源：笔者统计计算所得。

4.1.2　政策条款划分与编码

将新能源汽车政策对应的政策条款作为基本分析单元，由于同一项政策所包含不同的政策条款可能涉及不同的政策工具，因此按照"政策编码－章节－条款"进行编码，共得到 1017 条政策条款及其编码，部分条款编码示例如表 4－3 所示。

表 4－3　　　　　　　　　　　　　　　政策条款编码示例

政策编码	政策标题	条款内容	条款编码
2	汽车产业发展政策	国家引导和鼓励发展节能环保型小排量汽车。汽车产业要结合国家能源结构调整战略……	2－3－2
2	汽车产业发展政策	国家支持研究开发醇燃料、天然气、混合燃料、氢燃料等新型车用燃料，鼓励汽车生产企业开发生产新型燃料汽车	2－3－3
……	……	……	……
117	关于修改《乘用车企业平均燃料消耗量与新能源汽车积分并行管理办法》的决定	将第三十七条修改为第四十一条，第一款修改为："本办法所称核算年度是指每年 1 月 1 日至 12 月 31 日。境内生产的乘用车以机动车整车出厂合格证的发证日期为准确定相应的年度；进口乘用车以获得强制性产品认证车辆的海关报关单证放行日期为准确定相应的年度。"	117－11－1

续表

政策编码	政策标题	条款内容	条款编码
117	关于修改《乘用车企业平均燃料消耗量与新能源汽车积分并行管理办法》的决定	增加一条，作为第四十三条："工信部、财政部、商务部、海关总署、市场监管总局将根据产业发展情况和碳排放管理工作需要，适时研究建立本办法规定的积分制度与其他碳减排体系的衔接机制。"	117 - 12 - 1

注：政策1无明确性政策文件，故相关条款从政策2计起。

4.2　政策工具分类及动态变迁分析

4.2.1　政策颁布机构府际关系

统计117项新能源汽车产业的政策文件及其颁布机构的频次，共得出36个机构参与颁布新能源汽车产业政策，结果如表4-4所示。其中工信部（713次）的发文次数最高，财政部（395次）、国家发展和改革委员会（327次）、科学技术部（321次）、商务部（218次）、国家能源局（174次）、交通运输部（157次）和国务院（150次）的发文频次也位于前列。然后，探究政策文本颁布机构间的府际关系，利用Python中的Network X库计算新能源汽车产业政策各颁布机构的中心度。其中工信部发文频次（713次）和中心度（32）在所有机构中均位于前列，说明该部在新能源汽车产业发展中居于比较重要的地位，且与其他部门之间的协同度高。国家能源局、财政部、国家发展和改革委员会、商务部及交通运输部等部门的政策颁发频次和中心度也相对较高，表明这些部门也是组成联合发布新能源汽车产业政策网络中至关重要的一部分。国家标准化管理委员会发文频次为5次，中心度为0，说明该部门与其他部门的协同度较低。中国人民银行发文频次仅为8次，但其中心度较高，达到20次，说明中国人民银行与其他机构协同度较好。同理，自然资源部、生态环境部、住房和城乡建设部等机构部门也表现出类似的特点。

表4-4　　　　　　　　　　　政策发布机构频次与中心度数据

颁布机构	频次	中心度	颁布机构	频次	中心度
财政部	395	28	科学技术部	321	18
工信部	713	32	农业农村部	35	10
公安部	18	19	人力资源和社会保障部	1	11
国家标准化管理委员会	5	0	商务部	218	26
国家电网有限公司	1	2	生态环境部	61	22
国家发展改革产业协调司	3	3	市场监管总局	17	17
国家发展和改革委员会	327	28	税务总局	33	17
国家工商行政管理总局办公厅	4	4	体育总局	2	16
国家能源局	174	30	文化和旅游部	2	16
国家市场监督管理总局	54	15	银保监会	7	17
国家税务总局	45	11	应急管理部	15	10
国家铁路局	2	2	质检总局	73	8
国家邮政局	9	7	中国国家铁路集团	2	2
国家质量监督检验检疫总局	68	8	中国南方电网有限责任公司	1	2
国务院	150	6	中国人民银行	8	20
海关总署	97	19	中国银行保险监督管理委员会	10	11
生态环境部	90	11	住房和城乡建设部	51	22
交通运输部	157	26	自然资源部	10	22

资料来源：笔者整理汇总。

　　搭建颁布新能源汽车产业政策文件机构间的府际关系网络图（去掉中心度为0的部门）。图中节点半径大小代表该部门颁布新能源汽车产业政策频次的高低，半径越大发文频次越高，点与点之间相互的连线代表机构间是否联合颁布新能源汽车产业政策，府际关系如图4-1所示。

　　由图4-1可以看出，工信部节点在图中属于核心地位，其半径最大、连线最多，表明该部门联合颁布新能源汽车产业政策频次最高，与各部门关系最密切，说明该部门是新能源汽车产业政策发布的主导机构，影响力和约束力最强。此外，财政部、国家发展和改革委员会、科学技术部、商务部、国家能源局、交通运输部等部门的半径较大、连线较多，说明与其他部门存在

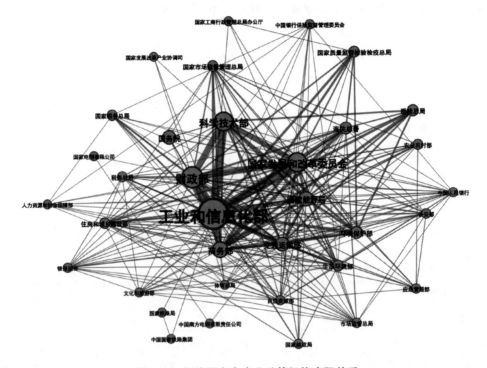

图 4 – 1　新能源汽车产业政策机构府际关系

着持续交流的关系，是构建新能源汽车产业政策部门关系网络图的关键要素。整体来看，新能源汽车产业政策的机构联合颁布情况呈现出以工信部为核心，财政部、国家发展和改革委员会、科学技术部、商务部、国家能源局、交通运输部等为关键要素节点的府际关系。

供给型政策主要由工信部、财政部、国家发展改革委、国务院、科技部等部门发布。需求型政策除了由几个主要部门发布之外，还包括与住房和城乡建设部、农业农村部等部门联合发布的新能源汽车基础设施建设、新能源汽车下乡活动等政策。环境型政策不仅由几个主要部门发布，还包括与其他部门联合发布的一系列政策。例如，与海关总署、国家市场监督管理总局等部门联合发布汽车燃料消耗与新能源汽车积分管理政策；与国家税务总局联合制定税收优惠政策；与文化和旅游部、体育总局、银保监会等部门联合发布扩大新能源汽车流通和消费的政策；与国家市场监督管理总局等部门联合制定新能源汽车行业标准等。

4.2.2　政策文本主题词聚类

利用 KHCoder 软件对 1017 条新能源汽车产业政策进行分词处理，并删去"加强""利用"等无实际含义的词语后，统计新能源汽车产业政策文本主题词词频并加以分析。如果特定领域中某个关键词出现频率较高，那么意味着它可以作为反映此项领域研究重点及热点的关键词。将政策文本中筛选出的前 60 个主题词整理展示如表 4 - 5 所示。其中"新能源""汽车""企业"等与生产相关的词汇出现频次较高，表明现有新能源汽车发展政策体系与"企业"联系最为紧密，政策体系对于生产环节较为侧重。

表 4 - 5　　　　　　　　部分词汇及词频统计

词	词频	词	词频	词	词频
汽车	1996	蓄电池	252	整车	170
新能源	1690	城市	252	平台	166
企业	1220	燃料	249	组织	166
充电	695	工作	243	体系	166
生产	653	资金	243	补贴	163
产品	541	推广	237	推广应用	159
建设	487	运营	231	地方	158
发展	479	项目	226	车型	158
技术	468	国家	224	混合	156
动力	419	基础设施	224	动力电池	153
工业	359	节能	222	重点	153
乘用车	356	消耗量	222	运行	153
设施	352	回收	212	目录	153
车辆	336	部门	206	年度	152
信息化	331	信息	199	制定	150
管理	299	补助	198	销售	147

词	词频	词	词频	词	词频
安全	297	示范	194	积分	142
标准	289	公交车	192	研发	141
电动汽车	277	单位	190	领域	138
政策	261	服务	181	公共	138

资料来源：笔者整理。

基于词频分析得到初步分析结果后，继续深入挖掘词汇间的潜在规律。采用凝聚式层次聚类分析法，将文本中相似规律的词语聚集在一起，得到非结构化的文本集中的关联信息，由此挖掘潜在热点主题，生成树状图（见图 4-2）。联系新能源汽车产业政策主题词的潜在特征及政策工具的不同类型，共总结出以下 7 个类别。

（1）企业生产类政策。主题词包括企业、生产、产品、工业、信息化等。为进一步优化新能源汽车产能，国家出台了一系列措施，鼓励企业生产，推动产业发展。如 2012 年，国务院发布《节能与新能源汽车产业发展规划（2012~2020 年）》，提出到 2020 年，纯电动汽车和插电式混合动力汽车产能达 200 万辆、累计产销量超过 500 万辆的目标，为此，中央财政对新能源汽车生产企业给予了相关优惠支持政策。

（2）能源消耗类政策。主题词包括乘用车、燃料、消耗量等。近些年来，我国大力发展新能源汽车，将其作为降低化石燃料依赖度和促进城市清洁交通发展的重要手段。在促进新能源汽车快速发展以及传统燃油车节能减排的过程中，独具中国特色的"双积分"政策功不可没。自 2017 年起，"双积分"政策正式实施。根据该政策，企业生产低油耗和新能源汽车可以获得正积分，而生产高油耗传统燃油汽车则会获得负积分。政府对企业这两种积分进行统一管理。经过 2020 年和 2023 年的两次修订，该政策有效降低了乘用车的整体平均油耗，助力于"双碳"目标的实现。

（3）电池回收类政策。主题词包括蓄电池、动力、回收等。我国新能源汽车正在快速发展阶段，首批投入市场的新能源汽车，正在陆续进入动力蓄电池"退役"高峰期。新能源汽车淘汰的动力电池体积大，如果不能妥善处置，

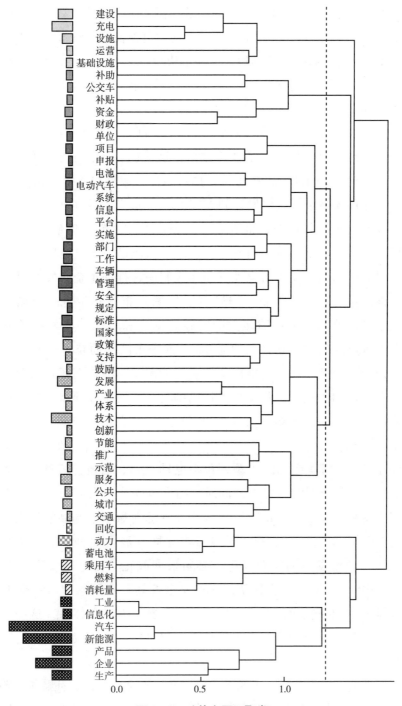

图 4 - 2　政策主题词聚类

可能带来难以挽回的大面积土壤污染问题。但从另一个角度看，动力电池可以说浑身是宝，并非百无一用的废弃物。动力电池使用的贵重金属可以拆解回收，既能促进资源循环再利用，也能解决电池丢弃造成的严重环境污染。因此，我国自 2016 年起就发布了新能源汽车蓄电池回收的相关政策，以加强对蓄电池的回收管理以及进一步研发创新。

（4）技术创新类政策。主题词包括技术、创新、节能、推广、交通等。新能源汽车的发展带来了许多技术创新，这些创新涵盖了电动传动系统、能源储存、充电基础设施、自动驾驶技术和连接车辆技术等领域。如 2015 年，国家发布《国家重点研发计划新能源汽车重点专项实施方案》，提出加快新能源汽车持续创新，推进我国汽车产业技术转型升级。2016 年国家发展改革委、工信部等部门联合印发电动汽车动力蓄电池回收利用技术政策，引导电动汽车动力蓄电池有序回收利用，推动车企研发部门对于动力蓄电池的进一步研发创新。2022 年，国家发布《关于进一步提升电动汽车充电基础设施服务保障能力的实施意见》和《关于印发加快电力装备绿色低碳创新发展行动计划的通知》，推进车网互动技术创新与试点示范，加强充换电技术创新与标准支撑。新能源汽车科技创新是推动新能源汽车行业发展的关键。将创新技术运用到公共交通服务领域，先试点再推广，有助于提高新能源车辆的效率和可行性，并有望在未来对交通方式产生深远的影响。

（5）安全管理类政策。主题词包括电动汽车、电池、信息、管理、安全等。在助力新能源汽车发展的同时，国家也先后发布多项政策紧抓新能源汽车的安全管理工作。如 2011 年发布《关于加强节能与新能源汽车示范推广安全管理工作的函》，提出试点城市立即开展全面、系统、彻底的安全隐患排查，对发现的安全隐患，必须限期改正。国务院安委会办公室 2022 年在《"十四五"全国道路交通安全规划》中要求提升新能源汽车安全要求，构建新能源汽车运行安全性检验技术及装备体系。这些政策表明国家注重加快建立健全安全保障体系，以推进新能源汽车产业健康可持续发展。

（6）购置补贴类政策。主题词包括财政、资金、补助、补贴等。购置补贴是促进新能源汽车普及和推广的重要手段之一，政府向消费者提供购车补贴是为了支持新能源汽车的发展和推广，提高汽车行业的整体竞争力。2015年以后，随着新能源汽车市场的逐渐成熟和竞争加剧，政府对于新能源汽车补贴金额开始逐步"退坡"，我国新能源汽车产业扶持政策正式进入后补贴时代。新能源汽车补贴"退坡"旨在逐步减少政府对于新能源汽车行业的财政支持，让市场自我调节，同时也可以促使新能源汽车企业加强技术创新和产品升级，提高核心竞争力，以促进新能源汽车市场向更成熟和健康的方向发展。

（7）充电保障类政策。主题词包括充电、基础设施、建设、运营等。随着新能源汽车产业的快速发展，新能源汽车数量也快速增长。然而与之配套的基础设施建设尤其是充电设施的不足，给消费者的日常使用带来了不小的困扰。充电基础设施为电动汽车提供充换电服务，属于新型的城市基础设施，是加快新能源汽车发展的重要支撑。加快电动汽车充电基础设施建设，是推动新能源汽车产业发展，实施供给侧结构性改革的需要，也是改善生态环境、提升市民生活品质的重要举措。加强充电基础设施建设，有助于进一步释放新能源汽车消费潜力，更好支持新能源汽车产业发展，有力保障现代化产业体系建设。

4.2.3　政策工具分类条款

参照罗斯韦尔和泽格维尔德（1985）的政策工具分类方法，将政策工具划分为供给型、需求型和环境型三个维度，从各维度条款分布来看（见表 4-6），环境型政策工具占比最大，为 60.77%；其次为供给型政策工具，政策条款数量占比为 24.09%；而需求型政策工具条款数量最为缺乏，占比仅为 15.14%。可见，我国当前新能源汽车产业政策体系主要着力于为产业发展营造良好的环境，并辅以供给型政策工具推动产业发展，但需求型政策工具对于新能源汽车推广的拉动力则表现出较为明显的不足。

表4-6　　　　　　　　　　　各维度政策条款数量分布

工具类型	工具名称	条款编码	小计	子项占比（%）	总占比（%）
供给型	公营事业	7-3-8，7-4-8，12-1-1，12-2-1，12-3-1，16-2-1，17-2-1，17-2-10，17-2-9，18-1-8，21-4-3，28-2-1，29-4-3，29-5-5，35-2-7，40-2-1，40-3-1，40-3-2，40-3-3，40-3-4，40-4-1，40-4-2，40-5-1，40-5-2，40-5-3，40-5-4，40-5-5，45-1-1，45-2-1，45-6-1，45-6-2，45-6-3，45-9-1，52-11-1，78-1-1，78-2-1，78-3-1，78-4-1，78-5-1，84-1-1，84-2-1，84-2-2，90-1-1，90-3-1，90-3-2，105-2-1，114-1-4，114-1-5，115-1-1，115-4-1，115-4-2，115-4-3	52	5.11	24.09
	科技支持	2-3-3，3-1-6，5-2-3，7-3-3，7-3-4，7-3-5，7-4-9，9-3-2，13-1-1，14-3-7，17-2-7，18-2-6，19-5-1，20-2-1，20-2-2，20-2-3，20-2-4，21-2-2，21-3-1，21-4-1，22-1-1，22-1-2，22-1-3，22-2-1，22-2-2，65-2-2，67-2-3，74-6-1，81-2-1，87-3-1，87-3-2，87-3-3，87-4-2，87-4-3，87-6-1，87-6-2，87-6-3，87-8-4，91-1-5，91-2-2，94-3-1，102-2-7，103-6-2，103-6-4，111-2-1，112-2-3	95	9.34	
	人才资源	5-2-2，8-2-2，17-2-11，17-2-4，18-2-4，18-3-4，21-5-5，35-2-8，35-3-4，47-2-2，47-4-4，50-5-1，87-8-3	13	1.28	
	信息支持	7-2-1，8-3-9，17-2-2，17-2-3，18-1-7，18-2-2，18-2-5，18-3-1，25-3-1，25-3-2，25-3-3，25-6-2，25-6-4，25-8-1，30-8-3，43-3-2，43-3-3，43-3-4，43-5-3，45-10-1，46-2-2，……，87-5-1，87-5-2，87-5-3，87-5-4，90-3-3，90-4-1，90-4-2，90-4-3，91-1-4，91-2-3，91-2-5，91-2-7，91-4-1，91-4-2，91-5-5，97-7-1，98-4-3，106-5-15，114-1-3，114-3-1，114-3-2，115-4-4，115-5-3	85	8.36	

续表

工具类型	工具名称	条款编码	小计	子项占比（%）	总占比（%）
环境型	策略性措施	2-3-2, 5-2-1, 7-1-1, 7-3-2, 7-4-11, 8-1-3, 8-2-1, 16-1-1, 17-2-6, 18-1-1, 18-1-10, 18-3-2, 20-1-1, 20-1-2, 21-2-1, 24-1-1, 25-5-1, 25-5-2, 25-5-3, 26-1-1, 28-1-1, 30-2-7, 30-7-3, 30-8-2, 35-1-2, 35-2-2, 35-3-1, 35-3-6, ……, 95-3-2, 98-3-3, 98-3-4, 99-2-2, 101-1-2, 102-3-11, 110-6-1, 111-3-1, 112-3-1, 112-3-2, 112-3-4, 114-2-1, 114-3-3, 115-5-1, 115-5-2	135	13.27	60.77
	金融支持	7-4-5, 10-2-3, 18-1-9, 21-5-2, 21-5-3, 26-2-3, 27-2-1, 27-3-1, 30-2-4, 30-3-2, 30-5-2, 30-5-4, 30-5-5, 33-1-1, 33-3-1, 33-6-1, 33-7-1, 35-2-5, 40-1-1, 43-4-2, 43-4-3, 45-4-2, 48-3-1, 48-4-1, 56-1-1, 56-2-1, 57-1-2, 57-1-3, 59-6-1, 60-1-3, 60-1-6, ……, 82-5-1, 94-7-1, 100-1-1, 100-1-2, 100-1-3, 100-1-4, 100-2-5, 100-2-6, 100-2-7, 100-3-10, 109-6-2, 111-4-2, 114-2-3	51	5.01	
	目标规划	5-1-1, 7-2-3, 7-4-4, 7-5-1, 8-1-1, 13-2-1, 17-1-1, 18-1-2, 21-1-1, 21-3-2, 21-4-2, 21-6-1, 25-1-1, 28-3-1, 30-1-1, 30-8-1, 35-1-1, 35-1-3, 41-1-1, 43-1-1, ……, 51-1-1, 51-4-1, 67-1-1, 81-1-1, 86-1-1, 87-1-1, 87-1-2, 87-1-3, 87-2-1, 87-2-2, 87-2-3, 91-1-1, 97-1-1, 109-3-2, 110-1-1, 112-1-1, 112-2-1	44	4.33	
	税收减免	7-4-1, 19-1-1, 19-2-1, 30-5-3, 31-1-1, 31-1-1, 31-3-1, 31-3-2, 31-5-1, 38-1-1, 38-1-2, 44-1-1, 44-4-1, 44-5-1, 63-1-1, 63-7-1, 69-1-1, ……, 73-1-1, 73-2-1, 73-3-1, 73-4-1, 73-5-1, 73-6-1, 82-4-1, 87-8-2, 107-1-1, 107-4-1, 109-2-2, 116-1-1, 116-3-1	36	3.54	

续表

工具类型	工具名称	条款编码	小计	子项占比（%）	总占比（%）
环境型	制度规范	5-1-2，5-1-3，5-1-4，5-1-5，5-1-6，5-3-1，5-3-2，5-3-3，5-3-4，5-3-5，5-4-1，5-4-10，5-4-2，5-4-3，5-4-4，5-4-5，5-4-6，5-4-7，5-4-8，5-4-9，6-1-2，……，102-4-12，104-1-1，104-1-3，104-2-1，107-2-1，108-2-1，111-1-1，112-4-3，113-1-1，116-2-1，116-4-1，117-1-1，117-2-1，117-3-1，117-4-1，117-5-1，117-6-1，117-7-1，117-8-1，117-9-1，117-10-1，117-11-1，117-12-1	352	34.61	60.77
需求型	公共服务	6-2-1，7-4-10，7-4-7，11-1-1，11-2-1，11-3-1，11-4-1，11-5-1，11-6-1，18-1-4，18-1-5，18-1-6，21-4-4，21-5-4，26-3-1，29-2-2，29-2-3，29-4-2，30-2-1，30-2-2，30-2-3，30-2-6，30-3-1，32-1-1，32-2-1，32-2-2，32-3-1，……，52-4-1，52-6-1，94-1-1，94-2-1，94-4-1，94-5-1，112-2-2，112-3-3，113-2-1，113-3-1，113-4-1，113-5-1，113-6-1，114-1-1，114-1-2	65	6.39	15.14
	购置补贴	6-1-1，6-2-2，6-2-3，6-4-1，7-3-1，7-4-2，7-4-3，10-1-1，10-1-3，10-2-1，10-2-2，10-4-1，10-4-2，10-4-3，10-5-1，10-5-2，10-5-3，10-6-1，10-6-2，10-6-3，26-1-3，……，77-4-1，80-1-1，80-2-1，80-3-1，80-4-1，80-5-1，81-3-1，81-4-1，81-5-1，81-6-1，82-2-1，88-1-1，88-2-1，88-3-1，88-4-1，93-1-1，93-2-1，93-3-1，96-1-2	48	4.72	
	海外贸易	7-3-7，9-2-1，9-5-2，21-5-6，25-4-2，25-6-1，47-5-2，47-5-4，70-1-1，70-2-1，70-2-2，70-2-3，70-2-4，70-2-5，70-3-1，70-3-2，70-3-3，70-3-4，70-4-1，70-4-2，87-7-1，87-7-2，109-2-3	23	2.26	
	政府采购	4-3-2，6-3-2，7-3-6，29-1-1，29-2-1，29-3-1，29-3-2，29-3-3，29-4-1，29-5-1，29-5-2，29-5-3，29-5-4，30-4-1，30-4-2，99-3-4，111-4-1，114-2-2	18	1.77	

　　通过对政策工具分布表的进一步分析可知，在环境型政策工具层面，产业相关制度规范条款数量最多，达到 352 条，占全部政策条款的比重为 34.61%，体现了国家为推动新能源汽车产业发展着重于实施产业规范化、标准化。其次为策略性措施，条款数量占比为 13.27%，表明国家为促进新能源汽车产业发展推出了创新奖励、区域协调发展、充电基础设施建设、商业模式优化等大量实质性举措。此外，金融支持和税收减免等政策条款分布则相对较低，分别为 5.01% 和 3.54%，表明政府在金融与财税支持等方面的扶持力度相对较弱。

　　供给型政策工具层面，政府对于科技支持和信息支持等方面较为重视，政策占比分别达 9.34% 和 8.36%，一方面，国家旨在通过对科技研发的大力支持提升产业整体创新水平；另一方面，在技术、安全监管等方面建立产业信息共享平台，更有助于行业内各企业、各区域协调发展。公营事业在政策体系中占比 5% 左右，透露出我国新能源汽车产业发展的基础设施建设仍不够完善。人力资源政策占比仅为 1.28%，表明政策对这项工具的支持力度严重不足，作为战略性新兴产业创新发展源泉的人力资源未能与科技支持相匹配。

　　需求型政策工具层面，政策扶持主要体现在公共服务与购置补贴两方面，占比分别为 6.39% 和 4.72%。新能源汽车在公共服务领域的推广能够有效推动我国节能减排工作，而购置补贴在一定程度上能刺激新能源汽车消费，从公共服务与购置补贴等方面同时发力，能快速提高我国各领域新能源汽车使用率，但两类政策工具总体占比不高。同时，当前新能源汽车政策体系对于海外贸易与政府采购方面支持力度明显不足，占比仅为 2.26% 与 1.77%，表明我国新能源汽车产业布局与发展重心仍以国内市场为主，且政府机关及公共机构的新能源汽车普及率仍需进一步提升。此外，海关总署公布数据显示，2020 年中国新能源汽车进出口逆差达到 195.76 亿元人民币。因此，"十四五"期间国家应适当加强出口贸易措施，进一步开拓海外市场，在国际竞争中建立优势。

4.2.4　政策工具呈动态变迁特征

　　就新能源汽车产业政策发展来看，不同维度的政策工具对于新能源汽车产业发展的不同阶段所呈现出的着力点不尽相同。从历年新出台政策所使用的三类基本政策工具比例来看（见图 4-3），环境型政策工具在产业发展的各个阶段占比基本保持在 50% 以上，处于领先水平；供给型政策工具占比呈现出先下降再增长最后趋平的态势，需求型政策工具所占比重则显现出先扬后抑的态势。

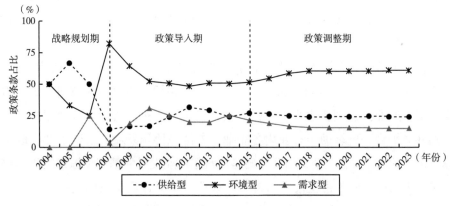

图 4-3　政策工具累计占比变化趋势

注：由于 2008 年无新政策发布，所以图中未展示当年数据；2023 年数据只统计到 6 月，本章下文图形注释相同，不再赘述。

资料来源：笔者计算绘制而得。

在战略规划期（2001~2008 年），国家侧重于为产业营造相关发展环境，2004 年起国家制定供给型政策工具推动产业开展研发工作，但截至 2006 年底，国家并未发布以新能源汽车产业为直接对象的政策文件，相关政策体系政策条款总数仅为 4 条。随着 2007 年《新能源汽车生产准入管理规则》的发布，国家开始为产业营造相关发展环境，政策条款逐渐增多。自 2009 年起，国家正式开展节能与新能源汽车示范推广试点工作，需求型政策占比逐渐增加。在政策导入期（2009~2015 年），环境型政策工具占比保持在 50% 左右，而供给型与需求型政策工具占比则出现交替领先的波动状态，这与 2012 年科技部发布《电动汽车科技发展"十二五"专项规划》，提出"实现混合动力汽车产业化技术突破"与"开展以小型电动汽车为代表的纯电驱动汽车大规模商业化示范"两个目标并行有关。进入政策调整期（2016 年至今），三类政策工具已趋于稳定状态，表明我国新能源汽车产业政策逐步走向成熟稳定，其中环境型政策工具占比较第二阶段有所上升，而需求型政策工具则保持了不到20%的最低占比，主要原因是该阶段我国新能源汽车购置补贴政策开始逐步"退坡"，这也标志着我国新能源汽车市场逐渐趋于市场主导，国家旨在通过补贴政策"退坡"，提升企业自主创新水平、优胜劣汰，从而优化产业结构。

进一步剖析三类政策工具各维度的动态变迁情况，首先，在环境型政策工具层面（见图4-4），制度规范工具占比随着产业化推进虽有所下降，但其主导地位贯穿了我国新能源汽车产业的发展历程，表明产业规范化、标准化作为产业发展的关键前提与保障，受到了政府的高度重视。其次，策略性措施随着产业化进程的推进，其重要程度也逐渐凸显。而金融支持、税收减免政策工具占比则始终保持较低水平，尤其是税收减免类政策工具在2013年前占比均未突破2%，并且在环境端政策工具中始终处于落后水平。可见，相关部门应当加大对产业税收减免方面的支持力度，尤其需要完善企业生产税收政策，促进企业生产积极性。

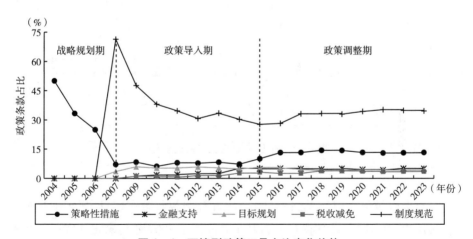

图4-4　环境型政策工具占比变化趋势

资料来源：笔者计算绘制而得。

在供给型政策工具变化中（见图4-5），首先，政府对于科技支持方面支持力度较大，在2001~2006年发布的4条政策条款中，科技支持类占2条，2005年12月，国务院发布《国家中长期科学和技术发展规划纲要（2006~2020年)》，将新能源汽车技术纳入科学技术发展的重点领域。政策导入期阶段（2009~2015年），科技支持类政策占比出现了大幅增加，2012年6月科技部发布《电动汽车科技发展"十二五"专项规划》着重针对提升产业科技创新水平发布相关措施，此后相关部门基于该项规划的一系列延伸政策大量发布，例如2012年9月，财政部、工信部与科技部联合发布《关于组织开展新能源汽车产业技术创新工程的通知》为提升产业技术创新水平制定了大量针对性支持措施。其次，信息支持类政策也随着产业化进程推进逐渐增多，说明国家对于产业信息资源共享也逐渐重视。最后，公营事业与人才资源的支持力度在产业化推进过程中占比相对落后，尤其是人才资源政策工具，自产业化推进第二阶段开始占比不断下降，反映出国家对于新能源汽车产业人才重视程度严重不足。

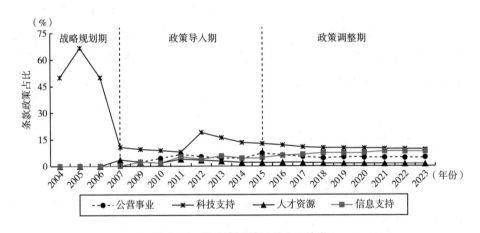

图4-5 供给型政策工具占比变化

资料来源：笔者计算绘制而得。

需求型政策工具中（见图4-6），购置补贴类政策占比自2009年开始增加，2010年达到最高且突破15%，其主要原因是2009年国家正式实行新能源汽车示范推广试点工作，但此后该政策工具逐渐"退坡"，至2023年6月购置补贴类政策占比降至不足5%。公共服务类政策则在2014年占比达到最高，此后支持力度也呈现出逐年下降的趋势，反映我国新能源汽车发展过程中确实存在配套服务滞后的问题。此外，除战略规划期外，政府采购与海外贸易类政策在产业化推进过程中始终保持不足5%的水平，表明长期以来政策对机关采购与进出口贸易方面的引导与支持力度严重缺失。

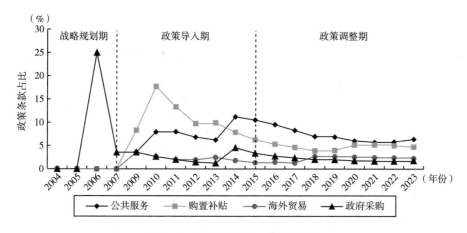

图 4 - 6　需求型政策工具占比变化

资料来源：笔者计算绘制而得。

4.3　"政策工具—创新价值链"政策质量分析

4.3.1　"政策工具—创新价值链"二维框架构建

依据创新价值链与政策工具相关理论基础，结合新能源汽车产业特征，将政策工具划分为供给型、需求型与环境型三个类别。同时，创新价值链作为一个系统、连续的过程，其各个环节紧密联系且具备不同的价值创造主体。创新价值链的引入，不仅能够有效解决政策工具维度单一的问题，还能更加全面、深入地对新能源汽车产业政策体系进行评价。因此，根据创新价值链在新能源汽车产业发展各阶段的不同表现，将其划分为技术研发、产业化与市场化三个环节。基于上述分析，构建"政策工具—创新价值链"分析框架（见图 4 - 7），对新能源汽车产业创新价值链政策质量进行评价。

如图 4 - 7 所示，供给型政策工具从资源供给（科技支持、人才资源、信息支持、公营事业）角度为新能源汽车产业创新价值链发展提供推动力；环境型政策工具旨在通过为产业提供良好的成长环境（税收减免、目标规划、策略性措施、制度规范），对创新价值链产生影响；需求型政策工具则以扩大新能源汽车技术、产品的市场需求为手段（公共服务、购置补贴、政府采购、

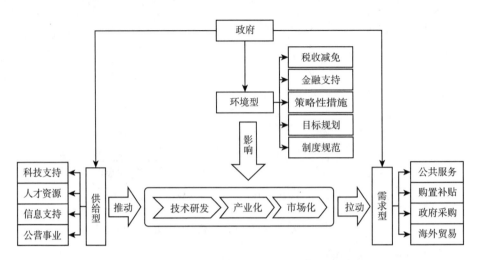

图 4 - 7 "政策工具—创新价值链"二维框架作用机制

海外贸易），拉动产业创新价值链发展。考虑到一项政策所包含内容可能涉及多个政策工具类型或创新价值链环节，需要对各项政策文本进行条款划分，并对各维度的政策条款分布情况进行分析，从政策合理性与协调性角度出发对我国新能源汽车产业政策设计质量进行评价。

4.3.2 "政策工具—创新价值链"框架政策条款分布

对所划分政策条款进行分类识别，汇总"政策工具—创新价值链"二维框架下的政策条款分布数量与比例情况，如表 4 - 7 所示。

表 4 - 7　　　"政策工具—创新价值链"框架政策条款分布　　　单位：条

政策工具		技术研发	产业化	市场化	总计
供给型	公营事业	1	12	39	52（5.11%）
	科技支持	94	1	0	95（9.34%）
	人才资源	6	0	7	13（1.28%）
	信息支持	14	29	42	85（8.36%）
	小计	115（11.31%）	42（4.13%）	88（8.65%）	245（24.09%）

续表

政策工具		技术研发	产业化	市场化	总计
环境型	策略性措施	8	36	91	135（13.27%）
	金融支持	4	5	42	51（5.01%）
	目标规划	5	20	19	44（4.33%）
	税收减免	0	1	35	36（3.54%）
	制度规范	19	195	138	352（34.61%）
	小计	36（3.54%）	257（25.27%）	325（31.96%）	618（60.77%）
需求型	公共服务	1	6	58	65（6.39%）
	购置补贴	1	5	42	48（4.72%）
	海外贸易	2	17	4	23（2.26%）
	政府采购	2	4	12	18（1.77%）
	小计	6（0.59%）	32（3.15%）	116（11.41%）	154（15.14%）
合计		157（15.44%）	331（32.55%）	529（52.02%）	1017（100.00%）

资料来源：笔者计算汇总而得。

由表 4 - 7 可知，我国当前新能源汽车产业政策应用以环境型工具作为主要手段，其占比达到 60.77%。其次为供给型工具，政策条款数量占比为 24.09%。而需求型工具最为缺乏，占比仅为 15.14%。可见，我国当前新能源汽车产业政策体系主要着力于为产业营造良好的环境，并辅以供给型政策工具推动产业发展，然而需求型政策工具对于新能源汽车推广的拉动力则出现了较为明显的不足。

创新价值链方面，当前我国新能源汽车产业政策对市场化环节有所侧重，政策条款占比达到 52.02%。一方面，我国新能源汽车产业政策体系已进入消费者主导市场阶段（李肆，2017），另一方面，新能源汽车的推广应用是目前国家实现"碳达峰、碳中和"的强有力手段，因此国家对于市场化环节的重视也体现了国家对于环境治理的决心。

与此同时，新能源汽车产业化政策条款占比为 32.55%，在创新价值链各环节政策支持力度中处于中等水平。我国新能源汽车以企业为主要生产销售单位，为配合产品进行市场化推广应用，应当辅以相关政策为企业生产、运营等方面提供相关支持，当前政策支持力度对产业化环节支持力度相比其他环节较为平均。

此外，技术研发环节政策支持力度则表现出了较为明显的不足，条款占比仅为 15.44%，通过对相关政策梳理可以发现，国家对于研发环节的支持主要表现为国家新能源汽车技术创新中心建设，制定"2020 年、2025 年、2030年'点—线—网梯次推进'的三步走"计划。由此可见，我国新能源汽车技术创新中心建设仍处于起步阶段，为保证"三步走"计划稳步实施，未来 10年产业技术创新环节需要相关政策措施的大力支持与进一步完善。

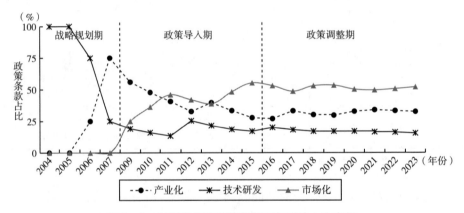

图 4 – 8　创新价值链政策数量历年累计占比变化

资料来源：笔者计算汇总而得。

从创新价值链各环节的政策工具动态变化来看（见图 4 – 8），新能源汽车产业政策在不同阶段分别对不同环节有所侧重，并随着产业不断发展而趋于稳定。在产业规划期（2001～2008 年），政策体系首先对技术研发环节提供支持，鼓励相关企业或机构开展新能源汽车技术研发工作，该阶段主要工作为进行技术研发与产业规划，因此市场化工作并未正式展开。政策导入期（2009～2015 年），国家正式开展新能源汽车销售推广工作，市场化环节相关政策开始发布并迅速扩张，产业化环境的扶持政策则出现锐减的态势，同时该阶段出现了多个环节政策措施占比不断波动的博弈状态，但研发类政策的支持力度始终处于最弱状态。政策调整期（2016 年至今），三类政策工具基本趋于稳定状态，但自 2020 年后研发及市场化两个环节的扶持政策力度迅速下降，而产业化政策则有所上升，主要原因是该阶段我国新能源汽车财政补贴政策"退坡"力度不断加大，而"双积分"等市场化接续政策效应逐渐显现，这也标志着我国新能源汽车市场逐渐趋于成熟。

4.3.3 "政策工具—创新价值链"二维视域政策质量分析

进一步绘制"政策工具—创新价值链"二维框架下，创新价值链各维度的政策条款占比情况，结果如图 4 – 9 所示。

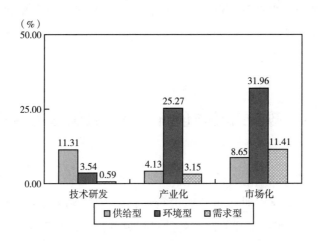

图 4 – 9　"政策工具—创新价值链"框架政策分布

资料来源：笔者计算绘制而得。

首先，供给型政策工具对创新价值链的支持力度主要分布在技术研发与市场化的头尾环节，政策条款占比分别为 11.31% 与 8.65%，技术研发环节主要集中为科技工具支持，而市场化环节主要表现在信息支持与公营事业两方面。相比之下，供给型政策工具对于产业化环节支持力度较为薄弱，政策占比仅为 4.13%，结合表 4 – 7 可以看出，导致供给型政策工具对创新价值链的支持力度分布不均的主要因素是人才资源政策工具分布。

其次，环境型政策工具对创新价值链的支持主要体现在产业化与市场化两个环节，政策条款占比分别为 25.27% 和 31.96%。其中，制度规范与策略性措施政策工具分布成为主要影响因素。结合表 4 – 7 可知，制度规范工具方面，当前政策体系在着力对新能源汽车产业化进行大量规范化的同时，也对新能源汽车产品推广应用过程的规范性进行了严格的监管，然而在技术研发环节相关制度规范则明显不足。策略性措施工具对创新价值链支持力度主要集中在市场化环节，充分体现了国家对新能源汽车推广使用过程实质性推进的侧重。除了制度规范与策略性措施以外，环境型政策中各项政策工具均表现出对技术研发环节支持力度最为薄弱的特点。

最后，需求型政策工具作为各类政策工具中政策条款数量占比最低的一类，对创新价值链的支持主要集中在市场化方面。由表 4-7 可知，当前国家主要通过公共服务与购置补贴两项措施来促进新能源汽车的推广应用，拉动产业发展。而"需求型—产业化"与"需求型—技术研发"类别的政策支持力度依然薄弱。其中，需求型政策中的海外贸易工具应当成为改善该问题的关键。

4.4 政策工具与创新价值链政策效能评价

政策效能是指政策的有效性，其通常由政策执行效果以及公平性来衡量。在政策实施初期就需要对政策效能进行评估，其结果决定了政策实施的必要性；在政策实施后期也需要对政策效能进行评估，以便政策执行者能够根据其结果对政策进行调整，保证政策达到理想效果。为此，进一步构建 PMC 指数模型对新能源汽车产业政策工具及创新价值链政策效能进行多维度量化评价。

4.4.1 PMC 指数模型介绍

PMC 指数模型理论认为世间万物均为运动且相互联系，因此建模时尽可能从政策动态发展的角度，广泛、全面地考虑所有的相关变量。运用 PMC 指数模型不仅能分析单项政策的内部一致性，还可以多维度量化评价政策的优劣效能，其模型构建大致包括四个步骤：首先，根据政策内容对各变量进行参数识别，构建指标体系；其次，对二级变量赋值，建立多投入产出表；再次，依据多投入产出表计算每项政策的 PMC 指数值；最后，实现 PMC 指数可视化，绘制 PMC 曲面图，具体过程如图 4-10 所示。

评价体系构建　　　　数据分析框架　　测量结果　　　可视化结果

图 4 - 10　PMC 政策评价过程

4.4.2　变量设置与 PMC 模型构建

4.4.2.1　变量设置与参数识别

参考鲁伊斯·埃斯特拉达（Ruiz Estrada，2011）的 PMC 指标体系构建思路及张永安和周怡园（2017）的变量参数设计方法，结合新能源汽车产业的政策特点，选取 10 个一级变量，分别用 X1 ~ X10 表示，同时设置 42 个二级变量。选取的 10 个一级变量分别为政策性质、政策时效、政策作用层面、政策涉及领域、政策发布机构、政策功能、政策内容、政策受体、政策体系和政策公开（见表 4 - 8），对二级指标体系设定评价标准如表 4 - 9 所示（周银香等，2023）。

表 4 - 8　　　　　　　　PMC 政策评价体系变量设置

一级变量	二级变量编号及名称		
X1：政策性质	X1：1 监管	X1：2 描述	X1：3 识别
	X1：4 导向	X1：5 试验	
X2：政策时效	X2：1 长期	X2：2 中期	X2：3 短期
X3：作用层面	X3：1 国家	X3：2 区域	X3：3 产业
	X3：4 企业	X3：5 技术	
X4：涉及领域	X4：1 经济	X4：2 社会	X4：3 技术
	X4：4 政治	X4：5 环境	X4：6 多学科
X5：发布机构	X5：1 国务院	X5：2 国家部委	X5：3 省市地委
	X5：4 省市厅局	X5：5 区管委会	
X6：政策功能	X6：1 规范引导	X6：2 制度规范	X6：3 产品创新
	X6：4 研发指导	X6：5 市场信息	
X7：政策内容	X7：1 税收优惠	X7：2 提供补贴	X7：3 充电设施建设
	X7：4 提供贸易便利	X7：5 燃料消耗管理	

一级变量	二级变量编号及名称		
X8：政策受体	X8：1 相关企业	X8：2 地方政府	X8：3 交通、贸易
	X8：4 消费者		
X9：政策体系	X9：1 目标明确	X9：2 方案可行	X9：3 依据充分
	X9：4 符合国情		
X10：政策公开			

表 4 - 9　　　　　　　　　　　　量化指标体系及评价标准

一级变量	编号	二级变量及编号	二级变量评价标准
政策性质	X1	X1：1 监管	政策是否涉及监管，是为 1，否为 0
		X1：2 描述	政策是否有描述内容，是为 1，否为 0
		X1：3 识别	政策是否有识别内容，是为 1，否为 0
		X1：4 导向	政策是否有导向性，是为 1，否为 0
		X1：5 试验	政策是否有试验内容，是为 1，否为 0
政策时效	X2	X2：1 长期	政策时效是否长于 5 年，是为 1，否为 0
		X2：2 中期	政策时效是否为 3 - 5 年，是为 1，否为 0
		X2：3 短期	政策时效是否为 1 - 3 年，是为 1，否为 0
作用层面	X3	X3：1 国家	政策作用层面是否包括国家，是为 1，否为 0
		X3：2 区域	政策作用层面是否包括区域，是为 1，否为 0
		X3：3 产业	政策作用层面是否包括产业，是为 1，否为 0
		X3：4 企业	政策作用层面是否包括企业，是为 1，否为 0
		X3：5 技术	政策作用层面是否包括技术，是为 1，否为 0
涉及领域	X4	X4：1 经济	政策是否涉及经济领域，是为 1，否为 0
		X4：2 社会	政策是否涉及社会领域，是为 1，否为 0
		X4：3 技术	政策是否涉及技术领域，是为 1，否为 0
		X4：4 政治	政策是否涉及政治领域，是为 1，否为 0
		X4：5 环境	政策是否涉及环境领域，是为 1，否为 0
		X4：6 多学科	政策是否涉及多学科领域，是为 1，否为 0
发布机构	X5	X5：1 国务院	政策发布机构是否为国务院，是为 1，否为 0
		X5：2 国家部委	政策发布机构是否为国家部委，是为 1，否为 0
		X5：3 省市地委	政策发布机构是否为省市地委，是为 1，否为 0
		X5：4 省市厅局	政策发布机构是否为省市厅局，是为 1，否为 0
		X5：5 区管委会	政策发布机构是否为区管委会，是为 1，否为 0

续表

一级变量	编号	二级变量及编号	二级变量评价标准
政策功能	X6	X6：1 规范引导	政策是否发挥规范引导功能，是为 1，否为 0
		X6：2 制度规范	政策是否发挥制度规范功能，是为 1，否为 0
		X6：3 产品创新	政策是否发挥产品创新功能，是为 1，否为 0
		X6：4 研发指导	政策是否发挥研发指导功能，是为 1，否为 0
		X6：5 市场信息	政策是否发挥市场信息功能，是为 1，否为 0
政策内容	X7	X7：1 税收优惠	政策内容是否涉及税收优惠，是为 1，否为 0
		X7：2 提供补贴	政策内容是否涉及提供补贴，是为 1，否为 0
		X7：3 充电设施建设	政策内容是否涉及充电设施建设，是为 1，否为 0
		X7：4 提供贸易便利	政策内容是否涉及提供贸易便利，是为 1，否为 0
		X7：5 燃料消耗管理	政策内容是否涉及燃料消耗管理，是为 1，否为 0
政策受体	X8	X8：1 相关企业	政策是否针对相关企业，是为 1，否为 0
		X8：2 地方政府	政策是否针对地方政府，是为 1，否为 0
		X8：3 交通、贸易部门	政策是否针对交通、贸易部门，是为 1，否为 0
		X8：4 消费者	政策是否针对消费者，是为 1，否为 0
政策体系	X9	X9：1 目标明确	政策是否目标明确，是为 1，否为 0
		X9：2 方案可行	政策是否方案可行，是为 1，否为 0
		X9：3 依据充分	政策是否有充分的依据，是为 1，否为 0
		X9：4 符合国情	政策是否符合国情，是为 1，否为 0
政策公开	X10		政策是否公开，是为 1，否为 0

4.4.2.2　建立多投入产出表

多投入产出表是一种从多维度量化单个变量的数据分析框架，根据一级变量与二级变量的选取建立多投入产出表，具体如表 4 - 10 所示。

表 4 - 10　　　　　　　　变量多投入产出表

X1					X2		
X1：1	X1：2	X1：3	X1：4	X1：5	X2：1	X2：2	X2：3

X3					X4					
X3：1	X3：2	X3：3	X3：4	X3：5	X4：1	X4：2	X4：3	X4：4	X4：5	X4：6

X5					X6				
X5：1	X5：2	X5：3	X5：4	X5：5	X6：1	X6：2	X6：3	X6：4	X6：5

续表

X7					X8			
X7：1	X7：2	X7：3	X7：4	X7：5	X8：1	X8：2	X8：3	X8：4

X9				X10
X9：1	X9：2	X9：3	X9：4	X10

（1）计算 PMC 指数。

PMC 指数的计算经过以下四个步骤：

①将构建的 10 个一级变量和 42 个二级变量纳入多投入产出表中。

②对二级变量进行二进制赋值。

③计算待评价政策的一级变量值：

$$X \sim N[0,1] \tag{4.1}$$

$$X_i = \left(\sum_{j=1}^{n} \frac{X_{ij}}{T(X_{ij})} \right), i = 1,2,3,\cdots,10 \tag{4.2}$$

其中，i 为一级变量，j 为二级变量。

④将 10 个一级变量值求和计算对应政策的 PMC 指数值：

$$PMC = \begin{pmatrix} X_1\left(\sum\limits_{i=1}^{5}\frac{X_{1i}}{5}\right) + X_2\left(\sum\limits_{j=1}^{3}\frac{X_{2j}}{3}\right) + X_3\left(\sum\limits_{k=1}^{5}\frac{X_{3k}}{5}\right) + \\ X_4\left(\sum\limits_{l=1}^{6}\frac{X_{4l}}{6}\right) + X_5\left(\sum\limits_{m=1}^{5}\frac{X_{5m}}{5}\right) + X_6\left(\sum\limits_{n=1}^{6}\frac{X_{6n}}{6}\right) + \\ X_7\left(\sum\limits_{p=1}^{5}\frac{X_{7p}}{5}\right) + X_8\left(\sum\limits_{q=1}^{4}\frac{X_{8q}}{4}\right) + X_9\left(\sum\limits_{r=1}^{4}\frac{X_{9r}}{4}\right) + X_{10} \end{pmatrix} \tag{4.3}$$

（2）计算政策凹陷指数。

为突出政策在多维坐标体系中的不足，探寻新能源汽车产业政策的优化路径，研究引入政策凹陷指数，具体计算如下：

$$政策凹陷指数 = 10 - PMC\ 指数值 \tag{4.4}$$

根据 PMC 指数得分与政策凹陷指数得分对新能源汽车产业的各项政策效能作出评价，具体评价标准如表 4-11 所示。

表 4 - 11　　　　　　　　PMC 指数与政策凹陷指数评分等级表

PMC 指数得分	评价	政策凹陷指数得分	评价
0 ~ 4.99	不良	5.01 ~ 10	不可接受凹陷水平
5 ~ 6.99	良好	3.01 ~ 5	可接受凹陷水平
7 ~ 8.99	优秀	1.01 ~ 3	中凹陷
9 ~ 10	完美	0 ~ 1	低凹陷

（3）PMC 指数可视化。

为了能够更加立体直观地展现出各项政策的长处与不足，以及各项政策每个指标间的差异，需要进一步对 PMC 指数进行可视化处理。根据一级变量具体数值，绘制 PMC 曲面图。将 PMC 指标体系的 10 个一级变量得分转化为三阶方阵，由于 X10（政策公开）无二级变量且所选政策文件均为公开文件，因此考虑到矩阵的对称性和 PMC 曲面的平衡性，在构建矩阵时去除 X10，PMC 曲面图计算公式如下：

$$\text{PMC 曲面} = \begin{pmatrix} X_1 & X_2 & X_3 \\ X_4 & X_5 & X_6 \\ X_7 & X_8 & X_9 \end{pmatrix} \tag{4.5}$$

其中，矩阵中对应的各项数值为相应一级变量得分。

4.4.3　政策工具各维度效能评价

基于前文的政策工具分类，分别对供给侧、需求侧与环境侧三类政策工具进行效能评价。首先，供给型政策工具旨在为新能源汽车研发和生产提供相关资源支持，为产业发展提供驱动力。其中，2009 年国务院发布《汽车产业调整振兴与规划》政策，投入 100 亿元中央财政资金对包括新能源汽车及专用零部件在内的汽车产业关键技术开发、改造与节能和新能源汽车示范工程进行支持，是供给端政策的典型代表。其次，需求型工具目的是扩大产业的市场需求，以此促进新能源汽车的消费。其中，2009 年财政部、科技部联合发布《关于开展节能与新能源汽车示范推广试点工作的通知》，文件正式提出"十城千辆"计划，选择部分大中城市成为首批推广示范试点，这一政策文件标志了国内新能源汽车正式进入推广使用阶段，是典型的需求端政策。最后，环境型工具的意义在于营造良好的产业环境来保障新能源汽车消费市场的有序运行。其中，2020 年发布的《新能源汽车生产企业及产品准入管理规定》则是有代表性的环境侧政策，它降低了新能源汽车行业的准入门槛，并对新能源汽车生产企业提出新要求。为此，选择这三项具有代表性的政策进行量化评价（见表 4 - 12）。

表 4 - 12　　　　　　　　　政策工具维度的政策样本

编号	政策名称	发文机关	发布日期
P1	《汽车产业调整振兴和振兴规划（2009 - 2011）》	国务院办公厅	2009 年 3 月 20 日
P2	《关于开展节能与新能源汽车示范推广试点工作的通知》	财政部、科技部	2009 年 1 月 23 日
P3	《新能源汽车生产企业及产品准入管理规定》	工信部	2020 年 7 月 24 日

　　针对所选取的三项政策，采用二进制对多投入产出表的各指标进行赋值，计算 PMC 指数值并进行量化评价，结果如表 4 - 13 和表 4 - 14 所示。

表 4 - 13　　　　　　　　　政策多投入产出表

	X1					X2		
	X1：1	X1：2	X1：3	X1：4	X1：5	X2：1	X2：2	X2：3
P1	0	1	1	1	1	0	0	1
P2	0	0	0	1	1	0	0	0
P3	1	1	1	0	0	1	0	0

	X3					X4					
	X3：1	X3：2	X3：3	X3：4	X3：5	X4：1	X4：2	X4：3	X4：4	X4：5	X4：6
P1	1	1	1	1	1	1	1	1	0	1	1
P2	0	1	1	0	0	0	1	0	0	1	1
P3	1	1	1	1	1	1	1	1	1	1	1

	X5					X6				
	X5：1	X5：2	X5：3	X5：4	X5：5	X6：1	X6：2	X6：3	X6：4	X6：5
P1	1	0	0	0	0	0	1	1	1	1
P2	0	1	0	0	0	1	0	0	0	0
P3	0	1	0	0	0	1	0	0	0	1

续表

	X7					X8			
	X7：1	X7：2	X7：3	X7：4	X7：5	X8：1	X8：2	X8：3	X8：4
P1	1	1	0	1	0	1	1	1	1
P2	0	1	0	0	0	0	1	1	0
P3	0	0	0	1	1	1	1	1	0

	X9				X10
	X9：1	X9：2	X9：3	X9：4	X10
P1	1	1	1	1	1
P2	0	1	0	1	1
P3	1	1	1	1	1

表 4 – 14　　　　　　　　　　PMC 指数汇总及评价

政策	P1	P2	P3	均值
X1：政策性质	0.80	0.40	0.60	0.60
X2：政策时效	0.33	0.33	0.33	0.33
X3：作用层面	1.00	0.40	1.00	0.80
X4：涉及领域	0.83	0.50	0.83	0.72
X5：发布机构	0.20	0.20	0.20	0.20
X6：政策功能	0.80	0.20	0.60	0.53
X7：政策内容	0.60	0.20	0.40	0.40
X8：政策受体	1.00	0.50	0.75	0.75
X9：政策体系	1.00	0.50	1.00	0.83
X10：政策公开	1.00	1.00	1.00	1.00
PMC 指数	7.56	4.23	6.72	6.17
凹陷指数	2.43	5.77	3.28	3.83
评价等级	优秀	不良	良好	良好
排名	1	3	2	—

　　根据三项新能源汽车产业政策的一级变量得分，构建 PMC 曲面如图 4 – 11 所示。

　　结合表 4 – 14 和图 4 – 11 来看，三项政策排序 PMC 排名为 P1、P3、P2，评价等级依次为优秀、良好及不良水平，三项政策的 PMC 均值为 6.17，凹陷指数为 3.83，处于良好水平，表明政策大体上是合理的，但仍有进一步改进的空间。从 X1 ~ X10 的得分均值来看，X3（作用层面）、X4（涉及领域）、X8（政策受

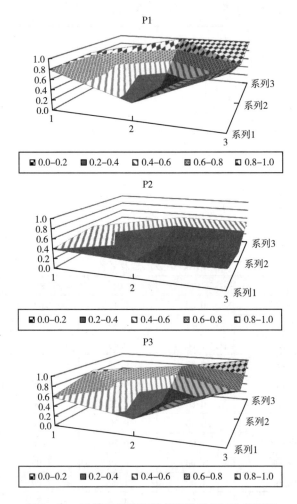

图 4 – 11 政策工具维度效能评价的 PMC 曲面图

资料来源：笔者计算绘制而得。

体）、X9（政策体系）、X10（政策公开）得分均值很高，政策效能较为理想；X1（政策性质）、X6（政策功能）得分均值一般，政策效能尚可；X2（政策时效）、X5（发布机构）、X7（政策内容）得分均值较低，政策效能不太理想。根据 X1～X10 均值的高低，建议改进顺序为：X5 – X2 – X7 – X6 – X1 – X4 – X8 – X3 – X9 – X10。其中，政策性质（X1）得分均值为 0.6，表明我国新能源汽车产业政策性质较为全面；政策时效（X2）得分均值为 0.33，表明我国新能源汽车产业政策时效较为单一；作用层面（X3）与涉及领域（X4）得分均值较高，表明政策在多个层面发挥作用，并且涉及领域较为广泛；政策功能（X6）得分均值为 0.53，表明该政策在一定程度上发挥了作用，包括规范引导、制度保障、产品创新、研发指导和市场信息提供等方面，但仍有进一步完善的空间；政策内容（X7）得分均值为 0.4，表明选取的样本政策涵盖内容较为局限；政策受体（X8）得分均值为 0.75，表明政策针对的对象较为全面，主要涵盖相关部门、相关企业及地方政府；政策体系（X9）得分均值为 0.83，表明政策设计合理，依据充分，目标明确，且符合国情。

　　具体来看，政策 P1 的 PMC 指数为 7.56，凹陷指数为 2.43，处于优秀水平，排名第一，显著高于 PMC 平均值。其中，各项一级变量得分均大于等于平均值，尤其是政策受体（X8）与平均值的差距最大，表明政策 P1 的对象较为全面。政策 P2 的 PMC 指数为 4.23，处于不良水平，凹陷指数为 5.77，属于不可接受的凹陷程度，低于 PMC 的平均值。在该政策的一级变量中，除了政策时效（X3）、发布机构（X5）和政策公开（X10）外，其他变量的得分均低于平均值。因此，需要在这几个方面对政策进行进一步完善。由于作用层面（X8）与均值之间的差异为 0.40，政策功能（X6）和政策体系（X9）与均值之间的差异均为 0.33，因此对该政策的完善应着重从作用层面、政策功能和政策体系这三个方面入手。从作用层面的二级变量来看，P2 应在国家、企业与技术方面进一步完善其作用。政策 P3 的 PMC 指数值为 6.72，处于良好水平；凹陷指数为3.28，属于可接受范围，且略高于 PMC 的平均值。该政策的各项一级变量得分均不低于平均值，其中作用层面与平均值的差距最大。这表明该政策的作用层面较为广泛，涵盖了国家、区域、企业、产业与技术五个层面，说明其制定较为合理。

　　进一步引入政策蛛网图（见图 4 - 12），剖析三项政策评分差距的原因。

　　由图 4 - 12 可知，政策 P1 与 P2 之间存在显著差距，主要体现在政策性质（X1）、作用层面（X3）、涉及领域（X4）、政策功能（X6）、政策内容（X7）、政策受体（X8）和政策体系（X9）这七个变量上。首先，P1 是由国务院发布，P2 则是由财政部和科技部发布，颁布部门不同，政府对产业的介入程度也有差异，P1 的政策力度更高，执行力也更高，因此 P1 必然优于 P2；其次，P2 属于需求型工具，其主要内容是选择部分大中城市作为推广示范试点，并要求地方政府对节能与新能源汽车的购置、配套设施建设及维护保养等相关支出给予适当补助。P2 的作用层面主要集中在试点区域和产业，仅在制度规范方面发挥作

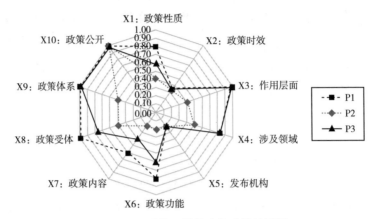

图 4 - 12　政策工具维度的政策蛛网图

资料来源：笔者计算绘制而得。

用。相比之下，政策 P1 为供给型工具，主要涉及对新能源汽车及零部件产业的关键技术开发、改造，以及节能和新能源汽车示范工程的资金支持。P1 的作用层面较为广泛，涵盖国家、区域、产业、企业和技术等多个层面，并且在制度规范、产品创新、技术研发、市场信息等方面都发挥了较为全面的功能。因此，P1 和 P2 在作用层面（X3）和政策功能（X6）的得分存在较大差距。此外，在政策体系方面，P2 仅满足了方案可行、符合国情的要求，缺乏明确的目标和充分的依据；而 P1 则在所有二级变量上都达到了较高标准。

政策 P1 与 P3 之间也存在显著差距，主要体现在政策性质（X1）、政策功能（X6）、政策内容（X7）和政策受体（X8）四个方面。一方面，P3 是环境型工具，其主要内容是降低新能源汽车行业的准入门槛，并对生产企业提出新要求，以有效改善产业环境。P3 的政策功能主要体现在规范引导、制度规范和市场信息三个方面，相对较为单一，不如 P1 全面。在政策受体方面，P1 的受体包括企业、地方政府、相关部门和消费者，而 P3 不针对消费者。另一方面，P1 作为供给型工具，其政策内容主要集中在税收优惠、提供补贴和提供贸易便利等方面；而 P3 作为环境型工具，其政策内容则集中在提供贸易便利和燃料消耗管理等方面。

与政策 P1 类似，政策 P2 与 P3 之间的差距也体现在政策性质（X1）、作用层面（X3）、涉及领域（X4）、政策功能（X6）、政策内容（X7）、政策受体（X8）和政策体系（X9）这七个一级变量上。尽管这两项政策均由国家部委颁发，但 P2 的内容不够全面，涉及领域较为单一，其政策内容主要集中在补贴方面。相比之下，P3 比 P2 多涉及了技术和政治两个领域。

总体而言，尽管新能源产业政策总体处于良好水平，但仍存在一些问题，如政策内容不够完善，未充分考虑充电设施建设，作用层面覆盖不全面，政策功能尚未完全发挥等。其中，作为供给型工具的 P1 和环境型工具的 P3 在政策设计和制定时考虑较为全面，政策目标明确且依据充分，涉及领域多样，作用层面广泛。然而，这两项政策仍有进一步完善的空间，特别是需要加强充电设施建设等。相比之下，政策 P2 的表现不够理想。其作用层面、涉及领域、政策功能和政策体系这四个一级变量都受限于政策本身的性质，存在明显不足。因此，需要增强政策的作用层面和范围，确保其广泛性；扩大涉及领域，涵盖经济、社会、技术、政治、环境等多个方面；完善政策功能，不仅局限于制度规范，还应发挥规范引导、产品创新等多方位作用；同时，明确政策目标和制定依据，以加强政策体系的整体性。此外，政策制定者在制定政策时还需关注政策受体的多样性，避免局限性，从而提高政策评价得分，推动政策的良性运作。

4.4.4　政策变迁的阶段性量化评价

基于新能源汽车产业发展战略规划期、导入期与调整期三阶段时间划分，根据北大法宝资源库对政策的引用量进行排序，分别选取每个阶段引用量排名位列前两位的六项政策进行 PMC 量化评价，以探析新能源汽车产业政策变迁情况（见表 4 - 15）。

表 4 - 15　　　　　　　　　新能源汽车产业阶段性代表政策

编号	政策名称	发文机关	发布日期
P4	《关于汽车工业结构调整意见的通知》	国家发展改革委	2005 年 12 月 16 日
P5	《新能源汽车生产准入管理规则》	国家发展和改革委员会	2007 年 10 月 17 日
P6	《关于继续开展新能源汽车推广应用工作的通知》	财政部、科技部	2013 年 9 月 13 日
P7	《关于加快新能源汽车推广应用的指导意见》	国务院办公厅	2014 年 7 月 14 日
P8	《关于调整新能源汽车推广应用财政补贴政策的通知》	财政部、科技部、工信部、国家发展改革委	2016 年 12 月 29 日
P9	《关于进一步完善新能源汽车推广应用财政补贴政策的通知》	财政部、工信部、科技部、国家发展改革委	2019 年 3 月 26 日

针对所选取的六项政策，采用二进制对多投入产出表的各指标进行赋值，计算 PMC 指数值并进行量化评价，结果如表 4 – 16、表 4 – 17 和图 4 – 13 所示。

表 4 – 16　　　　　　　　　　　　政策多投入产出表

	X1					X2		
	X1：1	X1：2	X1：3	X1：4	X1：5	X2：1	X2：2	X2：3
P4	0	1	1	1	0	0	1	0
P5	0	1	1	1	1	1	0	0
P6	0	1	1	1	1	1	0	0
P7	1	1	1	1	0	0	1	0
P8	1	0	1	0	0	0	0	0
P9	1	1	1	0	0	0	1	0

	X3					X4					
	X3：1	X3：2	X3：3	X3：4	X3：5	X4：1	X4：2	X4：3	X4：4	X4：5	X4：6
P4	1	0	1	1	1	0	0	1	1	1	1
P5	1	1	1	0	0	1	1	1	0	1	1
P6	0	1	1	0	1	0	1	0	0	1	1
P7	1	1	1	0	1	0	1	1	0	1	1
P8	1	0	1	1	1	1	0	0	0	0	0
P9	1	0	1	0	1	1	1	1	1	0	1

	X5					X6				
	X5：1	X5：2	X5：3	X5：4	X5：5	X6：1	X6：2	X6：3	X6：4	X6：5
P4	0	1	0	0	0	1	1	0	1	0
P5	0	1	0	0	0	1	1	0	0	0
P6	0	1	0	0	0	1	1	0	0	0
P7	1	0	0	0	0	1	1	1	0	1
P8	0	1	0	0	0	1	1	0	0	0
P9	0	1	0	0	0	1	1	0	0	0

	X7					X8			
	X7：1	X7：2	X7：3	X7：4	X7：5	X8：1	X8：2	X8：3	X8：4
P4	0	0	0	0	1	1	0	1	0
P5	0	0	0	1	0	1	0	1	0

续表

	X7					X8			
	X7：1	X7：2	X7：3	X7：4	X7：5	X8：1	X8：2	X8：3	X8：4
P6	0	1	0	1	0	0	1	0	1
P7	1	1	1	0	1	1	1	1	1
P8	0	1	0	0	0	1	1	0	0
P9	0	1	1	0	1	1	1	1	0

	X9				X10
	X9：1	X9：2	X9：3	X9：4	X10
P4	1	1	0	1	1
P5	1	1	0	1	1
P6	0	1	0	1	1
P7	0	1	1	1	1
P8	1	1	0	1	1
P9	0	1	0	1	1

表 4 – 17　PMC 指数汇总及评价

政策	P4	P5	P6	P7	P8	P9	均值
X1：政策性质	0.60	0.80	0.80	0.80	0.40	0.60	0.67
X2：政策时效	0.33	0.33	0.33	0.33	0.33	0.33	0.33
X3：作用层面	0.80	0.60	0.60	0.80	0.80	0.60	0.70
X4：涉及领域	0.67	0.83	0.67	0.67	0.33	0.83	0.67
X5：发布机构	0.20	0.20	0.20	0.20	0.20	0.20	0.20
X6：政策功能	0.60	0.40	0.40	0.80	0.40	0.40	0.50
X7：政策内容	0.20	0.20	0.40	0.60	0.20	0.60	0.37
X8：政策受体	0.50	0.50	0.50	1.00	0.50	0.75	0.63
X9：政策体系	0.75	0.75	0.50	0.75	0.75	0.50	0.67
X10：政策公开	1.00	1.00	1.00	1.00	1.00	1.00	1.00
PMC 指数	5.65	5.62	5.40	6.95	4.92	5.82	5.73
凹陷指数	4.35	4.38	4.60	3.05	5.08	4.18	4.28
评价等级	良好	良好	良好	良好	不良	良好	良好
排名	3	4	5	1	6	2	—

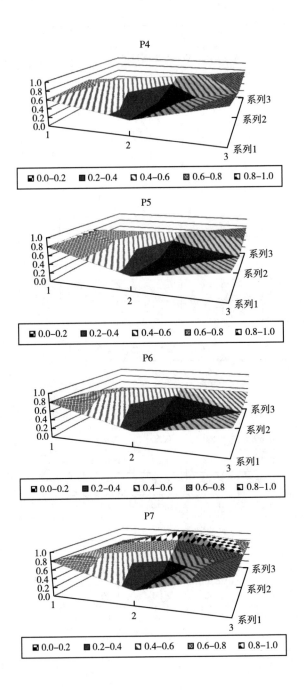

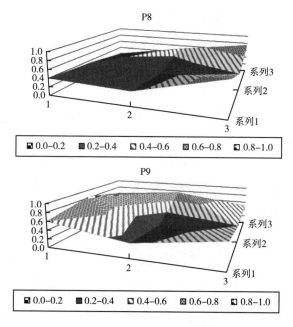

图 4 – 13　分阶段政策 PMC 曲面图

资料来源：笔者计算绘制而得。

量化评价结果表明（见表 4 – 17），在各项政策中，排名从前到后依次是 P7、P9、P4、P5、P6、P8。除了 P8 的政策评价为不良外，其余政策均为良好水平。六项政策的 PMC 均值为 5.73，处于良好水平，凹陷指数为 4.28，是可接受的凹陷水平，说明政策设计整体上是合理的，涉及多个领域，但存在进一步改进的空间。从 X1 ～ X10 的得分均值来看，X1（政策性质）、X3（作用层面）、X4（涉及领域）、X8（政策受体）、X9（政策体系）和 X10（政策公开）的均值较高，整体较为理想；X6（政策功能）的均值处于中等水平，仍有提升空间；而 X2（政策时效）、X5（发布机构）和 X7（政策内容）的均值较低，有待改进。根据 X1 ～ X10 均值的高低，建议改进顺序依次为：X5 – X2 – X7 – X6 – X8 – X1 – X4 – X9 – X3 – X10。具体来看，政策性质（X1）的均值为 0.67，表明我国新能源汽车产业政策性质较为全面；政策时效（X2）的均值为 0.33，表明政策时效性较为单一，需要进一步优化；作用层面（X3）的均值为 0.70，表明政策作用层面较为广泛；涉及领域（X4）的均值为 0.67，表明政策涉及的领域较为多样；发布机构（X5）的均值为 0.20，表明发布机构主要集中在国务院、国家部委、省委市委、省市厅局和区管委会等；政策功能（X6）的得分是0.50，表明政策在多个方面发挥了作用，但功能仍有进一步完善的空间；政策内容（X7）的均值为0.37，表明政策内容较为片面，涉及的内容较为单一，需要进一步丰富；政策受体（X8）的均值为0.63，表明政策针对的受体较为广泛；政策体系（X9）的均值为0.67，表明政策设计较为合理，但仍有进一步完善的空间；政策公开（X10）的均值较高，整体情况较为理想。

具体来看（见表4-17和图4-13），政策P4的PMC指数为5.65，凹陷指数为4.35，整体处于良好水平，排名第三，略低于PMC平均值。其中，政策性质（X1）、政策内容（X7）和政策受体（X8）的得分略低于平均值，其余变量得分均大于等于平均值。特别是政策内容（X7）与平均值的差距最大，表明P4的政策涉及内容较为单一，不够全面。因此，建议首先着重完善政策内容。

政策P5的PMC指数得分为5.62，排名第四，处于良好水平；凹陷指数为4.38，属于可接受的范围。在该政策的一级变量中，作用层面（X3）、政策功能（X6）、政策内容（X7）和政策受体（X8）的得分均低于平均值，建议在这几个方面对政策进行进一步完善。尤其是政策内容和政策受体与平均水平存在较大差距，该政策设计内容片面，针对的对象局限在企业与相关部门，要优先从这两个方面进行完善。

政策P6的PMC指数为5.4，处于良好水平；凹陷指数为4.6，属于可接受范围，排名第五，低于PMC平均值。在该政策的一级变量中，作用层面（X3）、政策功能（X6）、政策受体（X8）和政策体系（X9）的得分均低于平均值，其中政策体系（X9）与平均值的差距最大，表明该政策在体系设计方面存在不足，未能全方位考虑。根据各一级变量与平均值的差值，建议按照X9-X8-X3-X6的顺序进行改进。

政策P7的PMC指数为6.95，处于良好水平；凹陷指数为3.05，属于可接受范围，排名第一，显著高于PMC平均值。该政策在制定时全面考虑了各个维度，各项一级变量得分均不低于平均值，总体表现较为良好。

政策P8的PMC指数为4.92，处于不良水平；凹陷指数为5.08，属于不可接受范围，排名第六，显著低于PMC平均值。该政策在政策性质（X1）、涉及领域（X4）、政策功能（X6）、政策内容（X7）和政策受体（X8）等一级变量上的得分均低于平均水平，表明该政策较为局限，涉及领域单一。根据各变量与平均值的差值，建议按照 X4 - X1 - X8 - X7 - X6 的顺序对政策进行完善。

政策 P9 的 PMC 指数为 5.73，凹陷指数为 4.28，处于良好水平，排名第二，略高于 PMC 平均值。在该政策的各项一级变量中，作用层面（X3）、政策功能（X6）和政策体系（X9）的得分均低于平均值。其中，政策体系（X9）与平均值的差距最大，表明该政策体系不够完善，存在明显欠缺，需要重点优化。根据差值排序，建议按 X9 - X3 - X6 的顺序进行改进。

结合蛛网图（见图 4 - 14），将得分最高的政策 P7 与得分最低的政策 P8 进行对比分析，剖析两项政策优劣的主要原因。政策 P7 与政策 P8 在 PMC 指数上存在差距，主要原因在于 P7 在政策性质（X1）、涉及领域（X4）、政策功能（X6）、政策内容（X7）、政策受体（X8）等维度的得分均显著高于 P8。首先，P7 由国务院颁布，而 P8 由国家部委颁布，这使得 P7 在政策力度上显著高于 P8。其次，在政策性质方面，P7 涵盖监管、描述、识别和导向等多方面内容，而 P8 的性质较为单一，仅涉及监管和识别。再次，在政策功能方面，P8 主要发挥规范引导和制度规范的作用，而 P7 在此基础上还促进了产品创新和技术研发。在政策内容方面，P7 包括税收优惠、提供补贴、充电设施建设以及燃料消耗管理等多项内容，而 P8 的内容较为单一，仅涉及提供补贴。在涉及领域方面，P8 主要涵盖社会与技术两个领域，而 P7 更为全面，比 P8 多出两个领域。最后，在政策功能方面，P8 仅发挥规范引导与制度规范的功能，而 P7 不仅具备这些功能，还能推动产品创新和提供市场信息。

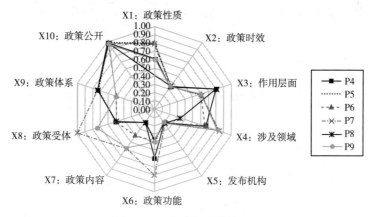

图 4 - 14　分阶段政策蛛网图

资料来源：笔者计算绘制而得。

总体来看，战略规划期的政策在政策功能与政策内容方面存在一定局限性。未来应注重优化政策功能，除了发挥规范引导和制度规范的作用外，还需拓展至产品创新、技术研发和市场信息等领域，同时进一步完善政策涉及的内容。导入期的政策设计较为合理，政策性质较为全面，作用层面多样。未来可在政策体系方面进一步改进，确保政策内容翔实、依据充分。调整期的政策在功能方面有进一步优化的空间。目前选取的样本政策主要发挥了规范引导和制度规范的作用，未来可以通过完善优化，进一步发挥产品创新、研发指导和市场信息等功能。此外，还可扩大政策覆盖范围，优化涉及政治领域的相关内容。在政策性质方面，除了监管、描述与识别，还可以增加导向与试验的性质。在政策内容上，需要进一步完善税收优惠和提供贸易便利的相关条款，以提高政策的综合评价和实施效能。

4.4.5　创新价值链政策效能评价

基于"政策工具—创新价值链"二维框架，结合政策引用量，从每个维度各选取一项典型代表政策样本进行效能评价，政策样本列示如表4-18所示。

表4-18　　　　　　　　　"政策工具—创新价值链"政策样本

政策工具	创新价值链	编号	政策名称	发文机关
供给型	技术研发	P1	《关于印发〈中国制造2025〉的通知》	国务院
	产业化	P2	《汽车产业调整振兴与规划》	国务院办公厅
	市场化	P3	《关于完善城市公交车成品油价格补助政策加快新能源汽车推广应用的通知》	财政部、工信部、交通运输部
需求型	技术研发	P4	《电动汽车动力蓄电池回收利用技术政策》	国家发展改革委、工信部、环境保护部、商务部、国家质量监督检验检疫总局
	产业化	P5	《关于进一步完善新能源汽车推广应用财政补贴政策的通知》	财政部、工信部、科技部、发展改革委
	市场化	P6	《关于加快居民区电动汽车充电基础设施建设的通知》	国家发展改革委、国家能源局、工信部、住房城乡建设部

续表

政策工具	创新价值链	编号	政策名称	发文机关
环境型	技术研发	P7	《汽车产业发展政策》	国家发展改革委
	产业化	P8	《新能源汽车生产企业及产品准入管理规定》	工信部
	市场化	P9	《关于调整完善新能源汽车推广应用财政补贴政策的通知》	财政部、工信部、科技部、发展改革委

针对所选取的九项政策，采用二进制对多投入产出表的各指标进行赋值，计算 PMC 指数值并进行量化评价，结果如表 4 - 19 和表 4 - 20 所示。

表 4 - 19　　　　　　　　　　政策多投入产出表

	X1					X2			X3				
	X1;1	X1;2	X1;3	X1;4	X1;5	X2;1	X2;2	X2;3	X3;1	X3;2	X3;3	X3;4	X3;5
P1	0	1	0	1	0	1	0	0	1	0	1	0	1
P2	0	0	0	1	1	0	0	0	1	1	1	1	1
P3	1	1	0	1	0	0	1	0	1	1	1	1	0
P4	0	1	0	1	0	1	0	0	1	0	1	1	1
P5	1	1	0	1	1	0	1	0	1	0	1	1	0
P6	1	1	0	1	0	0	0	0	1	1	1	0	0
P7	0	1	0	1	0	1	0	0	1	0	1	1	1
P8	1	1	1	0	0	1	0	0	1	1	1	1	1
P9	1	1	0	0	0	0	1	0	1	1	1	1	1

	X4						X5					X6				
	X4;1	X4;2	X4;3	X4;4	X4;5	X4;6	X5;1	X5;2	X5;3	X5;4	X5;5	X6;1	X6;2	X6;3	X6;4	X6;5
P1	0	1	1	0	0	1	1	0	0	0	0	1	0	1	1	0
P2	1	1	1	0	1	1	0	0	0	0	0	0	1	1	1	1
P3	1	1	0	1	1	1	0	1	0	0	0	1	1	0	0	0
P4	1	1	1	1	0	1	0	1	0	0	0	1	1	0	1	0
P5	1	1	1	0	1	1	1	1	0	0	0	0	1	0	0	0
P6	1	1	0	1	0	1	0	1	0	0	0	1	1	0	0	0
P7	0	1	1	0	1	1	0	0	0	0	0	0	0	1	1	0
P8	0	1	1	0	0	0	0	1	0	0	0	1	1	0	0	1
P9	1	1	1	1	1	1	0	1	0	0	0	1	1	1	0	0

续表

	X7					X8				X9				X10
	X7:1	X7:2	X7:3	X7:4	X7:5	X8:1	X8:2	X8:3	X8:4	X9:1	X9:2	X9:3	X9:4	X10
P1	0	0	0	0	1	0	1	1	0	1	1	0	1	1
P2	1	1	0	1	0	1	1	1	1	1	1	1	1	1
P3	0	1	0	0	1	1	1	1	0	1	1	1	1	1
P4	0	0	1	1	0	1	0	1	1	1	1	1	1	1
P5	0	1	0	0	0	1	1	0	0	1	1	1	1	1
P6	0	1	1	0	0	1	1	1	0	1	1	1	1	1
P7	0	0	0	1	0	1	0	0	1	1	1	1	1	1
P8	0	0	0	1	1	1	1	1	1	1	1	1	1	1
P9	0	1	0	1	1	1	1	1	1	1	1	1	1	1

表4-20　　　　　　　　　　　PMC指数值及评价等级

政策	P1	P2	P3	P4	P5	P6	P7	P8	P9	均值
X1：政策性质	0.40	0.80	0.60	0.40	0.80	0.60	0.40	0.60	0.40	0.56
X2：政策时效	0.33	0.33	0.33	0.33	0.33	0.33	0.33	0.33	0.33	0.33
X3：作用层面	0.60	1.00	0.80	0.80	0.60	0.60	0.80	1.00	1.00	0.80
X4：涉及领域	0.50	0.83	0.83	0.83	0.83	0.67	0.67	0.83	1.00	0.78
X5：发布机构	0.20	0.20	0.20	0.20	0.20	0.20	0.20	0.20	0.20	0.20
X6：政策功能	0.60	0.80	0.40	0.60	0.40	0.40	0.40	0.60	0.60	0.53
X7：政策内容	0.20	0.60	0.40	0.40	0.20	0.40	0.20	0.40	0.60	0.38
X8：政策受体	0.50	1.00	0.75	0.75	0.50	0.75	0.25	0.75	1.00	0.69
X9：政策体系	0.75	1.00	1.00	1.00	1.00	1.00	1.00	1.00	1.00	0.97
X10：政策公开	1.00	1.00	1.00	1.00	1.00	1.00	1.00	1.00	1.00	1.00
PMC指数	5.08	7.57	6.32	6.32	5.87	5.95	5.25	6.72	7.13	6.24
凹陷指数	4.92	2.43	3.68	3.68	4.13	4.05	4.75	3.28	2.87	3.76
评价等级	良好	优秀	良好	良好	良好	良好	良好	良好	优秀	良好
排名	9	1	4	4	7	6	8	3	2	—

进一步绘制 PMC 曲面如图 4 - 15 所示。

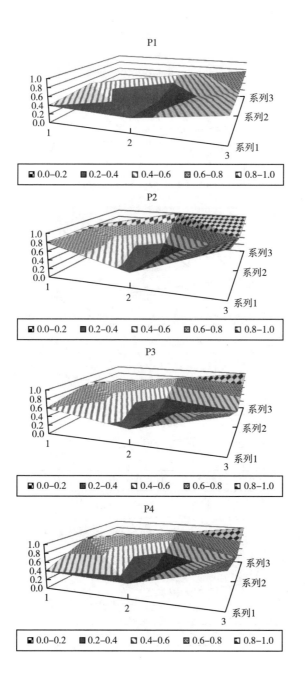

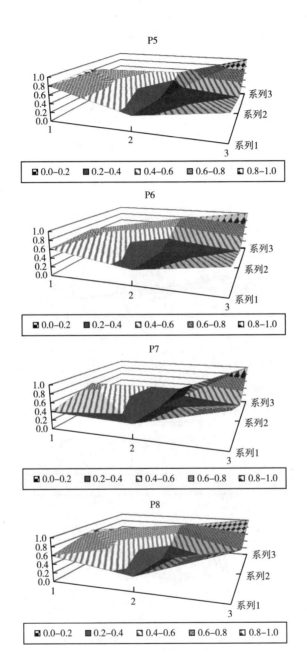

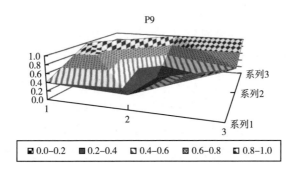

图 4 – 15　"政策工具—创新价值链"政策 PMC 曲面图

资料来源：笔者计算绘制而得。

从宏观角度来看（见表 4 – 20），各项政策 PMC 值从高到低排序依次为 P2、P9、P8、P3、P4、P6、P5、P7、P1。其中，P2 和 P9 的政策评价达到了优秀等级，而 P8、P3、P4、P6、P5、P7、P1 的政策评价处于良好水平。九项政策的 PMC 均值为 6.24，凹陷指数为 3.76，整体处于良好水平。这表明政策总体上是合理的，但仍有进一步优化的空间。从 X1 至 X10 的得分均值来看，作用层面（X3）、涉及领域（X4）、政策体系（X9）和政策公开（X10）的均值较高，表现较为理想；政策性质（X1）、政策功能（X6）和政策受体（X8）的均值处于中等水平，仍有提升空间；而政策时效（X2）、发布机构（X5）和政策内容（X7）的均值较低，需要重点关注和改进。根据 X1 ~ X10 均值的高低，建议的改进顺序为：X5 – X2 – X7 – X6 – X1 – X8 – X4 – X3 – X9 – X10。具体来看，政策性质（X1）的均值为 0.56，表明我国新能源汽车产业政策在性质上覆盖面较广；政策时效（X2）的均值为 0.33，反映出政策在时效性方面显得较为单一；作用层面（X3）与涉及领域（X4）的均值较高，说明政策在多个层面发挥作用，并且涉及领域很广泛；政策功能（X6）的均值为 0.53，说明政策在一定程度上发挥了功能，但存在进一步完善的空间；政策内容（X7）的均值为 0.38，表明选取的样本政策涵盖内容比较局限；政策受体（X8）的均值为 0.69，说明政策针对的对象比较全面，主要为相关部门、相关企业与地方政府；政策体系（X9）的均值为 0.97，体现了政策设计合理、依据充分且目标明确的特点。

结合 PMC 曲面图（见图 4 – 15），从微观角度剖析九项政策，政策 P1 的

PMC 指数为 5.08，凹陷指数为 4.92，整体处于良好水平，排名第 9。在该政策的一级变量中，除了政策时效（X2）、发布机构（X5）、政策功能（X6）和政策公开（X10）外，其余变量得分均低于平均值。因此，建议从这几个方面对政策进行进一步完善。其中，涉及领域（X4）与平均值的差距最大，为 0.28；作用层面（X8）与平均值的差距为 0.19。因此，应优先从涉及领域和作用层面入手进行改进。从涉及领域与作用层面的二级变量来看，P1 的涉及领域主要集中在社会与技术方面，作用层面主要集中在地方政府与部委，比较局限，需要进一步拓展。

政策 P2 的 PMC 指数得分为 7.57，凹陷指数得分为 2.43，处于优秀水平，排名第一，显著高于 PMC 平均值。该政策各项一级变量得分均大于等于平均值，尤其是政策受体 X8 与均值相差最大，表明 P1 的政策针对对象非常全面，政策制定合理。

政策 P3 的 PMC 指数为 6.32，处于良好水平；凹陷指数为 3.68，属于可接受范围，排名第 4。在该政策的一级变量中，除政策功能（X6）外，其他变量得分均不低于平均值。因此，建议从政策功能方面入手，对该政策进行进一步完善。

政策 P4 的 PMC 指数得分与政策 P3 相同为 6.32，处于良好水平，略高于 PMC 指数得分均值。该政策在政策性质（X1）的一级变量得分略低于平均水平，说明该政策设计时在政策性质方面有所欠缺，建议首先改善政策性质方面。

政策 P5 的 PMC 指数得分为 5.87，处于良好水平，凹陷指数得分为 4.13，处于可接受的程度，排名第 7，低于 PMC 指数得分平均值。该政策的一级变量中作用层面（X3）、政策功能（X6）、政策内容（X7）、政策受体（X8）均低于平均水平，应在这几个方面对政策进一步完善。尤其是作用层面和政策受体与平均水平有较大差距，需要优先从这两个方面进行完善。

政策 P6 的 PMC 指数得分为 5.95，略高于政策 P5，凹陷指数得分为 4.05，处于良好水平。该政策在作用层面（X3）、涉及领域（X4）、政策功能（X6）的一级变量得分均低于平均值，其中作用层面得分与均值相差最大，说明该政策的作用层面比较局限。根据一级变量与均值的差值，建议改进顺序为 X3 – X6 – X4。

政策 P7 的 PMC 指数为 5.25，处于良好水平；凹陷指数为 4.75，属于可接受范围,排名第 8。在该政策的一级变量中,政策性质(X1)和涉及领域(X4)的得分低于平均值,需要在这几个方面对政策进行进一步完善。其中,作用层面(X8)与平均值的差距最大,为 0.44。因此,建议从作用层面入手,优先进行完善。根据各变量与平均值的差值排序,建议的完善顺序为:X8 – X7 – X1 – X6 – X4。

政策 P8 的 PMC 指数得分为 6.72,处于良好水平,凹陷指数得分为 3.28,排名第 3。该政策的一级变量得分均高于平均水平,该政策在制定时考虑全面,涉及各个维度,总体来看较为良好。

政策 P9 的 PMC 指数得分为 7.13,凹陷指数得分为 2.87,处于优秀水平,排名第 2,显著高于 PMC 指数均值。但该政策在政策性质(X1)方面比较局限,一级变量得分低于平均水平,有待进一步改进。

进一步绘制政策蛛网图,对比供给端、需求端、环境端三类政策工具作用于新能源汽车产业创新价值链各环节的效能差距及其原因,结果如图 4 – 16所示。

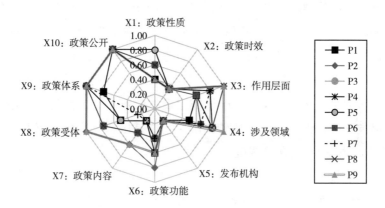

图 4 – 16　政策蛛网图

资料来源:笔者计算绘制而得。

结合蛛网图(见图 4 – 16),首先比较供给型工具 P1、P2、P3,这三项政策排名差异较大,P1 位于第九,P2 位于第一。在一级变量中,政策 P1 在政策性质(X1)、作用层面(X3)、涉及领域(X4)、政策功能(X6)、政策内容(X7)、政策受体(X8)、政策体系(X9)的得分均低于政策 P2。其中,P1 为"供给型—技术研发"维度政策,主要是支持电动汽车、燃料电池汽车发展，掌握汽车核心技术，提升核心技术的工程化和产业化能力，形成从关键零部件到整车的完整工业体系和创新体系，作用层面主要是国家、产业与技术，涉及的主要是社会与技术领域；P2 是"供给型—产业化"维度政策，主要是制定支持汽车企业重组的政策措施，支持汽车生产企业通过兼并重组整合产品资源，开发新产品，作用层面比较广泛，涵盖了国家、区域、产业、企业和技术，涉及经济、社会、技术、环境等多个领域，因此 P2 在政策内容、作用层面、涉及领域得分均高于 P1；P3 作为"供给型—市场化"维度政策，主要是通过完善城市公交车成品油价格补助政策，进一步加快新能源公交车替代燃油公交车步伐，该政策涉及经济、社会、政治、环境等多个领域，目标明确，有充分依据，不过其政策功能较为单一，主要起到规范的作用。

其次，比较需求型工具 P4、P5、P6。该三项政策排名分别为第四位、第六位和第七位，相对集中。其中，P4 为"需求性—技术研发"维度政策，是关于电动汽车动力蓄电池回收利用技术政策，主要起到规范引导、制度规范和研发指导的作用，作用于国家、产业、企业与技术层面，但政策性质较为单一，仅为描述与导向；P5 作为"需求性—产业化"维度政策，则是关于进一步完善新能源汽车推广应用财政补贴政策的通知，其政策性质全面，包括监管、描述、导向与试验，功能是规范引导与制度规范，作用层面也较为单一，仅涵盖国家、产业与企业；P6 为"需求性—市场化"维度的政策，是关于在居民区加快电动汽车充电基础设施建设的政策工具，为市场化环节的公共服务提供支持，作用层面也比较局限，主要是国家、区域与产业，政策功能也主要是规范引导与制度规范。

最后，比较环境型工具 P7、P8、P9。在这三项政策中，P7 排名第八，P8、P9 位于第三和第二，其中 P9 处于优秀水平。通过对比可以发现，P7 在涉及领域与政策受体两方面与 P8、P9 相差较大。P7 为"环境型—技术研发"维度政策，内容主要是鼓励汽车生产企业开发生产新型燃料汽车，汽车产业要结合国家能源结构调整战略和排放标准的要求，积极开展电动汽车等新型动力的研究和产业化，其涉及领域主要是社会与技术，政策受体也较为局限，主要作用于相关企业；P8 为"环境型—产业化"维度政策，主要是营造良好的新能源汽车发展环境的规范制度，政策受体更全面，作用于企业、地方政府以及相关部门，涉及领域也更为广泛，涵盖了社会、技术、政治、环境等多个领域；P9 属于"环境型—市场化"维度政策，主要是在市场化环节发挥金融支持与制度规范的作用，其涉及经济、政治、社会、技术、环境等多学科，政策作用范围也更全面，包括企业、地方政府、相关部门与消费者。因此，P8、P9 的 PMC 指数得分显著高于 P7。

综合上述的政策效能多维度量化评价结果，综合考察我国新能源汽车产业政策特征可以发现：从政策工具角度看，环境型工具政策效能最优，其次是供给型工具，需求型工具的政策效能最弱；从创新价值链角度看，产业化环节的政策效能最优，市场化环节的政策效能次之，但技术研发环节的政策效能有待加强与完善。

第5章 新能源汽车产业政策工具实施效果及地域异质性测度

为驱动新能源汽车产业快速发展，中国政府从供给、需求及环境端实施了一系列强有力的政策工具，各地方政府也陆续出台了不同强度的扶持政策。在各类政策的刺激下，中国新能源汽车产销规模在短期内迅速扩大，但创新价值链核心技术缺乏的问题仍十分突出。在政府干预的手段中，通常认为科技支持、研发补贴、税收减免等供给端及环境端政策有利于促进企业研发创新，而政府采购、购置补贴等需求端政策工具则是新能源汽车购买的主要动力。准确量化评估不同政策工具对新能源汽车创新价值链不同阶段的促进效果，不仅能为中国政府在后补贴时代的产业支持政策体系调整和优化提供理论依据，而且有利于推进我国新能源汽车发展由补贴驱动向市场驱动转变，实现新能源汽车产业的持续健康发展。此外，虽然新能源汽车已在全国范围内推广开来，但省域及地区之间的扶持政策实施力度及推广效果差异明显。为此，基于"政策工具—创新价值链"二维框架，构建多时点DID模型，分析创新价值链视角下新能源汽车产业政策的实施效果；进一步，基于中国省域新能源汽车销量的面板数据，构建固定效应面板模型，探究扶持政策效果的地域异质性及其差异成因。

5.1 方法原理与模型设计

5.1.1 多时点双重差分模型

双重差分（difference in difference，DID）模型通过计算受到政策冲击的

"处理组"与未受到政策冲击的"对照组"的平均变化差异来测度政策效应。DID 模型要求样本处理组与对照组满足共同趋势假设，即在政策干预前，处理组与对照组样本相关指标变量的变化不会随着时间推移而发生系统性差异，但现实中由于政策选择往往不具备完全随机性，即存在选择性偏误，并且不同个体间的发展水平各异，该假设往往难以得到满足。因此，需要引入倾向得分匹配（propensity score matching，PSM）模型，它能够通过计算各样本倾向得分匹配出具有相似特征的个体，降低样本的选择性偏差，在此基础上构建 DID 模型测度政策实施的净效应。PSM – DID 模型的建模原理如下：

5.1.1.1　倾向得分匹配模型（PSM）

在 PSM 模型中，首先应当尽可能找到处理组（treat = 1）与对照组（treat = 0）之间存在差异的变量，组成匹配变量集，即为 $x = (x_1, x_2, \cdots, x_n)$，然后以政策虚拟变量 treat 作为被解释变量，基于匹配变量集进行参数回归，常见的参数回归方法为 Logit 回归，具体如式（5.1）所示：

$$Logit(treat) = x'\beta + \varepsilon \tag{5.1}$$

通过式（5.1）拟合回归估计系数矩阵 $\hat{\beta}$，并通过式（5.2）即可计算出 ps_i 值，即政策选择样本的倾向性得分：

$$ps_i = Pr(treat = 1 \mid x_i) = \frac{\exp(x'\beta)}{1 + \exp(x'\beta)} \tag{5.2}$$

其中，x_i 为个体 i 的匹配变量集，式（5.2）可以将多维度匹配变量拟合成值域为 $[0, 1]$ 的 ps_i 值，即个体 i 进入处理组的概率。通过 ps_i 值将处理组与对照组进行倾向得分匹配，在 PSM 模型满足共同支撑假设与平衡性假设检验（即消除样本选择性偏误）的条件下，构建 DID 模型即可识别出政策净效应（李卫兵，2020）。

5.1.1.2　双重差分模型（DID）

新能源汽车产业创新价值链的发展水平不仅受到政策因素影响，同时也会受到宏观经济或市场等随时间变化的指标所影响。DID 模型构造核心解释变量对政策效应与时间效应进行分离，其原理如表 5 – 1 所示。

表 5 –1　　　　　　　　　　　　DID 模型原理解析

项目	政策前	政策后	Difference
处理组 （Treatment）	$E(Y_{0t})$	$E(Y_{1t})$	$\Delta Y_t = E(Y_{1t}) - E(Y_{0t})$
对照组 （Control）	$E(Y_{0c})$	$E(Y_{1c})$	$\Delta Y_c = E(Y_{1c}) - E(Y_{0c})$
Difference			$\Delta\Delta Y = \Delta Y_t - \Delta Y_c$

如表 5 – 1 所示，设 Y 为政策所影响的相关指标，政策实施前，对照组与处理组指标发展水平分别为 $E(Y_{0c})$ 与 $E(Y_{0t})$，政策实施后，对照组与处理组指标发展水平分别变化为 $E(Y_{1c})$ 与 $E(Y_{1t})$，故 $\Delta Y_t = E(Y_{1t}) - E(Y_{0t})$ 即为政策实施前后处理组指标变化情况，其中 ΔY_t 同时包含政策效应与时间效应。为得到政策净效应，需要引入对照组对 ΔY_t 中所包含的时间效应进行剔除，$\Delta Y_c = E(Y_{1c}) - E(Y_{0c})$ 为对照组指标随时间推移变化情况，即 ΔY_c 仅包含时间效应。$\Delta\Delta Y$ 为 ΔY_t 与 ΔY_c 差值，即代表剔除时间效应后所得到的政策净效应。

鉴于我国于 2009 年起正式开展新能源汽车示范推广试点工作，提出"十城千辆"计划，选择部分大中城市成为首批推广示范试点，因此选取入选"十城千辆"计划的 25 个试点城市作为样本进行分析。同时，由于全国新能源汽车推广是分时点、分地区逐步推进的，而采用基本 DID 模型只能研究单一时点上的新能源汽车推广政策，因此参考奥特（Autor，2003）、伯特兰德和穆来纳森（Bertrand & Mullainathan，2003）的研究方法，构建多时点 DID 模型，将 2007 ~ 2021 年受到政策冲击的城市作为处理组，未受到政策冲击的城市作为对照组，基于全样本构建如下多时点 DID 模型：

$$Y_{it} = \alpha_0 + \alpha_1 treat_i + \alpha_2 P_t + \alpha_3 treat_i \times P_t + \gamma_i' Cons_i + \varepsilon_{it} \tag{5.3}$$

其中，被解释变量 Y_{it} 为个体 i 在第 t 期的被解释变量值。核心解释变量包括政策虚拟变量 $treat_i$、时间虚拟变量 P_t、政策虚拟变量和时间虚拟变量的交互项 $treat_i \times P_t$，交互项估计系数 α_3 为政策实施所带来的净效应测度，$\gamma_i' Cons_i$ 为协变量部分。

5.1.2 全局莫兰（Moran's）指数

全局莫兰指数（Moran's）常用于检验某变量在整个空间内是否存在聚集性，具体公式如下：

$$I = \frac{n}{S_0} \frac{\sum_{i=1}^{n} \sum_{j=1}^{n} w_{i,j} d_i d_j}{\sum_{i=1}^{n} d_i^2} \tag{5.4}$$

其中，n 为省份总数，$w_{i,j}$ 为省份 i 和 j 之间的空间权重，本节中取相邻省份间权重为 1，不相邻则为 0，S_0 为所有空间权重 $w_{i,j}$ 之和：

$$S_0 = \sum_{i=1}^{n} \sum_{j=1}^{n} w_{i,j} \tag{5.5}$$

d_i 为第 i 个省份的政策数量 x_i 与所有省份的平均值 $\bar{x}$ 的差值，即：

$$d_i = x_i - \bar{x} \tag{5.6}$$

莫兰指数的显著性检验通常采用 z 检验，可通过下式得出：

$$Z = \frac{I - E(I)}{\sqrt{VAR(I)}} \tag{5.7}$$

通过全局莫兰指数得到的结果只能表明整个空间内的相互依赖程度，但并不能指出具体哪些区域存在聚集性，同时存在某些区域单元掩盖了其他区域情况的潜在问题。因此，为了具体分析省份间的新能源汽车产业政策数量自相关性，还需采用局部莫兰指数进行分析，计算公式如下：

$$I_i = \frac{n^2 d_i \sum_{j=1}^{n} w_{i,j} d_j}{\sum_{j=1}^{n} d_j^2} \tag{5.8}$$

其中，各指标含义与局部莫兰指数的检验同全局莫兰指数。莫兰指数的取值介于 ［-1, 1］ 之间，其正负性表示正相关与负相关，即当 Moran's I 的取值大于 0 时，表示省份间高值与高值集聚，低值与低值集聚；当 Moran's I 的取值小于 0 时，表示省份间高—低集聚。而绝对值越大，就表明集聚程度越大。若莫兰指数等于 0，则表示变量在空间上并不存在集聚效应。

5.1.3　面板数据模型

面板数据模型包含横截面和时点信息，能综合考虑不同时点各截面的个体效应、时间效应及回归系数在个体与时间上的效应差异，面板数据模型可分为混合估计模型、固定效应模型及随机效应模型。

（1）混合估计模型。

混合模型的特点是不管从横截面还是纵截面看，个体之间、个体在不同时点之间不存在显著差异时，才能将面板数据合并用普通最小二乘法估计回归参数，此时得到的线性回归模型为：

$$Y_{tp} = \alpha + X_{tp}\beta + \varepsilon_{tp}, i = 1, 2, \cdots, N; p = 1, 2, \cdots, T \qquad (5.9)$$

其中，Y_{tp} 为 $T \times 1$ 向量，X_{tp} 为 $T \times k$ 向量，β 为 $k \times 1$ 向量，α 为截距项，ε_{tp} 为随机误差扰动项。假定 $E(\varepsilon_{tp}) = 0$，且 ε_{tp} 与 X_{tp} 不相关。

（2）只考虑个体效应的固定效应或随机效应模型。

$$Y_{tp} = \alpha_0 + \alpha_t + X_{tp}\beta + \varepsilon_{tp} = u_i + X_{tp}\beta + \varepsilon_{tp}, i = 1, 2, \cdots, N; p = 1, 2, \cdots, T$$
$$(5.10)$$

其中，$u_i = \alpha_0 + \alpha_t$，$E(\alpha_t) = 0$，$E(u_i) = \alpha_0$，且 u_i 和 α_t 同分布。其中，α_t 为不同个体的影响，α_t 与解释变量相关，但与扰动项 ε_{tp} 不相关。根据实际问题不同，既可以设定为固定效应模型，也可以设定为随机效应模型。

（3）只考虑时点效应的固定效应或随机效应模型。

$$Y_{tp} = \alpha_0 + \lambda_t + X_{tp}\beta + \varepsilon_{tp}, i = 1, 2, \cdots, N; p = 1, 2, \cdots, T \qquad (5.11)$$

其中，λ_t 为不同时点的影响。同样可以设定为固定效应模型或随机效应模型。

（4）同时考虑个体和时点双效应的固定效应或随机效应模型。

$$Y_{tp} = \alpha_0 + \alpha_t + \lambda_t + X_{tp}\beta + \varepsilon_{tp}, i = 1, 2, \cdots, N; p = 1, 2, \cdots, T \qquad (5.12)$$

其中，α_0 为公共的截距项，α_t 和 λ_t 分别表示的是个体影响和时间影响，同样可以设定为固定效应模型或随机效应模型。

三类模型的选择通常可采用 F 检验和 Hausman 检验进行判断。首先，检验个体间的截距项差异是否显著，常用的检验方法是 F 检验。F 检验的原假设是不同横截面模型的截距项一致。若检验结果拒绝原假设，则表明个体间截距项存在显著差异，模型应该考虑固定效应，反之，混合回归模型更加合适。其次，检验面板数据模型中是否存在个体固定效应，常用的方法是 Hausman 检验，Hausman 的原假设为个体效应与回归变量无关，即采用普通最小二乘法估计固定效应模型和采用广义最小二乘法估计随机效应模型得到的估计参数 $\hat{\beta}_1$ 和 $\hat{\beta}_2$ 是无偏且一致的。若检验结果拒绝原假设，则选择固定效应模型，反之，选择随机效应模型。

5.2　创新价值链政策效果 PSM – DID 模型构建与分析

5.2.1　变量选取与数据处理

5.2.1.1　变量选取

结合新能源汽车产业特征与前文研究结论，分别对供给端、环境端、需求端政策以及创新价值链各环节发展水平衡量指标进行识别定义。

（1）被解释变量：创新价值链技术研发、产业化、市场化三个环节的新能源汽车产业发展水平。其中，技术研发环节代表创新技术的产生，而专利则是最直接的创新技术产出指标，它作为一种有价值的信息来源，被认为可以作为新能源汽车技术发展的指标（薛晓珊等，2021），因此以新能源汽车注册企业专利数量作为技术研发环节发展水平的衡量指标；产业化方面，汽车企业是中国新能源汽车技术攻关的生力军、产业化发展的关键推手（朱绍鹏等，2013），我国当前新能源汽车主要以企业为生产单位，因此以地区新能源汽车注册企业数作为衡量产业化发展水平衡量指标；市场化环节，充电基础设施的发展是影响消费者对新能源汽车接受程度的因素之一（王燕妮，

2017），是新能源汽车应用过程中的重要配套设施，对新能源汽车市场化发展具有重要拉动作用，因此引入地区新能源汽车充电桩保有量衡量市场化发展水平。

（2）解释变量：政策虚拟变量、时间虚拟变量及其交互项。借鉴罗斯韦尔和泽格维尔德（1985）的分类方法，将技术创新政策工具划分为供给端、环境端、需求端三类。若该城市在时间窗口内受到供给端政策的冲击，则 $treat_1$ 赋值为 1，否则为 0；受到环境端政策的冲击，则 $treat_2$ 赋值为 1，否则为 0；受到需求端政策的冲击，则 $treat_3$ 赋值为 1，否则为 0。以 2007～2021 年为政策的时间窗口，对受到政策冲击的城市在冲击当年及以后 P_t 赋值为 1，否则为 0。

（3）控制变量：从供给、环境与需求三个角度选取协变量。供给方面，新能源作为国家定位的战略性新兴产业之一，政府财政投入是最为直接的扶持方式，因此以经济发展水平与政府规模衡量政府对产业的直接支持能力；同时，人力资源供给是产业发展必不可少的因素之一，选取劳动力成本与教育水平两个指标衡量人力资源供给能力。环境方面，新能源汽车作为工业制造业之一，地区工业产值水平与劳动力结构体现了产业结构的高级化程度（胡兆廉等，2020），能够为产业提供良好的发展环境，因此选取工业化水平与劳动力结构两个指标衡量产业发展环境的合理性。需求方面，当前我国新能源汽车具有排放量小、驱动效率高与续航里程短等特点，适用于城区短途交通，基于这些特点消费者或相关单位在购置时会充分考虑所在地区交通情况，因此选取交通便利程度作为衡量需求水平的指标。通过对现有相关研究进行梳理并结合新能源汽车产业特征，最终选取经济发展水平、政府规模、工业化水平、劳动力成本、劳动力结构、教育水平、交通便利程度作为 PSM 模型协变量。相关变量及说明如表 5－2 所示。

表 5－2   主要变量及说明

变量类型	变量名称	变量代码	变量定义及计算方法
被解释变量	研发水平	lnpatent	地区新能源汽车企业专利数量取对数
	产业化水平	lnenterprise	地区新能源汽车企业数量取对数
	市场化水平	lncharge	地区新能源汽车充电桩保有量取对数

续表

变量类型	变量名称	变量代码	变量定义及计算方法
解释变量	供给端政策	treat₁	若该城市实施了供给端政策，则treat₁赋值为1，否则为0
	环境端政策	treat₂	若该城市实施了环境端政策，则treat₁赋值为1，否则为0
	需求端政策	treat₃	若该城市实施了需求端政策，则treat₁赋值为1，否则为0
	时间虚拟变量	post	政策实施前取0，政策实施后取1
	交互项	did	政策虚拟变量×时间虚拟变量
协变量	经济发展水平	gdprate	地区生产总值增长率
	政府规模	gov	地方政府一般预算支出/地区生产总值
	工业化水平	industry	第二产业增加值/地区生产总值
	劳动力成本	lnsalary	职工平均工资（元）取对数
	劳动力结构	labor	第二产业从业人员比重
	教育水平	lnedu	每万人在校大学生人数（人）取对数
	交通便利程度	lntraffic	人均道路面积（平方米）取对数

5.2.1.2　数据获取与预处理

选取入选"十城千辆"计划的25个试点城市（见表5－3）作为分析样本，样本数据时间范围为2007～2021年，主要原因如下：一方面，从地域分布来看，25个试点城市的地理位置较为均匀，能够代表国内新能源汽车产业发展整体水平；另一方面，25个城市成为新能源试点城市以来，新能源汽车产业相关的各项经济指标具有较好的连续性与规范性。2013年四部委联合印发《关于继续开展新能源汽车推广应用工作的通知》（以下简称《通知2013》）提出，新一轮新能源汽车推广应用重点实施范围为京津冀、长三角、珠三角等细颗粒物治理任务较重的区域与积极性较高的城市或城市群，而且新能源汽车产业政策的落地不仅依赖于国家政策的引导，也依赖于各城市的配合与执行情况。为此，以25个城市中京津冀、长三角、珠三角城市以及《通知2013》发布后各城市所制定的主要新能源汽车产业发展政策中，明确引用《通知 2013》作为参考文件的城市作为处理组，其余城市为对照组进行模型构建，具体分组情况如表 5 - 3 所示。

表 5 - 3 "十城千辆"计划城市

处理组	对照组
北京、上海、长春、大连、杭州、武汉、深圳、合肥、天津、苏州、广州、襄阳	重庆、济南、长沙、昆明、南昌、海口、郑州、厦门、唐山、沈阳、成都、南通、呼和浩特

产业化与市场化环节被解释变量数据主要来源于《节能与新能源汽车年鉴》（以下简称《年鉴》），而技术研发环节被解释变量专利数则以《年鉴》中新能源汽车企业名单为基础，从爱企查网站检索获得；相关协变量数据来源为《中国城市统计年鉴》。数据收集过程中，对于个别缺失数据以平均增长率（相邻年份平均值）原则进行填补，由于呼和浩特市数据缺失较为严重，故作剔除处理；此外，《年鉴》中对于长沙相关指标的记录较少，且 2009 年起湖南省实行长株潭新能源汽车区域共同发展，《年鉴》中相关指标均以长株潭城市群（长沙、株洲、湘潭三市）作为整体进行记录，因此涉及长沙市相关被解释变量、解释变量与协变量均通过计算长株潭城市群相关指标进行代替。通过收集整理，最终获得 2007 ~ 2021 年 24 个城市面板数据共计 360 条记录，各变量描述性统计如表 5 - 4 所示。

表 5 - 4 主要变量描述性统计

变量名称	变量代码	均值	标准差	最小值	最大值
技术研发水平	lnpatent	4.599	2.264	0.000	8.960
产业化水平	lnenterprise	1.174	1.138	0.000	4.060
市场化水平	lncharge	5.873	3.682	0.000	13.160
经济发展水平	gdprate	0.098	0.040	-0.050	0.270
政府规模	gov	0.143	0.049	0.070	0.350
工业化水平	industry	0.423	0.101	0.150	0.620
劳动力成本	lnsalary	11.000	0.489	9.530	12.210
劳动力结构	labor	0.466	0.134	0.143	0.833
教育水平	lnedu	6.152	0.759	2.970	7.500
交通便利程度	lntraffic	2.598	0.440	0.920	3.670

为验证 DID 模型中处理组与对照组样本的同质性，对相关变量进行配对样本 T 检验，结果如表 5 - 5 所示。

表 5 - 5　　　　　　　　　　各变量配对样本 T 检验

变量名称	变量代码	均值 （control）	均值 （treat）	差值	T 值	P 值
技术研发水平	lnpatent	3. 365	5. 632	- 2. 268 ***	- 10. 90	0. 000
产业化水平	lnenterprise	0. 414	1. 809	- 1. 395 ***	- 14. 60	0. 000
市场化水平	lncharge	3. 117	8. 178	- 5. 062 ***	- 17. 80	0. 000
经济发展水平	gdprate	0. 123	0. 076	0. 046 ***	13. 45	0. 000
政府规模	gov	0. 127	0. 157	- 0. 03 ***	- 6. 10	0. 000
工业化水平	industry	0. 447	0. 404	0. 043 ***	4. 15	0. 000
劳动力成本	lnsalary	10. 643	11. 308	- 0. 665 ***	- 17. 45	0. 000
劳动力结构	labor	0. 474	0. 459	0. 015	1. 05	0. 289
教育水平	lnedu	6. 103	6. 194	- 0. 091	- 1. 15	0. 259
交通便利程度	lntraffic	2. 583	2. 611	- 0. 027	- 0. 60	0. 564

注：*** $p < 0.01$，** $p < 0.05$，* $p < 0.1$。

表 5 - 5 表明，处理组与对照组中政府规模、工业化水平、劳动力成本、教育水平等协变量均存在显著差异，表明政策选择不具有随机性，模型存在选择性偏误问题，直接构建 DID 模型进行政策效应估计会导致结果产生偏差，因此需要在进行 DID 估计之前构建 PSM 模型解决样本的选择性偏误问题。

5.2.2　倾向得分匹配（PSM）效果分析

以政策虚拟变量为被解释变量、各协变量为解释变量，构建 Logit 模型计算倾向得分，估计结果如表 5 - 6 所示。

表 5 - 6　　　　　　　　　　Logit 模型结果

变量名称	变量代码	系数	标准差	T 值	P 值
经济发展水平	gdprate	- 1. 013	5. 993	- 0. 170	0. 866
政府规模	gov	1. 703	3. 381	0. 500	0. 615
工业化水平	industry	4. 615 *	2. 735	1. 690	0. 092

续表

变量名称	变量代码	系数	标准差	T 值	P 值
劳动力成本	lnsalary	5.920 ***	0.800	7.400	0.000
劳动力结构	labor	6.251 ***	1.724	3.620	0.000
教育水平	lnedu	− 0.096	0.232	− 0.410	0.679
交通便利程度	lntraffic	− 1.646 ***	0.432	− 3.810	0.000
常数项	_cons	− 66.028 ***	9.497	− 6.950	0.000

注：*** $p < 0.01$，** $p < 0.05$，* $p < 0.1$。

由表 5 − 6 可知，劳动力成本、劳动力结构和交通便利程度系数在 0.01 的水平上显著，而工业化水平在 0.1 的水平上显著，表明这些变量是影响政策选择的重要因素。可以发现，工业化水平较高、工资水平较高（劳动力成本）、第二产业从业人员比重较高（劳动力结构），以及交通便利程度更高的城市，更倾向于执行新能源汽车产业发展政策。

进一步采用核匹配构建 PSM 模型，匹配前后处理组与对照组的核密度曲线如图 5 − 1 所示。匹配前，处理组与对照组的核密度曲线差异较大，而经过 PSM 模型匹配后，两个组别间核密度函数曲线差异明显减小，表明 PSM 模型能够有效减小模型的选择性偏误，注意到处理组的图像呈右偏态分布，这说明处理组中新能源汽车产业发展政策效应的差距呈缩小态势，存在动态收敛特征。

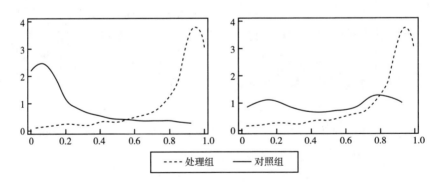

图 5 − 1　匹配前（左）后（右）核密度曲线变化情况

5.2.3　双重差分（DID）估计结果分析

基于倾向得分匹配结果，得到一组具有类似特征的处理组和对照组样本，构建 DID 模型，分别研究供给端、环境端、需求端三类政策对新能源汽车产业创新价值链各环节的政策效应，模型估计结果如表 5 - 7 ~ 表 5 - 9 所示。

表 5 - 7 展示了供给端政策 DID 估计结果，前两列报告了以研发水平为被解释变量的 DID 估计结果，模型 1 ~ 模型 6 中，加入控制变量前后交互项系数均显著为正，即供给端政策显著提高了新能源汽车创新价值链各环节发展水平。其中，模型 1 为不加入控制变量的回归结果，模型 2 为加入控制变量后的回归结果。结果显示，加入控制变量前后交互项系数估计值均显著为正，表明实施供给端政策可以显著提高研发水平，在供给端政策的激励下，企业更积极申请专利，有利于技术创新。此外，加入控制变量前后交叉项系数变化不大，进一步验证采用 PSM 后，政策变量不受控制变量影响，表明上一步的 PSM 处理是合理的。观察其余控制变量可以发现，经济发展水平、政府规模、劳动力成本、劳动力结构、教育水平、交通便利程度对新能源汽车研发水平均产生显著正向影响。

表 5 - 7　　　　　　　　　　供给端政策 DID 模型估计结果

treat₁	研发水平		产业化水平		市场化水平	
	lnpatent		lnenterprise		lncharge	
	模型 1	模型 2	模型 3	模型 4	模型 5	模型 6
交互项	1.690 ***	1.285 ***	0.744 ***	0.353 ***	2.313 ***	0.652 **
	(0.264)	(0.271)	(0.105)	(0.0959)	(0.366)	(0.275)
经济发展水平		21.340 ***		6.370 ***		2.242
		(5.190)		(1.839)		(5.271)
政府规模		9.421 ***		2.635 ***		5.447 *
		(2.745)		(0.973)		(2.787)
工业化水平		2.486		- 0.951		3.972 *
		(2.180)		(0.773)		(2.214)
劳动力成本		2.961 ***		1.945 ***		7.712 ***
		(0.739)		(0.262)		(0.751)
劳动力结构		4.979 ***		2.005 ***		0.200
		(1.425)		(0.505)		(1.447)

续表

| treat$_1$ | 研发水平 | | 产业化水平 | | 市场化水平 | |
| | lnpatent | | lnenterprise | | lncharge | |
	模型 1	模型 2	模型 3	模型 4	模型 5	模型 6
教育水平		0.452 **		0.143 **		0.312 *
		(0.185)		(0.0655)		(0.188)
交通便利程度		−1.494 ***		−0.368 ***		−0.248
		(0.352)		(0.125)		(0.358)
常数项	3.681 ***	−34.410 ***	0.622 ***	−22.020 ***	4.708 ***	−83.260 ***
	(0.162)	(8.529)	(0.0644)	(3.022)	(0.225)	(8.661)
R^2	0.1526	0.344	0.182	0.496	0.149	0.647
F-test	39.43	13.91	48.88	26.06	38.36	48.54

注：***、**、*分别表示在1%、5%、10%的水平上显著；括号内数据为标准误差。

将产业化水平作为被解释变量，再进行 DID 分析，得到结果展示于模型 3 ~ 模型 4。结果显示，在加入控制变量前后交互项系数估计结果在 1% 的水平上显著为正，表明实施新能源汽车供给端政策能够显著提高新能源汽车产业化水平。模型 5 ~ 模型 6 表明，在加入控制变量之前，供给端政策对新能源汽车市场化水平交互项系数在 1% 的水平上显著为正，加入控制变量后在 5% 的水平上显著为正，且影响系数有所减小，这可能是由于供给端政策重点在于技术开发，对市场化水平产生正向效应弱于研发水平和产业化水平。

表 5 - 8 展示了环境端政策对新能源汽车研发水平、产业化水平、市场化水平的影响结果。其中，模型 7 ~ 模型 8 为环境端政策对研发水平的影响，模型 9 ~ 模型 10 为环境端政策对产业化水平的影响，模型 11 ~ 模型 12 为环境端政策对市场化水平的影响。可以发现，模型 7 ~ 模型 8 的交互项系数在加入控制变量前后的变动最小，且经济发展水平对当地新能源汽车环境端政策的落实起到十分重要的影响，这说明城市发展越好，越有能力提供税收、金融和制度等方面的支持，促进新能源汽车产业的研发水平。模型 9 ~ 模型 10 中，交互项系数在加入控制变量前交互项系数估计结果在 1% 的水平上显著为正，加入控制变量后则不再显著，这有可能是由于新能源汽车企业数量逐渐增多，市场竞争激烈，环境端政策的扶持对新能源汽车产业的企业数量影响较小。

模型 11 中交互项系数最大，说明环境端政策更加有力地提升了新能源汽车产业的市场化水平。观察控制变量，政府规模的系数均显著为正，表明政府在新能源汽车产业发展中发挥了重要作用，政府财政支付能力的提高有助于推动地区新能源汽车产业发展。劳动力成本系数全部显著为正，地区劳动力成本越高，新能源汽车发展水平越高。环境端政策全面实施后带来减税红利、法规政策，有利于企业不断创新、扩大市场，从而促进新能源汽车的发展。

表 5 – 8　　　　　　　　　　　　环境端政策 DID 模型估计结果

treat$_2$	研发水平		产业化水平		市场化水平	
	lnpatent		lnenterprise		lncharge	
	模型 7	模型 8	模型 9	模型 10	模型 11	模型 12
交互项	1.380 ***	1.014 ***	0.637 ***	0.141	2.910 ***	0.906 ***
	(0.263)	(0.284)	(0.104)	(0.101)	(0.332)	(0.279)
经济发展水平		22.090 ***		6.365 ***		3.217
		(5.316)		(1.893)		(5.227)
政府规模		8.901 ***		2.558 **		4.995 *
		(2.807)		(1.000)		(2.760)
工业化水平		1.983		− 0.943		3.301
		(2.244)		(0.799)		(2.206)
劳动力成本		3.014 ***		2.109 ***		7.314 ***
		(0.777)		(0.277)		(0.764)
劳动力结构		5.826 ***		2.351 ***		0.306
		(1.429)		(0.509)		(1.405)
教育水平		0.439 **		0.140 **		0.304
		(0.189)		(0.0673)		(0.186)
交通便利程度		− 1.548 ***		− 0.426 ***		− 0.153
		(0.362)		(0.129)		(0.356)
常数项	3.656 ***	− 34.97 ***	0.597 ***	− 23.73 ***	4.181 ***	− 79.08 ***
	(0.182)	(8.919)	(0.0724)	(3.176)	(0.231)	(8.769)
R^2	0.108	0.316	0.142	0.469	0.255	0.655
F-test	26.51	12.27	36.26	23.37	74.90	50.23

注：***、**、* 分别表示在 1%、5%、10% 的水平上显著；括号内数据为标准误差。

表 5-9 显示了需求端政策对新能源汽车创新价值链各环节发展水平的影响。回归结果显示，需求端政策的系数均通过了显著性检验，表明需求端政策对新能源汽车研发水平、产业化水平、市场化水平均产生了正向显著影响，但政策效应存在一定差异，其中对市场化水平的政策效应最大，对产业化产生的效应较小，这可能是由于需求端政策较少、执行不充分。加入控制变量后，交互项系数的数值虽然在一定程度上减小但依旧显著为正，表明回归结果比较稳定。控制变量中政府规模、劳动力成本系数均显著为正，表明其对新能源汽车创新价值链各环节发展水平产生了显著正向影响。

表 5-9 需求端政策 DID 模型估计结果

treat₃	研发水平		产业化水平		市场化水平	
	lnpatent		lnenterprise		lncharge	
	模型 13	模型 14	模型 15	模型 16	模型 17	模型 18
交互项	1.240***	1.045***	0.695***	0.256**	3.236***	1.437***
	(0.266)	(0.281)	(0.103)	(0.0991)	(0.318)	(0.266)
经济发展水平		22.360***		6.596***		4.339
		(5.308)		(1.875)		(5.025)
政府规模		9.922***		2.757***		6.166**
		(2.800)		(0.989)		(2.651)
工业化水平		2.306		-0.978		3.227
		(2.227)		(0.787)		(2.109)
劳动力成本		3.150***		2.025***		6.972***
		(0.757)		(0.267)		(0.717)
劳动力结构		5.639***		2.216***		-0.355
		(1.433)		(0.506)		(1.356)
教育水平		0.347*		0.117*		0.177
		(0.190)		(0.0671)		(0.180)
交通便利程度		-1.744***		-0.441***		-0.268
		(0.351)		(0.124)		(0.333)
常数项	3.684***	-35.640***	0.547***	-22.670***	3.921***	-74.470***
	(0.191)	(8.791)	(0.0735)	(3.104)	(0.228)	(8.323)

续表

treat₃	研发水平		产业化水平		市场化水平	
	lnpatent		lnenterprise		lncharge	
	模型 13	模型 14	模型 15	模型 16	模型 17	模型 18
R^2	0.087	0.319	0.170	0.480	0.317	0.681
F-test	20.85	12.43	44.85	24.44	101.6	56.61

注：***、**、* 分别表示在 1%、5%、10% 的水平上显著；括号内数据为标准误差。

5.2.4　稳健性检验

PSM 要求匹配后的处理组与对照组样本满足共同支撑假设及平衡性假设。以共同支撑检验、平衡性检验组成 PSM - DID 模型稳健性检验过程。

5.2.4.1　共同支撑检验

共同支撑假设要求处理组与对照组的倾向得分处于共同支撑域内，即尽可能满足处理组与对照组样本倾向得分共同取值区间一致。本书采用 PSM 模型应用领域最常用的核匹配方法进行倾向得分匹配，对匹配结果进行共同支撑检验结果如图 5 - 2 所示。

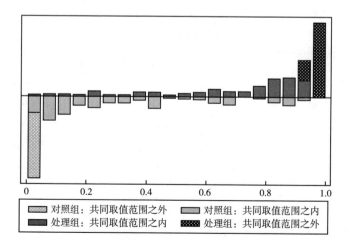

图 5 - 2　共同支撑检验结果

由图 5 – 2 可知，经过 PSM 处理后，保留共同取值范围内的样本，剔除不满足假设的部分样本，表明匹配后样本通过共同支撑检验，满足共同支撑假设。

5.2.4.2 平衡性检验

平衡性假设是 PSM – DID 模型需要满足的另一个假设条件，主要检验匹配后各变量处理组和对照组是否变得平衡，控制变量的均值在匹配后是否具有显著差异。如果不存在显著差异，则表明使用 PSM – DID 方法是合理的，表 5 – 10 报告了平衡性检验结果。

表 5 – 10　　　　　　　　　　　　平衡性检验结果

变量	是否匹配 U：匹配前 M：匹配后	均值		标准化偏差	T 检验	
		处理组	对照组	% bias	t 值	P 值
经济发展水平	U	0.076	0.123	– 142.000	– 13.450	0.000
	M	0.087	0.090	– 6.200	– 0.560	0.578
政府规模	U	0.157	0.127	64.900	6.100	0.000
	M	0.150	0.148	3.200	0.240	0.813
工业化水平	U	0.404	0.447	– 43.700	– 4.140	0.000
	M	0.433	0.420	13.400	0.920	0.357
劳动力成本	U	11.307	10.642	184.100	17.450	0.000
	M	11.096	11.110	– 4.000	– 0.410	0.686
劳动力结构	U	0.459	0.474	– 11.400	– 1.060	0.289
	M	0.497	0.466	23.100	1.610	0.110
教育水平	U	6.194	6.103	11.900	1.130	0.259
	M	6.120	6.160	– 5.200	– 0.420	0.677
交通便利程度	U	2.611	2.584	6.100	0.580	0.564
	M	2.671	2.617	12.300	0.950	0.344

表 5 – 10 表明，匹配前经济发展水平、政府规模、工业化水平、劳动力成本等变量均存在显著差异；匹配后，原来存在显著性差异的变量 P 值均增加至 0.3 以上，反映各变量之间差异明显减少。此外，匹配前无显著性差异的变量 P 值在匹配后也有所提升，并且所有变量的标准偏误绝对值在匹配后

均有所减少。同时，图 5 - 3 报告了匹配前后标准化偏差变化差异，所有控制变量的标准化偏差均大幅缩小，表明 PSM 模型满足平衡性假设。

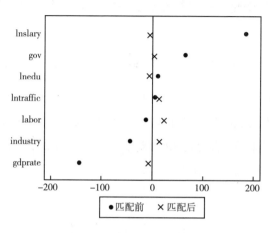

图 5 - 3　标准化偏差变化

5.3　扶持政策实施效果的地域异质性分析

随着"863"计划电动汽车重大专项及"十城千辆示范推广应用工程"的正式启动，新能源汽车产业扶持政策在各省市陆续启程。但各级地方政府在政策的执行中具有较大的自主性，而且各地市的经济发展、城市道路及交通发展状况也存在较大的差异性，导致扶持政策在地方细化中产生了较为显著的地域异质性，进而导致了省域扶持政策实施效果的区域差异性。基于此，以我国各省份新能源汽车产业政策为研究对象，探索在中央政策框架下各省域扶持政策扩散的时空演变特征及地域差异，为扶持政策"退坡"调整及协同优化奠定实践基础。

5.3.1　省域扶持政策扩散的时空演进特征

结合新能源汽车产业政策发展的三个阶段特征，考虑到 2001 ~ 2008 年战略规划期全国仅发布 5 条政策（见表 4 - 2），因此以 2009 ~ 2022 年政策导入期及调整期各省份新能源汽车政策作为研究对象，运用 GIS 空间分析等方法，分析省域新能源汽车政策在演化过程中的动态特征，并采用标准差椭圆的重心迁移轨迹、面积变化、扁率等参数，探究新能源汽车政策的空间分布与空间演进特征。

5.3.1.1　省域扶持政策扩散的动态特征

以"新能源汽车"或"智能汽车"等关键词作为主题检索条件，通过"北大法宝"检索新能源汽车政策文本，时间跨度为 2009 年 1 月到 2022 年 12 月，共检索得到全国 31 省份近 20 年新能源汽车政策 30057 条，利用 Origin 软件进行可视化处理，结果如图 5-4 所示。

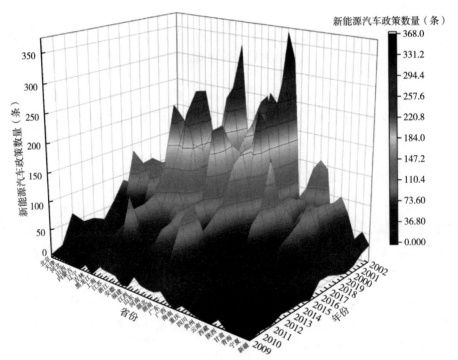

图 5-4　2009~2022 年各省份新能源汽车政策扩散趋势

资料来源：笔者计算绘制而得。

图 5-4 显示，政策导入期（2009~2015 年），新能源汽车产业扶持政策不仅在国家层面得到日益关注，地方层面的多个省份也积极响应。其中，浙江、江苏、河南和广东等地区成为引领者，从政策颁布数量来看，四个地区

的政策颁布数量分别从 2009 年的 16 条、17 条、16 条、20 条，快速增加至 2015 年的 132 条、152 条、112 条、118 条，位居全国前列，这些省份在政策实践方面发挥了实质性的作用，所取得的成就为其他地区提供了可借鉴的经验。同时，这些地区之间的政策合作与竞争，不仅有望加速新能源汽车市场的蓬勃发展，也为政策导入时期注入了强劲的动力，为新能源汽车产业的可持续发展奠定了坚实基础。

进入调整期，政策数量在 2016 年出现了一次突破性增长，全国范围内的政策总数由 2015 年的 1692 条迅速飙升至 2016 年的 3047 条，在经历了 2016 年的激增后，各省份的政策数量开始呈现小范围的波动。这一阶段，浙江、江苏、河南和广东的政策数量分别为 193 条、251 条、222 条、172 条，依然保持着国内的领先地位，除上述四个省份之外，河北、安徽、福建和辽宁等省份也加大了新能源汽车产业政策的调整力度，政策数量分别从 2015 年的 62 条、116 条、88 条、47 条增加至 2016 年的 150 条、240 条、191 条、123 条。这一时期的政策调整，使得新能源汽车产业在全国范围内得到更为均衡的支持，为全国范围内新能源汽车的可持续发展奠定更为稳固的基础。

2022 年，节能与新能源汽车产业发展部际联席会议上提出："2022 年是我国新能源汽车乘势而上、加快发展的关键一年，要为扩大消费、稳定工业经济作出新贡献；要落实碳达峰、碳中和目标，编制汽车产业绿色发展路线图……"。因此，这一年全国新能源汽车政策数量上升到了顶峰，达到 4319 条。从省域角度来看，广东、广西、安徽、浙江、江苏、山东、河南等地的政策数量处于全国领先水平，分别为 368 条、322 条、333 条、234 条、196 条、237 条、250 条，这一大幅度的政策数量增长反映了全国各地对于新能源汽车领域的高度重视和支持，也为全国范围内新能源汽车产业的健康发展提供了保障。

5.3.1.2　政策扩散的空间演进特征

探究新能源汽车政策的空间演进，可以分析政策在地理空间上的分布、政策推广效应以及地理区域的发展差异等特征。标准差椭圆技术通过可视化方法，展示数据点集合的离散程度和方向，可用于描述研究对象空间数据分布和空间特征。引入标准差椭圆法探究新能源汽车产业政策的空间演进趋势，有助于直观理解政策在地理空间上的特征和差异。

标准差椭圆以重心、方位角、长半轴和短半轴为基本参数，运用标准差椭圆技术研究新能源汽车产业扶持政策推广的方向和分布，主要通过标准差椭圆的重心迁移轨迹、面积变化、扁率等参数探究新能源汽车政策的空间分布和空间演进特征。

（1）空间热点的发现。

在标准差椭圆中，椭圆的重心通常对应政策的平均分布位置。通过观察椭圆的重心位置，可以发现新能源汽车产业政策的空间热点，即政策相对集中的地区。标准差椭圆的重心以经纬度坐标表示，通过新能源汽车政策的重心迁移轨迹可以分析政策推广的方向，椭圆重心的表达式如下：

$$x_c = \sum_{i=1}^{n} w_i x_i \bigg/ \sum_{i=1}^{n} w_i, y_c = \sum_{i=1}^{n} w_i y_i \bigg/ \sum_{i=1}^{n} w_i \tag{5.13}$$

（2）集聚和分散的识别。

标准差椭圆有助于识别政策是否在某些地区集聚或分散。如果椭圆长轴的方向与某个地区的集中方向一致，说明该地区政策可能存在集聚现象；反之，如果长轴的方向与政策分布的方向不一致，可能存在分散现象。标准差椭圆的方位角用来描述研究对象数据分布的主要方向的角度，可以通过方位角的变化分析新能源汽车政策空间分布的主要变化，方位角的表达式如下：

$$\tan\theta = \left[\left(\sum_{i=1}^{n} w_i^2 \overline{x}_i^2 - \sum_{i=1}^{n} w_i^2 \overline{y}_i^2 \right) + \left(\sqrt{ \left(\sum_{i=1}^{n} w_i^2 \overline{x}_i^2 - \sum_{i=1}^{n} w_i^2 \overline{y}_i^2 \right)^2 + 4 \sum_{i=1}^{n} w_i^2 \overline{x}_i^2 \overline{y}_i^2 } \right) \right] \bigg/$$
$$\left(2 \sum_{i=1}^{n} w_i^2 \overline{x}_i \overline{y}_i \right) \tag{5.14}$$

（3）区域差异的测量。

标准差椭圆可以用来度量不同地区产业政策的离散程度，标准差椭圆的长半轴和短半轴分别代表与主要轴和次要轴对应的标准差，长半轴和短半轴之比称为扁率，扁率越大，表明产业政策的空间分布更集中于主要轴上，且空间分布越狭长；扁率越小，空间分布越接近于圆，则表明产业政策空间分布更分散。长半轴和短半轴的表达式如下：

$$\sigma_x = \sqrt{\sum_{i=1}^{n} (w_i \bar{x}_i \cos\theta - w_i \bar{y}_i \sin\theta)^2 / \sum_{i=1}^{n} w_i^2}$$

$$\sigma_y = \sqrt{\sum_{i=1}^{n} (w_i \bar{x}_i \sin\theta - w_i \bar{y}_i \cos\theta)^2 / \sum_{i=1}^{n} w_i^2}$$

(5.15)

其中，$\bar{x}_i = x_i - x_c$，$\bar{y}_i = y_i - y_c$，w_i 表示权重。

以 2009 ~ 2022 年全国各省份的新能源汽车产业扶持政策数量为权重，采用 Arcgis10.8 软件进行标准差椭圆分析，以展示新能源汽车产业政策的空间格局和空间演进特征。考虑到某些相近年份且特征变化情况较小，结合新能源汽车产业扶持政策的发展阶段特征，最终选取 2009 年、2010 年、2011 年、2015 年、2016 年、2017 年、2020 年、2022 年共 8 年的新能源汽车产业扶持政策数量，经过计算可得"新能源汽车政策标准差椭圆主要特征值"（见表 5 - 11）。

表 5 - 11　　　　　　　　新能源汽车政策标准差椭圆主要特征值

年份	面积 （平方千米）	重心分布 （经度，纬度）	短半轴 （千米）	长半轴 （千米）	方位角 （度）	扁率
2009	1893294.04	115.66°E，32.14°N	629.46	957.47	29.59	1.52
2010	1986397.60	114.96°E，31.70°N	681.46	927.90	38.51	1.36
2011	2041349.32	115.45°E，31.84°N	674.69	963.14	29.57	1.43
2015	2234363.85	114.32°E，32.17°N	751.19	946.85	34.05	1.26
2016	2565312.33	114.63°E，32.69°N	801.46	1018.90	30.22	1.27
2017	2547899.48	113.81°E，32.28°N	797.52	1016.98	32.99	1.28
2020	2512651.03	113.64°E，31.66°N	759.39	1053.29	32.35	1.39
2022	2563504.27	113.55°E，31.56°N	759.94	1073.82	33.49	1.41

资料来源：笔者计算而得。

根据表 5 - 11，可以从重心变化、空间范围变化、方向和形态三个角度，直接地反映各省份新能源汽车产业扶持政策发展的空间演进特征。

第一，从重心变化来看，政策推广的地域范围呈现出从城市到区域最终到全国的趋势。根据表 5 - 11 的重心分布经纬度，各年份的重心坐标大致在 113.55°E ~ 115.45°E，31.56°N ~ 32.69°N 之间移动，大致位于河南、安徽和湖北省三地。分阶段变化来看，标准差椭圆的重心呈现"先西北，后西南"的移动特征，整体向西移动：①2009～2015年，重心向西北方向移动约126.19千米，2009年国家开始实施"十城千辆节能与新能源汽车示范推广应用工程"计划，政策推广以北京、上海、广东等大中型城市为主体，2013年工信部网站发布了《关于继续开展新能源汽车推广应用工作的通知》政策推广的主体区域从城市试点推广到京津冀、长三角、珠三角等区域。②2016～2022年，重心向西南方向移动约161.65千米，2016年国家发布《关于2016～2020年新能源汽车示范推广试点工作的通知》，随着国家对新能源汽车政策的推广，新能源汽车政策的地域范围从一开始的试点城市发展到区域最终到全国范围，因此，2009～2022年，重心整体向西移动约209.47千米。

第二，从空间范围变化来看，政策推广的主体区域呈现出先扩张后稳定的态势。根据表5-11中的各年份椭圆面积，椭圆面积整体呈现"先扩大，后稳定"的两个阶段，表明中国新能源汽车政策推广的主体区域呈现出"先扩张，后稳定"的趋势：①2009～2015年，椭圆面积从1893294.04平方千米扩大至2234363.85平方千米，扩大了18%，结合我国新能源汽车政策的实际发布情况，从2009年到2015年新能源汽车政策经历了从城市试点到区域试点再到全国的爆发式扩张，全国新能源汽车政策的数量也从2009年的241条增加至2015年的1692条。②2016～2022年，椭圆面积在2565312.33平方千米～2512651.03平方千米变化，2016年政策数量继续大幅增加至3047条，之后平稳波动。经过2009～2016年的发展，新能源汽车政策的推广基本完成，2016～2022年我国新能源汽车政策数量稳定在3000余条。

第三，从方向和形态看，政策推广的空间分布格局整体呈现"东北—西南"方向。表5-11的方位角度变化表明，标准差椭圆的方位角呈现逐渐增大的趋势，说明主轴偏向"东北—西南"方向的趋势越明显，尤其是2010年和2015年的方位角分别是38.51度和34.05度，表明2009～2022年新能源汽车政策推广的标准差椭圆方向性明显，空间分布格局整体呈现"东北—西南"的特征。标准差椭圆的扁率呈现"先缩小，后增加"的趋势：①2009～2015年，短轴的增长速度快于长轴的增长速度，使得扁率从1.52降到1.26，说明椭圆变得更加圆，政策在短轴方向的波动性减小，而在长轴方向上的波动性相对增加。这反映了新能源汽车政策在"北京—广东"沿线城市的推广力度较为稳定，波动性减小，而在内陆城市的推广波动性增加，不同地区的政策实施时间和力度不同，沿海城市可能更早或更积极地实施了新能源汽车政策，因此推广力度相对稳定，内陆城市政策实施的滞后或者力度较小，导致推广的波动性增加。②2016～2022 年，扁率从 1.27 上升至 1.41，此时短轴波动性缩小，长轴从 957.47 千米增加至 1073.82 千米，这表明"北京—广东"沿海城市政策推广的力度又逐渐加强，这一时期我国新能源汽车政策进入调整期，新能源汽车的产业扶持政策从财政补贴逐渐过渡到激励措施、基础设施建设等方面的扶持，而沿海城市等较发达城市能受到更多的投资和产业链的发展，使得充电桩基础设施等产业政策在这些地区更容易推广和普及。

5.3.2　扶持政策扩散的空间集聚效应及邻近效应

为了探究扶持政策扩散在地区间的集聚水平及省域之间相互学习产生的规模效果，采用全局莫兰指数（Moran's I）定量考察新能源汽车产业扶持政策扩散的空间集聚效应及近邻效应。

5.3.2.1　政策扩散的空间集聚效应

考虑到海南省无相邻省份，参考王胜今和王智初（2017）研究，假设海南省和广东省相邻，选取 2009～2022 年全国 31 个省份的中国新能源汽车政策数量，利用 Geoda 软件计算全局莫兰指数（Moran's I），并绘制变化趋势图，结果如表 5－12 和图 5－5 所示。

表 5－12　　　2009～2022 年中国新能源汽车政策数量全局莫兰指数

年份	Moran's I	z-value	p-value
2009	0.351	3.220	0.002
2010	0.369	3.437	0.002
2011	0.314	3.022	0.002
2012	0.231	2.252	0.020
2013	0.347	3.204	0.002
2014	0.440	3.833	0.001
2015	0.325	3.023	0.004

续表

年份	Moran's I	z-value	p-value
2016	0.395	3.595	0.001
2017	0.298	2.829	0.003
2018	0.315	2.950	0.006
2019	0.299	2.825	0.006
2020	0.211	2.174	0.024
2021	0.342	3.255	0.005
2022	0.329	3.129	0.004

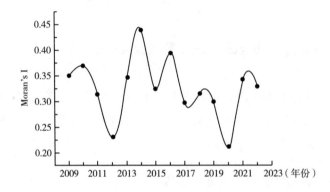

图 5 - 5　2009 ~ 2022 年中国新能源汽车政策全局莫兰指数趋势

结合表 5 - 12 和图 5 - 5 可以看出：①各省份之间的政策扩散存在较为显著的空间集聚效应。2009 ~ 2022 年全局莫兰指数（Moran's I）均大于 0 且显著（p < 0.05），表明此期间各省份的新能源汽车政策扩散存在一定的空间正相关性，即各省份出台新能源汽车相关政策在空间上并非随机，而是存在集聚效应。②全局莫兰指数呈现较强的波动性，区域间政策扩散不均衡。结合新能源汽车产业政策发展的不同阶段特征可以看出，产业政策战略导入期（2009 ~ 2015 年），新能源汽车发展的政策驱动力主要来自国家层面，各省份出台政策数量的自相关性整体处于波动期。2009 ~ 2010 年为中国新能源汽车产业起步阶段，响应国家号召，各省份出台相关政策在地域上呈现出较大程度的相似性，莫兰指数保持在 0.35 以上的较高水平。随后莫兰指数有所下降，表明新能源汽车产业在不同省份的发展受到具体省情的制约，各省（区、市）政府在出台相关政策上持谨慎态度，表现出空间上的相关性有所降低。

2012～2014 年，国家进一步加快推进新能源汽车发展战略，各省份陆续出台系列相关扶持政策，莫兰指数呈现明显的增长态势，并在 2014 年达到 0.44 的最高峰，这表明邻近省份相互学习借鉴并产生了示范效应与规模效应，在空间上呈现出集聚效应。之后，随着补贴"退坡"政策的推出，各省份根据省情对现有扶持政策进行了不同程度的调整，莫兰指数略有下降。进入战略调整期（2016 年至今），各省份已逐渐形成特有的新能源汽车发展模式，莫兰指数在波动中呈上升态势，平均值为 0.313。相较于 2015 年，全国各省份在 2016 年出台的政策数量均有大幅提升，政策数量提升达到一个小高峰，莫兰指数也上升至 0.395；2017～2019 年，莫兰指数在 0.3 上下平稳波动，但在补贴"退坡"的冲击下，新能源汽车市场动荡、销量大幅跌落，省市出台的相关政策也受到影响，致使 2020 年莫兰指数下滑至 0.211；2020 年底"双碳"目标提出，助推了各地新能源汽车政策出台，莫兰指数也随之回升，于 2021 年、2022 年达到 0.342、0.329 的水平。从莫兰指数的上升可以看出，虽然各地已然形成特色模式，但对于相邻省份来说，其发展环境仍具备一定相似性，示范效应带动了集聚效应，因此呈现出越来越强的正相关性。

5.3.2.2 政策扩散的空间邻近效应

为进一步探究新能源汽车产业政策扩散的近邻效应，运用 Geoda 软件，结合政策变化的关键时间节点，绘制 2009 年、2015 年、2017 年、2020 年、2022 年各省份政策数量的莫兰指数散点图（见图 5-6）。莫兰指数散点图分为四个象限，可识别一个地区及其邻近省份的相关性。第一象限表示该象限内的省份以及其相邻省份发布的政策数量高于平均值，表现为政策数量多的省份被政策数量多的相邻省份所包围，其政策扩散类型为"高—高"集聚型，即 HH 集聚型；第二象限表示该象限内省份政策发布数量低于平均值，而该省份周边城市的发布数量要高于平均值，表现为政策数量少的省份被政策数量多的相邻省份所包围，其政策扩散类型为"低—高"集聚型，即 LH 集聚型；第三象限为 LL 集聚型；第四象限为 HL 集聚型。第一、第三象限正的空间自相关关系表示相似观测值之间的空间联系，暗示空间聚集；第二、第四象限负的空间自相关关系暗示空间孤立（spatial outliers）；如果观测值均匀地分布在四个象限，则表示地区之间不存在空间自相关性。

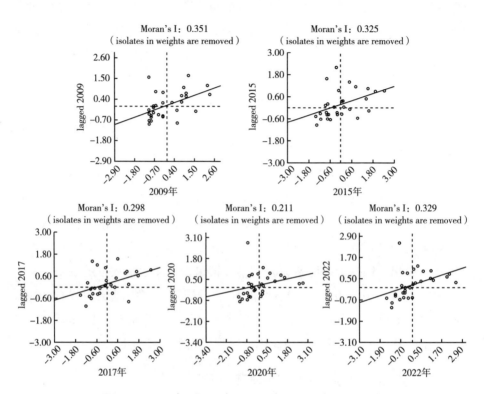

图 5 - 6 2009 年、2015 年、2017 年、2020 年和 2022 年
新能源汽车政策数量莫兰散点图

由图 5 - 6 可以看出，位于第二、第四象限的城市远少于第一、第三象限，说明"高—高"集聚型和"低—低"集聚型在空间上更容易聚集。并且莫兰指数散点不断向第一、第三象限聚集，说明更多的省份呈现了空间正相关性，省份间的空间正相关性有着增强的趋势，其中 2022 年与 2009 年相比，位于第一、第三象限的省份由 22 个增加到了 27 个，并且在 2022 年份呈现空间正相关的省份占比高达 87.1%，其中集聚型为"高—高"型省份占比为 38.7%，"低—低"型占比为 48.4%，两极分化明显。具体包含省份如图 5 - 7 所示。

由图 5 - 7 可以看出，江苏、浙江、安徽、山东、河南、湖北六省一直处于第一象限，与地理位置和经济发展水平有关，也受到政策互动与借鉴、竞争与合作等因素的综合作用；相较于 2015 年，2017 年增加了河北、福建、广东、广西 4 个邻近省份，2022 年进一步增加了江西、贵州与云南。而内蒙古、黑龙江、西藏等西北省份则一直处于第三象限，这些省份的新能源汽车政策发布数量较少并形成"低—低"聚集型，原因可能在于产业基础薄弱、资源分配限制、自然条件影响以及地方政府政策制定等多方面因素（Qian & Zhou，2024）。2009 年，位于第二、第四象限的省份有河北、山西等共 9 个省份，到 2022 年则仅剩 4 个省份，其余省份均受到了周边城市的近邻效应，向第一、第三象限转移。值得注意的是，2009 年贵州与云南位于第三象限，2022 年则转移至第一象限，表示东部"高—高"聚集省份不断向周边辐射影响，随着时间的推移，这种影响不断向中西部延伸，进而也带动了西部"低—低"聚集省份的政策发布数量。

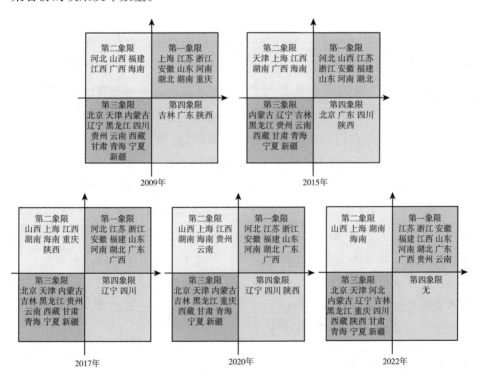

图 5 - 7   2009 年、2015 年、2017 年、2020 年和 2022 年莫兰散点图所包含的具体省份

结合聚集省份的地理位置可以发现，不仅"高—高"集聚型省份呈现出近邻效应，"低—低"集聚型省份也同样具有较强的近邻效应。2015 年，由于离政策发布的先行省份距离较远，而且周边省份政策数量均为少数，难以起到领头和示范作用等因素，内蒙古、西藏等西北部省份形成的"低—低"集聚型城市群，逐渐影响和辐射周边地区，呈现出向吉林、河北、四川等省份扩散的趋势，最后形成了"低—低"集聚型省份群。同时，"高—高"集聚型省份从地理位置上来看，由江苏、浙江等东部省份逐步向周边扩散，与广东、广西和福建等东南部沿海省份，形成"高—高"集聚型省份群，并呈现出向中部扩散的趋势。江苏和浙江地处长江三角洲和杭嘉湖地区，这两个地区是中国经济最为发达的地区之一，其他省份也受益于区域一体化发展政策，一定程度上促进该地区新能源汽车政策的发布数量与周边地区形成相关性。

5.3.3 政策工具实施效果的省域差异性实证分析

在各级政府陆续出台系列推广扶持政策的驱动下，中国新能源汽车产销量迅速攀升，但地区之间的差异分化巨大。根据《节能与新能源汽车年鉴2022》数据显示，2021年新能源汽车推广量最多的三个内地省份是广东、上海和山东，销量分别达42.6万辆、25.4万辆和24.2万辆，而推广量相对较小的江西、辽宁和贵州三个内地省份的销量仅分别为2.1万辆、2.2万辆和3.6万辆。那么，是什么原因导致不同区域之间有如此大的差异？梳理现有文献可以发现，已有研究对于各类政策工具的实施效果给予了较多关注（Bergek et al，2014；Gass et al，2014；Egnér & Trosvik，2018），但对于政策效果在区域层面及区域间差异成因缺乏研究。同时，从前文分析结果来看，不同省份推广政策的力度存在明显差异，而且不同区域的居民收入水平、受教育水平、人口密度等因素差异也可能导致政策效果的参差不齐，从而影响各省份新能源汽车推广量。为此，基于省域层面量化政策工具，以探究新能源汽车产业政策效果的区域异质性及其成因。

5.3.3.1 理论分析和研究假设

梳理新能源汽车产业政策工具及政策效应研究热点可以发现，当前学者们对于财政补贴与税收减免等方面的政策效应研究相对较为成熟，而且政策效果的考察领域主要基于国家层面，对于政府购买权威效应、充电基础设施建设、限行限购管制约束等非财税类政策效果的研究则相对不足，省域层面的政策效果差异研究更是匮乏。实际上，这些类别的政策效果往往具有较大的地区差异性，也可能正是引致政策效果区域异质性的主要因素。因此，进一步从权威效应、间接网络效应和管制约束效应三个方面来分析政策工具对省域新能源汽车市场份额的异质性影响。

权威效应是指权威机构或人的行为更容易影响个体行为，是影响消费者购买决策的重要因素（杨珂欣等，2023）。有文献研究指出，当政府成为电动汽车的主要客户时，可以向公众传达支持电动汽车的信息，有利于提高电动汽车销量（Bakker & Trip，2013）。范柏乃和金洁（2016）研究发现，以政府购买为主的公共服务能够正向影响公众感知，因此良好的公众形象提高了公众参与的积极性，从而减小了推广政策的阻力，扩大政府购买服务供给是政策要求加速扩大公务用车新能源化的措施。具体来说，公务用车"新能源化"将有利于发挥政府机关及公共机构的示范效应，提高消费者对新能源汽车的认知度和接受度，而且公务用车"新能源化"能为车企提供积极的导向信号，提高企业研发和生产的信心和预期，引领新能源汽车产业发展从政策导向到市场导向。据此提出如下假设。

假设 5－1：扩大政府购买服务供给会促进提高新能源汽车市场份额。

间接网络效应是指消费者从新能源汽车得到的效用随其互补设施增加而增加，充电基础设施作为新能源汽车的互补设施，很大程度上能够决定消费者的购买意愿（孙晓华等，2018；李晓敏和刘毅然，2023）。完善充电基础设施建设是解决电动汽车充电难题，发展新能源汽车产业的保障措施。具体而言，一是充电桩数量增加能够提升消费者日常出行的经济性和便捷性，以及提升新能源汽车在使用成本上的比较优势。二是完善充电基础设施能够降低新能源汽车充电的等待时间，缓解新能源汽车"续航焦虑"和"里程焦虑"的问题，在使用环节中为消费者带来更便利的用车体验。据此提出如下假设。

假设 5－2：完善充电基础设施建设会促进提高新能源汽车市场份额。

管制约束效应是指政府对燃油汽车购买和使用的约束，能够在短期内提高新能源汽车销量（马少超和范英，2018）。相比财政补贴，限行限购约束对新能源汽车有更强的需求刺激作用且政策执行所需经济成本更低。通常而言，新能源汽车面临着更重的节能减排任务，因此在限行限购政策下，相比燃油汽车，新能源汽车有更高的使用效率和使用成本优势，进一步会降低消费者对燃油车的需求（李国栋等，2019；陈麟瓒和王保林，2015）。据此提出如下假设。

假设 5 - 3：燃油车限行限购会正向促进提高新能源汽车市场份额。

5.3.3.2 模型设定与变量选取

基于以上理论分析，设定如下基准回归模型：

$$MS_{tp} = \alpha + \beta EPI_{tp} + \gamma Controls_{tp} + \eta_t + \mu_p + \varepsilon_{tp} \tag{5.16}$$

其中，被解释变量 MS_{tp} 代表新能源汽车市场份额，核心解释变量 EPI_{tp} 为新能源汽车推广政策工具，体现为政府购买服务供给（GAP_{tp}）、充电基础设施建设（CIC_{tp}）及限行限购（DPR_{tp}）三个推广政策，参数 β 表示 EPI_{tp} 对新能源市场份额的影响效应；参考已有文献（Egbue & Long，2012；Mersky et al，2016；李晓敏等，2020）的研究，选取城镇居民收入、免购置税、人口密度、受高等教育程度及地区新能源产业政策实施状况作为省域层面的控制变量（$Controls_{tp}$）；为了控制宏观因素对新能源汽车市场份额的影响，还在方程中加入了年份固定效应 η_t、省份固定效应 μ_p，ε_{tp} 为标准误差项，各变量定义及构建方法如表 5 - 13 所示。

表 5 - 13　　　　　　　　　　　　变量定义

	变量	缩写	指标构建方法
被解释变量	新能源汽车市场份额	MS	当年新能源汽车登记注册数量与汽车登记注册总数的比值
解释变量	政府购买服务供给	GAP	当年政府和公共机构采购新能源汽车数量/1000
	充电基础设施建设	CIC	当年充电桩数量/1000
	限行限购	DPR	当年对燃油车实行限行限购 DPR = 1；否则 DPR = 0
控制变量	居民收入	URI	当年城镇居民可支配收入/10000
	免购置税	PT	当年对新能源汽车免购置税 PT = 1，否则 PT = 0
	人口密度	PD	当年每平方千米常住人口数量
	受高等教育程度	EL	大专及以上文化程度人数/6 岁及以上总人口
	地区新能源产业政策实施状况	RD	新能源汽车产业政策导入期记为 0，新能源汽车产业政策调整期记为 1

5.3.3.3　数据说明

以 2009～2021 年中国省级行政区为样本，数据来源于《节能与新能源汽车年鉴》和《中国统计年鉴》。剔除信息过度缺失的省份，最终得到 20 个省份的 260 条观测值。其中，黑龙江、吉林、山西、陕西、甘肃、青海、贵州、内蒙古、西藏、宁夏、新疆、台湾、香港、澳门共 14 个省级行政区因无法统计到连续的年度数据，故被剔除。各变量的描述性统计结果如表 5－14 所示。

表 5－14　　　　　　　　　　变量描述性统计结果

变量	样本量	均值	标准差	最小值	最大值
新能源汽车市场份额（MS）	257	0.0360	0.0574	0	0.3944
政府购买服务供给（GAP）	94	0.1000	0.1978	0.0002	1.5348
充电基础设施建设（CIC）	257	0.7373	2.2064	0	14.9920
限行限购（DPR）	258	0.4690	0.5000	0	1
居民收入（URI）	260	38482.98	55922.64	13750.85	626993
免购置税（PT）	260	0.4538	0.4988	0	1
人口密度（PD）	260	653.5197	795.9128	119.2538	3950.7940
受高等教育程度（EL）	260	0.1454	0.0875	0.0306	0.5049
地区新能源产业政策实施状况（RD）	260	0.4615	0.4995	0	1

5.3.3.4　三类政策工具效果的基准回归结果

构建面板数据模型前，先检验个体间的截距项是否有显著差异，构造 F 检验统计量，得到三个模型的 F 统计量分别为 12.06、8.17、28.90，在 1% 的置信水平上均显著。再进行 Hausman 检验，检验统计量分别为 54.03、93.23、141.44，且均在 1% 的置信水平上显著，因此拒绝原假设，选择固定效应回归模型对新能源汽车政策效应区域差异进行实证分析。以政府购买服务供给、充电基础设施建设、燃油车限行限购三项政策工具作为核心解释变量，依此进行三次回归处理，基准回归结果如表 5－15 所示。

表 5 – 15　　　　　　　　　　　　　　基准回归结果

变量	新能源汽车市场份额 lnMS		
	（1）	（2）	（3）
lnGAP	0. 365 *** (0. 119)		
lnCIC		0. 364 *** (0. 053)	
DPR			0. 747 *** (0. 188)
lnURI	0. 236 (0. 372)	0. 534 ** (0. 228)	0. 586 *** (0. 223)
PT	0. 207 (0. 246)	0. 393 *** (0. 122)	0. 482 *** (0. 127)
lnPD	11. 438 (7. 648)	4. 373 ** (2. 192)	7. 248 *** (2. 315)
lnEL	3. 145 *** (0. 889)	1. 698 *** (0. 484)	2. 419 *** (0. 490)
RD	0. 972 *** (0. 302)	1. 043 *** (0. 210)	1. 625 *** (0. 186)
省份固定效应	是	是	是
年份固定效应	否	否	否
样本量	94	238	240
R²	0. 853	0. 864	0. 847

注：* 、** 、*** 分别表示在10% 、5% 、1% 的水平上显著；括号内为标准误差；回归均采用稳健标准误估计。

（1）政府购买服务供给效果的区域差异。

表 5 – 15 中的模型（1）显示，政府购买服务供给的 lnGAP 在 1% 的水平上显著提高了新能源汽车市场份额，结果符合假设 5 – 1，表明政府购买服务供给不仅可以以为广大消费者形成"示范效应"，即政府通过亲自采购新能源汽车形成一个良好的模范和带头作用，让消费者接受新产品，克服消费者个体的不完全信息障碍，进而影响消费者的购买行为，提高新能源汽车市场份额。

这一结果类似于技术扩散理论，核心思想为当该地区群体的接受度和知识能力提升越快，则新技术的扩散速度也会越快。一方面，政府购买服务供给政策被采纳，不完全信息障碍就会变小，从而提高该地区新能源汽车的市场份额。另一方面，政府购买服务供给增加了新能源汽车采购量，这对各大新能源汽车企业产生了积极的信号，因此新能源车企便会加大资源投入，以此扩大市场需求。根据《节能与新能源年鉴》数据，2009～2021 年每千人中政府采购的数量大于 0.16 的 4 个省份为北京、上海、天津、广东，年均市场份额均超过 1%，在各省份中名列前茅；而辽宁、四川、广西、云南每千人中拥有政府采购的数量最小，均不超过 0.11，所对应的市场份额最低，不足 0.7%。

（2）充电基础设施建设效果的区域差异。

表 5－15 中的模型（2）显示，充电基础设施建设 lnCIC 在 1% 的水平上显著提高了新能源汽车市场份额，这一结果与假设 5－2 设定相吻合，这主要归因于两点：其一是完善充电基础设施提高了日常通行的便利性，与传统汽车相比在经济上的优势性会更加突出；其二是加大充电桩数量会缩短充电桩之间的距离，克服"续航焦虑"和"里程焦虑"。2009 年我国公共充电桩数量不足 2000 台，而到了 2021 年公共充电桩数量达 114.7 万台，近十年来更是出现了爆发式增长。至 2021 年，我国私人充电桩达到了 147 万台，充电需求得到快速的发展，为扩大新能源汽车市场份额打下坚实基础。2009～2021 年，年均千人拥有充电桩总数最多的是北京、天津、上海、江苏、广东，其值均大于 7.46，上海最多为 14.13 个，其对应新能源汽车市场份额也是最高的，而排名靠后四省辽宁、四川、广西、云南的年均千人拥有充电桩总数不足 1.16 个。

（3）燃油车限行限购效果的区域差异。

表 5－15 中的模型（3）显示，燃油车限行限购 DPR 在 1% 的水平上显著提高了新能源汽车市场份额，结果与假设 5－3 相符。由于限行限购政策有利于改善空气质量并且减少交通堵塞频率，降低消费者对传统燃油汽车的需求，从而将需求导向转变为运行成本更低、更绿色环保的新能源汽车（周银香，2012a）。限行限购在一定程度上影响消费群体购车行为与理念，提高新能源汽车的购买需求，从而提高新能源汽车市场份额。上海、深圳、北京、广州、

杭州作为最早一批实行限行限购的城市，2021 年新能源汽车销量排名全国遥遥领先。更突出的是，作为新能源汽车之都的上海，其终端销量超 20 万台，年度同比为 272.56%，增速位列全国第一。

在控制变量中，地区新能源产业发展 lnRD 的系数在 1% 的水平上显著为正，表明地区新能源产业发展在供给端提高了新能源汽车的质量和服务，从而加大消费群体在需求端的需求，从而提高新能源汽车的市场份额。与此同时，受高等教育程度 lnEL 系数在 1% 的水平上显著为正，表明提升消费者受教育水平也能促进新能源汽车市场份额上升。

5.3.4　政策效果地域异质性的成因分析

5.3.4.1　人口密度对推广政策效果的地域差异影响

消费者在进行购车选择时会倾向于模仿他人的行为决策，当消费者的生活环境与模仿对象越相近，且与模仿对象的关系越亲密，则越容易作出模仿行为。特别地，当周围亲朋使用新能源汽车比例增加时，会显著提高新能源汽车的购买意愿，在人口密度高的地区，越容易出现上述模仿行为（孙晓华等，2018；杨珂欣等，2023）。因此，选择研究人口密度对推广政策效果的地域差异影响，以人口密度中位数为分界线，分别对人口密度高和人口密度低的地区进行回归，结果如表 5 – 16 所示。

表 5 – 16　　　　人口密度对推广政策区域异质性影响结果

变量	人口密度高的省份 lnMS			人口密度低的省份 lnMS		
	（1）	（2）	（3）	（4）	（5）	（6）
lnGAP	0.317 *			0.310 *		
	(0.163)			(0.179)		
lnCIC		0.465 ***			0.298 ***	
		(0.069)			(0.082)	
DPR			0.911 ***			0.534 *
			(0.250)			(0.311)

变量	人口密度高的省份 lnMS			人口密度低的省份 lnMS		
	（1）	（2）	（3）	（4）	（5）	（6）
lnURI	4.705 ***	0.184	0.449 **	−0.162	0.952 ***	0.805 *
	（1.138）	（0.135）	（0.219）	（0.197）	（0.255）	（0.473）
PT	0.369	0.323 **	0.522 ***	0.260	0.413 **	0.389 *
	（0.337）	（0.150）	（0.158）	（0.308）	（0.200）	（0.205）
lnPD	2.261	6.773 ***	6.173 **	23.380 **	−0.654	6.065
	（9.025）	（2.499）	（2.958）	（9.149）	（5.013）	（4.631）
lnEL	0.421	1.267 **	3.136 ***	3.622 ***	1.837 **	1.960 ***
	（1.774）	（0.517）	（0.583）	（1.051）	（0.776）	（0.726）
RD	0.239	0.840 ***	1.495 ***	0.943 **	1.184 ***	1.757 ***
	（0.494）	（0.289）	（0.264）	（0.419）	（0.307）	（0.281）
省份固定效应	是	是	是	是	是	是
年份固定效应	否	否	否	否	否	否
样本量	51	126	126	43	112	114
R^2	0.867	0.897	0.879	0.879	0.831	0.812

注：*、**、*** 分别表示在 10%、5%、1% 的水平上显著；括号内为标准误差。

表 5-16 中的模型（1）、模型（4）依次显示了人口密度高的省份和人口密度低的省份，政府购买服务供给 lnGAP 的系数分别为 0.317 和 0.310，在 10% 的置信水平上可以显著提升新能源汽车市场份额。相比人口密度低的省份，人口密度高的省份政府购买服务供给效应无明显增强。在人口密度低的城市，政府的示范作用容易被消费群体接受，消费群体会选择倾向于对他们有利的消费政策并因此加大新能源汽车的购买。在人口密度高的城市，例如上海、北京、天津等地区当地消费群体可支配收入和未来预期收入更加乐观，虽然政府加大新能源汽车的购买力度，对提升政府的引领示范效果不强，但在人口密度高的城市，政府采购政策对新能源汽车市场份额的促进作用更强。

模型（2）、模型（5）依次表示人口密度高的省份和人口密度低的省份，充电基础设施建设 lnCIC 的系数分别为 0.465 和 0.298，均在 1% 的水平上能够正向显著提升新能源汽车市场份额。这表明在人口密度高的省份，充电基础设施建设对新能源汽车市场份额的促进作用更加明显。由于在人口密度高的城市，上班的通勤时间短、距离比较近，更看重的是充电是否便利；而相对于人口密度较低的城市，上班的通勤时间和距离比较长，因此过多造成"里程焦虑"，而不是"充电焦虑"。2021 年，浙江、上海两地的公共充电桩保有量分别为 5267 台、5110 台，数值比较接近，并且浙江稍高于上海，而同期上海新能源汽车市场份额为 3.9%，远高于浙江的市场份额的 1.13%，这印证了在人口密度越高的地区，充电的基础设施建设对新能源汽车市场份额的促进作用更强。

模型（3）、模型（6）依次显示了人口密度高的省份和人口密度低的省份，燃油车限行限购 DPR 的系数分别为 0.911 和 0.534，在 1% 和 10% 的水平上显著提升新能源汽车市场份额。这表明在人口密度不同的地区，限行限购能够显著正向提高当地新能源汽车市场份额，并且对高人口密度地区促进作用更强。这是因为在人口密度高的省份，汽车的数量比在人口密度低的省份更多，所以更加容易导致在上下班高峰出现交通堵塞等现象，那么燃油车的限行力度肯定会加大，比如在杭州等地出台单双号限行和限制个人燃油车购置的政策，使部分人群转变了购车决策，有助于提升新能源汽车市场份额。2010 年作为"十车千城"试点示范工程的城市如杭州和大连最早实行限行限购，2021 年销量分别为 118979 辆和 7378 辆，两个城市的人口密度不同使得该政策在地域上有明显的差异性。

5.3.4.2　城镇居民收入对推广政策效果的地域差异影响

对新能源汽车持有积极态度、亲环境意识的消费者，会有更强的购车意（Degirmenci & Breitner，2017；王超等，2021）。通常来说，伴随实际收入增长，消费者的环境意识也会随之加强，从而提升对新能源汽车的购买意愿。因此，进一步研究城镇居民收入对推广政策效果的地域差异影响，以城镇居民收入中位数为界，分别对城镇居民收入高和城镇居民收入低的省份进行回归，结果如表 5 - 17 所示。

表 5 - 17　　　　　　　城镇居民收入对推广政策区域异质性影响结果

变量	高收入省份 lnMS			低收入省份 lnMS		
	(1)	(2)	(3)	(4)	(5)	(6)
lnGAP	0. 218			0. 303 *		
	(0. 133)			(0. 170)		
lnCIC		0. 441 ***			0. 246 *	
		(0. 092)			(0. 124)	
DPR			0. 388			0. 517
			(0. 287)			(0. 394)
lnURI	0. 300	0. 367 *	0. 281 *	1. 768	1. 876	3. 028 ***
	(0. 338)	(0. 215)	(0. 142)	(2. 805)	(1. 549)	(1. 056)
PT	0. 377	0. 172	0. 142	− 0. 057	0. 571 ***	0. 620 ***
	(0. 284)	(0. 123)	(0. 136)	(0. 425)	(0. 215)	(0. 226)
lnPD	4. 219	9. 326 **	12. 023 **	9. 095	0. 432	− 0. 542
	(8. 678)	(4. 658)	(5. 331)	(20. 380)	(5. 446)	(5. 565)
lnEL	3. 080 **	0. 627	1. 810 ***	3. 170 **	1. 497 *	1. 294
	(1. 447)	(0. 499)	(0. 550)	(1. 508)	(0. 795)	(0. 851)
RD	1. 009 **	0. 421	1. 289 ***	0. 722	0. 970 ***	1. 309 ***
	(0. 487)	(0. 297)	(0. 289)	(0. 628)	(0. 306)	(0. 329)
省份固定效应	是	是	是	是	是	是
年份固定效应	否	否	否	否	否	否
样本量	53	130	130	41	108	110
R^2	0. 805	0. 815	0. 762	0. 791	0. 774	0. 752

注：* 、** 、*** 分别表示在 10% 、5% 、1% 的水平上显著；括号内为标准误差。

表 5 - 17 中的模型（1）、模型（4）分别表示城镇居民收入水平高的省份与城镇居民收入水平低的省份，政府购买服务供给 lnGAP 的系数分别为 0. 218 和 0. 303，表明低收入省份政府购买服务供给在 10% 的水平上显著提高新能源汽车市场份额，相比城镇居民收入较高的省份，对新能源汽车市场份额具有更强的正向促进作用。这是因为在高收入省份的居民往往具有更强的购买力，对于购买汽车的品类往往有更大选择权，受到政府采购新能源汽车的示

范作用影响会相对更低。同理，低收入省份居民购车选择面更窄，且往往更容易受到政府采购政策的带动，导致政府采购政策对高收入省份的促进效应低于低收入省份。

模型（2）、模型（5）分别显示城镇居民收入水平高的省份与城镇居民收入水平低的省份，充电基础设施建设 lnCIC 的系数分别为 0.441 和 0.246，二者分别在 1% 和 5% 的水平上显著提高新能源汽车市场份额，这表明充电基础设施建设政策在收入较高的省份更有效率。在收入较高的省份，往往有更多的居民购买新能源汽车用于城市上班通勤，车主需要担心的问题是充电是否便利。而收入较低的省份中，"充电焦虑"相对来说低于新能源车用户密集的高收入省份。2020 年，浙江、四川两省的充电桩保有量分别约为 4 万个、3.8 万个，但浙江省的新能源汽车市场份额为 6.45%，高于四川省的 4.30%，同年浙江省人均城镇居民可支配收入为 68486.8 元，远高于四川省的 41443.8 元，表明在高收入省份，充电基础设施建设政策的驱动效果更好。

模型（3）、模型（6）分别显示了燃油车限行限购 DPR 对高收入省份和低收入省份新能源汽车市场份额无明显影响。相比低收入省份，高收入省份的燃油车保有量往往更高，燃油车限行限购无法在短期内让消费者倾向购买新能源汽车，导致从居民收入角度分析，燃油车限行限购对新能源汽车市场份额无明显影响。

5.3.5　稳健性检验

为保证结论的稳健性，进行一系列稳健性检验。首先，使用新能源汽车推广量替代被解释变量新能源汽车市场份额，结果如表 5－18 模型（1）~模型（3）所示。其次，剔除四大一线城市（北京、上海、广州、深圳）所在的省份，结果如表 5－18 模型（4）~模型（6）所示。最后，为解决内生性问题，分别对自变量进行滞后 1 年、2 年、3 年处理，结果如表 5－19 所示。

表 5 – 18　　　　　　　　　　　　　稳健性分析结果

变量	新能源汽车推广量 tgl			新能源汽车市场份额 lnMS		
	（1）	（2）	（3）	（4）	（5）	（6）
lnGAP	11771. 919 ***			0. 464 ***		
	（2920. 429）			（0. 117）		
lnCIC		12682. 520 ***			0. 333 ***	
		（1224. 638）			（0. 062）	
DPR			57528. 369 ***			0. 680 ***
			（5236. 096）			（0. 217）
控制变量	控制	控制	控制	控制	控制	控制
省份固定效应	是	是	是	是	是	是
年份固定效应	否	否	否	否	否	否
样本量	94	244	258	70	199	201
R^2	0. 480	0. 446	0. 374	0. 868	0. 858	0. 843

注：＊、＊＊、＊＊＊分别表示在 10%、5%、1% 的水平上显著；括号内标准误差。

表 5 – 19　　　　　　　　　　　　　内生性分析结果

变量	新能源汽车市场份额 lnMS						
	（1）	（2）	（3）	（4）	（5）	（6）	（7）
L1. lnGAP	0. 110						
	（0. 067）						
L1. lnCIC		0. 355 ***					
		（0. 062）					
DPR			0. 747 ***				
			（0. 188）				
L2. lnGAP				0. 186 *			
				（0. 095）			
L2. lnCIC					0. 271 ***		
					（0. 068）		
L3. lnGAP						0. 263 **	
						（0. 123）	

续表

变量	新能源汽车市场份额 lnMS						
	(1)	(2)	(3)	(4)	(5)	(6)	(7)
L3. lnCIC							0.251 ***
							(0.072)
控制变量	控制	控制	控制	控制	控制	控制	控制
省份固定效应	是	是	是	是	是	是	是
年份固定效应	否	否	否	否	否	否	否
样本量	82	220	240	83	210	76	199
R^2	0.910	0.862	0.847	0.867	0.850	0.828	0.840

注：*、**、*** 分别表示在10%、5%、1%的水平上显著；括号内标准误差。

表5-18和表5-19结果显示，充电基础设施建设、限行限购对新能源汽车市场份额有显著正向影响这一结论稳健，并非随机出现的结果，而政府购买服务供给对新能源汽车市场份额的影响只存在短期的提升效应。

第6章 新能源汽车产业扶持政策"退坡"成效动态一般均衡模拟

前文研究表明，新能源汽车产业政策可以通过不同的作用路径，对新能源汽车产业发展、社会福利及环境产生影响效应，而且政策的实施必然会影响宏观经济及其他相关部门。构建新能源汽车产业政策动态 CGE 模型，可为新能源汽车产业政策分析提供定量的模拟结果，探究各经济变量之间复杂的关联与相互作用，对政策的适度把握具有方向性的理论指导作用。

6.1 动态一般均衡（CGE）模型框架设计

可计算一般均衡（CGE）模型框架的设计思路是将瓦尔拉斯一般均衡理论转化为一组可计算的方程系统，以刻画经济主体在最优化条件和市场机制作用下的均衡状态。模型基于新古典微观经济学理论，明确设定居民、企业、政府等经济主体的行为模式，定义其生产函数和效用函数，建立产业部门要素所得与市场主体之间的分配关系。同时，依据宏观经济恒等式，构建市场主体间的转移支付关系。通过设定参数并代入实际经济数据，求解方程组，得到各市场均衡时的数量与价格，从而揭示经济系统中多个部门、多个市场之间的相互依赖性，明确描述经济系统牵一发动全身的整体性。

新能源汽车产业政策动态 CGE 模型的构建基本思路是：第一，确定居民、政府、企业和国外机构四个行为决策主体及劳动、资本、能源、汽车、其他中间投入等投入要素；第二，设定各决策主体的行为规则或约束条件，并选择适宜的函数构建模块方程体系，特别地，将居民部门的消费模块按照交通消费与非交通消费、能源消费与非能源一般商品消费、私人交通与公共交通等进行细化；第三，确定模型中的变量（内生变量与外生变量）和参数，定义模型的宏观闭合和均衡条件；第四，编制模型的数据库，包括宏观社会核算矩阵（SAM）和新能源汽车产业政策微观 SAM 表；第五，对参数进行标定，选择合适的方法对模型进行求解和检验；第六，嵌入新能源汽车产业政策，进行仿真模拟和分析。模型的基本结构以及要素、产品、能源消耗碳排放、新能源汽车产业政策与经济主体间的主要关系描述如图 6-1 所示。

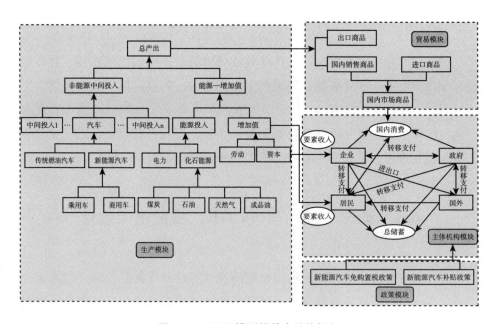

图 6-1　CGE 模型的基本结构框架

6.2　产业链关联与 CGE 模型部门划分

运用 CGE 模型框架研究政策变化对宏观经济及产业部门的影响时，部门细分是关键基础。一般地，部门划分需与研究目的及政策重点相匹配，并以充分的数据支持为前提（Pyatt & Thorbecke，1976）。鉴于 CGE 模型的基础数据主要来源于投入产出（input-output，IO）表，部门分类应以投入产出表中的部门划分作为参考依据。投入产出模型能够定量分析各部门之间的关联程度和影响方向，其中的生产链分析可深入刻画产业间的直接影响、间接影响及影响路径。为此，引入荷兰著名的 IO 学者迪茨恩巴赫等（Dietzenbacher et al, 2005）提出的基于平均传播长度（average propagation length，APL）模型分析我国新能源汽车部门生产链关联情况，为 CGE 模型构建的部门划分提供依据。

6.2.1　部门初步整合

依据 2020 年 IO 表，结合《国民经济行业分类》（GB/T 4754—2017）、《中国能源统计年鉴》行业分类，参考张树伟（2007）、郭正权（2011）、索莱曼等（Solaymani et al, 2015）、卡尔卡特苏利斯（Karkatsoulis，2017）等的部门划分，对 42 部门 IO 表进行合并与拆分。考虑到新能源汽车产业与能源、交通运输、仓储和邮政、电气机械和器材部门、交通运输部门相关，基于研究需要对上述部门进行分解，具体拆分与合并原则如下（周银香，2022）。

（1）将 42 部门投入产出表中的"石油和天然气开采"依据《中国能源统计年鉴 2021》一次能源生产量和构成确定细分比例拆分为"石油开采业"和"天然气开采业"两个部门的数据，然后将"天然气开采业"和 42 部门投入产出表中的"燃气生产和供应"合并为"天然气开采与供应业"部门。

（2）将 42 部门投入产出表的"电力、热力的生产和供应业"依据《中国能源统计年鉴 2021》一次能源生产量和构成确定细分比例分解出电力生产供应业和其他能源部门的数据。

（3）将 42 部门投入产出表中"交通运输设备"依据 153 部门投入产出表的数据比例，拆分为"汽车整车""汽车零部件及配件""其他交通运输设备"，进而依据《中国汽车工业年鉴》中"中国汽车产销量分车型构成"表中传统燃油车和新能源汽车的产量比例将"汽车整车"拆分为"传统燃油汽车"和"新能源汽车"两个部门。

（4）将 42 部门投入产出表"交通运输、仓储和邮政"部门依据 153 部门投入产出表的数据比例，拆分为"铁路运输业""道路运输业""水上运输业""航空运输业""其他运输业"五个部门。

（5）将 42 部门投入产出表"电气机械和器材"部门依据 153 部门投入产出表，将"电机""输配电及控制设备""电池"合并为"电池电机电控"，其余合并为"其他电气机械和器材"。考虑到"通信设备、计算机和其他电子设备"和"信息传输、软件和信息技术服务"属于高技术型部门，而新能源汽车产业发展离不开高技术型部门的支撑，因此将上述两部门合并为"计算机、电子设备及信息技术服务"。

除了对上述部门进行细分或合并之外，保留其余部门不变，初步得到 50 部门投入产出表，部门编号和名称如表 6 - 1 所示。

表 6 - 1　　　　　　　　　国民经济 50 部门整合表

编号	部门	编号	部门
B1	农林牧渔产品和服务	B21	汽车零部件及配件
B2	煤炭开采和洗选产品	B22	其他交通运输设备
B3	石油开采业	B23	电池电机电控
B4	天然气开采与供应业	B24	其他电气机械和器材
B5	金属矿采选产品	B25	仪器仪表
B6	非金属矿和其他矿采选产品	B26	其他制造产品和废品废料
B7	食品和烟草	B27	金属制品、机械和设备修理服务
B8	纺织品	B28	电力生产和供应业
B9	纺织服装、鞋帽、皮革、羽绒及其制品	B29	其他能源部门
B10	木材加工品和家具	B30	水的生产和供应
B11	造纸印刷和文教体育用品	B31	建筑
B12	汽油（燃油）开采业	B32	批发和零售
B13	化学产品	B33	铁路运输业
B14	非金属矿物制品	B34	道路运输业
B15	金属冶炼和压延加工品	B35	水上运输业
B16	金属制品	B36	航空运输业
B17	通用设备	B37	其他运输业
B18	专用设备	B38	住宿和餐饮
B19	传统燃油汽车	B39	计算机、电子设备及信息技术服务
B20	新能源汽车	B40	金融

编号	部门	编号	部门
B41	房地产	B46	居民服务、修理和其他服务
B42	租赁和商务服务	B47	教育
B43	研究和试验发展	B48	卫生和社会工作
B44	综合技术服务	B49	文化、体育和娱乐
B45	水利、环境和公共设施管理	B50	公共管理、社会保障和社会组织

6.2.2　新能源汽车产业生产链分析

基于前文初步整合的 50 个部门，将 APL 模型与平均经济距离 F 矩阵、S 矩阵相结合，识别并构建新能源汽车生产链，依此确定 CGE 模型的最终部门划分。

6.2.2.1　APL 理论模型介绍

APL 模型又称为平均影响距离模型，是在 Leontief 模型和 Ghosh 模型的基础上，基于投入产出消耗系数测算出不同产业部门之间的经济距离。

（1）Leontief 模型和 Ghosh 模型。

Leontief 模型以固定投入比例的生产函数对投入产出模型进行求解，来反映产业之间的关系；而 Ghosh 模型通过产出系数不变来反映。Leontief 模型和 Ghosh 模型都是基于投入产出模型，投入产出模型用矩阵形式可表示为：

$$X = AX + K \tag{6.1}$$

其中，X 为总产出列向量，A 为直接消耗系数矩阵，K 为最终使用列向量。

由静态投入产出模型可得：

$$X = (I - A)^{-1}K = LK = (I + A + A^2 + \cdots)K \tag{6.2}$$

式（6.2）为列昂惕夫（Leontief）模型，式中 L 为 Leontief 逆矩阵。

$$X' = \omega'(I - R)^{-1} = \omega'G = \omega'(I + R + R^2 + \cdots) \tag{6.3}$$

式（6.3）为 Ghosh 模型，式中 ω 为最初投入列向量，R 为直接分配系数矩阵，G 为 Ghosh 逆矩阵。

（2）APL 模型。

APL 模型是将某一部门的最终需求变化对所有部门总产出的影响轮次作为权重赋予影响系数，从而得出平均影响距离。由 Leontief 模型和 Ghosh 模型可得：

$$L = (I - A)^{-1} = I + A + A^2 + \cdots \tag{6.4}$$

$$G = (I - R)^{-1} = I + R + R^2 + \cdots \tag{6.5}$$

其中，L 是 Leontief 逆矩阵，也被称为完全需要系数矩阵，表示某部门增加一单位最终产品需要所有部门（包括本部门）提供的中间产品之和。

在研究部门对生产链上的影响时，也应考虑获得一单位最终产品所需要各部门的中间投入。例如，用 l_{ij} 表示每生产一单位 j 部门的最终产品，需要 i 部门所产生的全部中间价值量。用公式可表示为：

$$l_{ij} = a_{ij} + \sum_m a_{im}a_{mj} + \sum_m \sum_n a_{im}a_{mn}a_{nj} + \cdots \quad i \neq j \tag{6.6}$$

其中，a_{ij} 表示 i 部门向 j 部门直接投入的总价值量，是矩阵 A 中的元素；$a_{im}a_{mj}$ 表示 i 部门经过两个部门提供给 j 部门的总产出，$a_{im}a_{mn}a_{nj}$ 表示 i 部门经过三个部门提供给 j 部门的总产出，具体的过程依次对应图 6－2 中的路径一、路径二、路径三。

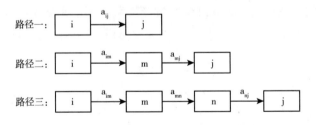

图 6－2　部门 i 至部门 j 的流向图

图 6－2 中，APL 指数表述为部门 i 对部门 j 的影响通过中间部门传播时的加权平均步数，即经济距离。部门 i 与部门 j 之间的 APL 值用 v_{ij} 表示。

$$v_{ij} = \begin{cases} 1 \times \dfrac{a_{ij}}{l_{ij}} + 2 \times \dfrac{\sum\limits_{m} a_{im}a_{mj}}{l_{ij}} + 3 \times \dfrac{\sum\limits_{m}\sum\limits_{n} a_{im}a_{mn}a_{nj}}{l_{ij}} + \cdots & i \neq j \\[4mm] 1 \times \dfrac{a_{ij}}{l_{ij}-1} + 2 \times \dfrac{\sum\limits_{m} a_{im}a_{mj}}{l_{ij}-1} + 3 \times \dfrac{\sum\limits_{m}\sum\limits_{n} a_{im}a_{mn}a_{nj}}{l_{ij}-1} + \cdots & i = j \end{cases}$$

$$\tag{6.7}$$

其中，l_{ij} 是 Leontief 逆矩阵中的元素，公式为：

$$l_{ij} = \begin{cases} a_{ij} + \sum\limits_{m} a_{im}a_{mj} + \sum\limits_{m}\sum\limits_{n} a_{im}a_{mn}a_{nj} + \cdots & i \neq j \\[2mm] 1 + a_{ij} + \sum\limits_{m} a_{im}a_{mj} + \sum\limits_{m}\sum\limits_{n} a_{im}a_{mn}a_{nj} + \cdots & i = j \end{cases}$$

$$\tag{6.8}$$

APL 的表述形式为：

$$\text{APL} = \frac{1 \times A + 2 \times A^2 + 3 \times A^3 + \cdots}{L} = \frac{L(L-I)}{L-I} \tag{6.9}$$

其中，I 是单位矩阵，L 为 Leontief 逆矩阵。APL 值越小表示两个部门之间的平均经济距离越近，关联程度越强，以直接影响为主；APL 值越大表示两个部门之间的平均经济距离越远，关联程度越弱，以间接影响为主。

（3）F 矩阵和 S 矩阵。

APL 指数表示的是两个部门之间的平均经济距离，但是为了考虑相同经济距离中部门与部门之间的关联程度与强度大小，通过引入 F 矩阵解决这一问题，F 矩阵的表达式为：

$$F = \frac{1}{2}\left[(L-I) + (G-I) \right] \tag{6.10}$$

其中，G 为 Ghosh 逆矩阵，也称完全供给系数矩阵。

结合 F 矩阵与 APL 值，构建新的 S 矩阵作为研究新能源汽车产业生产链的工具，矩阵 S 的公式为：

$$s_{ij} = \begin{cases} \text{int}(v_{ij}) & f_{ij} \geq \alpha \\ 0 & f_{ij} < \alpha \end{cases} \tag{6.11}$$

其中，s_{ij} 为 S 矩阵中第 i 行第 j 列值，f_{ij} 是 F 矩阵中第 i 行第 j 列值，v_{ij} 为 APL 矩阵中第 i 行第 j 列值。采用四舍五入向上取整，α 为阈值，选取 $\alpha = \dfrac{1}{50}$（通过不断迭代优化选取）。

6.2.2.2　基于 APL 模型的新能源汽车产业生产链分析

（1）APL 矩阵求解。

先确定 Leontief 模型和 Ghosh 模型，利用式（6.4）和式（6.5）求出 APL 值 v_{ij}，结果如表 6 - 2 所示。

表 6 - 2　　　　　　　　　　50 部门 APL 指数（部分）

部门	B1	…	B5	B6	…	B18	B19	B20	B21	…	B41	B42	B43	…	B46	…	B50
B1	1.74	…	4.36	4.31	…	4.71	4.89	4.89	4.90	…	4.04	3.43	3.03	…	3.22	…	3.73
…	…	…	…	…	…	…	…	…	…	…	…	…	…	…	…	…	…
B5	5.46	…	1.44	4.22	…	3.60	4.13	4.13	3.54	…	5.46	4.83	4.35	…	4.83	…	5.46
B6	4.51	…	3.03	1.95	…	4.62	4.97	4.97	4.44	…	4.58	4.72	4.37	…	4.55	…	4.83
…	…	…	…	…	…	…	…	…	…	…	…	…	…	…	…	…	…
B18	2.10	…	1.76	1.54	…	1.39	3.04	3.04	3.25	…	4.44	4.04	4.07	…	3.89	…	4.12
B19	3.66	…	1.86	1.82	…	1.41	1.13	1.13	2.16	…	4.60	3.65	1.88	…	3.84	…	4.00
B20	3.64	…	1.92	1.88	…	1.41	1.13	1.13	2.15	…	4.58	3.63	1.87	…	3.82	…	3.98
B21	3.71	…	3.25	3.09	…	2.82	1.63	1.63	1.56	…	3.58	2.10	3.81	…	1.99	…	3.16
…	…	…	…	…	…	…	…	…	…	…	…	…	…	…	…	…	…
B41	3.91	…	3.91	3.83	…	3.88	4.01	4.01	3.96	…	1.62	1.89	2.66	…	1.48	…	2.27
B42	3.51	…	2.78	2.84		3.07	3.16	3.16	3.22	…	1.68	1.93	2.57	…	2.61		2.43
B43	0.00	…	0.00	0.00		0.00	0.00	0.00	0.00	…	0.00	0.00	1.00	…	0.00		0.00
…	…	…	…	…	…	…	…	…	…	…	…	…	…	…	…	…	…
B46	3.14	…	3.30	2.89	…	2.98	2.88	2.88	2.83	…	2.44	2.24	1.84	…	1.57	…	1.48
…	…	…	…	…	…	…	…	…	…	…	…	…	…	…	…	…	…
B50	2.44	…	2.78	2.73	…	2.88	3.31	3.31	3.47	…	1.51	1.95	2.27	…	2.27	…	1.07

由表 6 - 2 可知，新能源汽车部门（B20）自身 APL 值为 1.13，说明新能源汽车部门对自身的需求以直接影响为主。新能源汽车部门和房地产部门的 APL 行值最大，为 4.58，表明新能源汽车部门作为中间产品大力推动房地产

部门的发展。新能源汽车部门到研究和试验发展的 APL 行值为 1.87，列值为 0；这说明新能源汽车为研究和试验发展提供中间产品，但产品的附加值较低。

总体来看，金属矿采选产品与非金属矿和其他矿采选产品的行 APL 平均值较大，分别为 4.48 和 4.05，而研究和试验发展与居民服务、修理和其他服务的行 APL 平均值较小，分别为 0.02 和 2.61。据此推断金属矿采选产品与非金属矿和其他矿采选产品可能处于社会经济生产链的开端，研究和试验发展与居民服务、修理和其他服务可能处于社会经济生产链的末端。

（2） F 矩阵求解。

APL 指数只是简单计算两个部门之间的平均经济距离，当 APL 值较小时，APL 值的参考价值较小；但当 APL 值较大时，难以推测出部门之间的关联情况。为了解决这一问题，同时考虑相同经济距离中部门之间的关联程度，引入 F 矩阵，采用完全消耗系数和完全分配系数的中间距离作为标准，作为判别变量 f_{ij}。

利用式（6.10）得出 F 矩阵（见表 6 - 3），计算结果显示，新能源汽车部门对其他部门的后向关联 F 矩阵值之和为 1.265，对其他部门前向关联 F 矩阵值之和为 0.089，后向关联与前向关联 F 矩阵值之比为 14.21，表明社会经济中，新能源汽车产业的需求对于推动经济的作用要远远大于供给。

表 6 - 3　　　　　　　　　　50 部门 F 矩阵值（部分）

部门	B1	…	B5	B6	…	B18	B19	B20	B21	…	B41	B42	B43	…	B46	…	B50	合计
B1	0.4450	…	0.0140	0.0181	…	0.0348	0.0342	0.0209	0.0349	…	0.0248	0.1094	0.0599	…	0.0416	…	0.0598	4.7675
…	…		…	…		…	…	…	…		…	…	…		…		…	…
B5	0.0307	…	0.1228	0.0163	…	0.1248	0.0889	0.0263	0.1407	…	0.0145	0.0654	0.0239	…	0.0176	…	0.0229	5.0700
B6	0.0292	…	0.0105	0.0299	…	0.0194	0.0168	0.0047	0.0235	…	0.0095	0.0306	0.0108	…	0.0084	…	0.0142	2.2925
…	…		…	…		…	…	…	…		…	…	…		…		…	…
B18	0.0350	…	0.0224	0.0387	…	0.1579	0.0206	0.0116	0.0203	…	0.004	0.0154	0.007	…	0.0057	…	0.0083	1.1684
B19	0.0010	…	0.0013	0.0017	…	0.0139	0.0802	0.0424	0.0034	…	0.0002	0.0013	0.0015	…	0.0004	…	0.0005	0.1917
B20	0.0008	…	0.0004	0.0005	…	0.0079	0.0423	0.0046	0.0019	…	0.0002	0.001	0.0007	…	0.0002	…	0.0004	0.0887
B21	0.0242	…	0.0096	0.0132	…	0.0468	0.4533	0.2526	0.4435	…	0.0139	0.127	0.014	…	0.0450	…	0.0247	2.5369
…	…		…	…		…	…	…	…		…	…	…		…		…	…
B41	0.0152	…	0.0089	0.0113	…	0.0236	0.0236	0.0184	0.0243	…	0.0628	0.0968	0.0286	…	0.0823	…	0.0404	1.6295

续表

部门	B1	…	B5	B6	…	B18	B19	B20	B21	…	B41	B42	B43	…	B46	…	B50	合计
B42	0.041	…	0.0313	0.0373	…	0.0696	0.0725	0.0551	0.0713	…	0.0986	0.1818	0.0601	…	0.0468	…	0.0665	3.4119
B43	0.0000	…	0.0000	0.0000	…	0.0000	0.0000	0.0000	0.0000	…	0.0000	0.0000	0.0037	…	0.0000	…	0.0000	0.0037
…	…	…	…	…	…	…	…	…	…	…	…	…	…	…	…	…	…	…
B46	0.0149	…	0.0039	0.0059	…	0.0152	0.0174	0.0088	0.0185	…	0.0103	0.0345	0.0205	…	0.0238	…	0.0497	0.9477
…	…	…	…	…	…	…	…	…	…	…	…	…	…	…	…	…	…	…
B50	0.0011	…	0.0004	0.0005	…	0.0011	0.0009	0.0006	0.0009	…	0.0020	0.0026	0.0010	…	0.0008	…	0.0276	0.0805
合计	2.0201	…	0.8013	0.9015	…	2.1516	2.1984	1.2653	2.3015	…	0.878	2.8132	1.2875	…	1.0085	…	1.5328	…

具体来看，新能源汽车产业后向关联最大的部门是汽车零部件及配件，后向关联 F 矩阵值为 0.2526；前向关联最大的部门是专用设备（传统燃油车与新能源汽车是由汽车整车部门拆分的两部分，在此不考虑两者之间的前向关联关系），前向关联 F 矩阵值为 0.0079。这表明新能源汽车产业对汽车零部件及配件的依赖程度较高，而新能源汽车作为中间产品对专用设备的投入较大。

（3）S 矩阵求解。

由于新能源汽车产业与其他部门间的关联度分布差异较大，需要将和新能源汽车部门无关的产业删除。具体的缩减思路如下：利用 50 部门投入产出表计算出对应的 APL 矩阵，再利用式（6.10）计算出 50 阶方阵的 F 矩阵；阈值取 $\alpha = \dfrac{1}{50}$，标记出新能源汽车部门列向的零元素，删掉这些零元素对应的行和列，得到 S 矩阵，结果如表 6 - 4 所示。

表 6 - 4　　　　　　新能源汽车产业与其相关部门的 S 矩阵

部门	B1	B5	B12	B13	B15	B16	B17	B20	B21	B23	B28	B32	B34	B37	B39	B40	B42
B1	2	0	5	3	5	5	5	5	5	5	5	4	4	4	5	4	3
B5	5	1	5	4	2	3	3	4	4	3	5	6	5	5	5	0	5
B12	3	2	2	2	3	4	4	4	4	3	3	2	2	4	3	4	3
B13	2	3	3	2	4	3	4	3	3	3	5	4	4	4	4	4	4
B15	0	3	4	4	2	2	2	3	2	3	4	4	4	4	3	4	4
B16	0	2	0	3	4	2	3	2	2	4	0	0	3	3	0	2
B17	0	0	3	3	3	2	1	2	2	2	0	0	2	4	0	4
B20	0	0	0	0	0	0	0	0	0	0	0	0	0	0	0	0	0

续表

部门	B1	B5	B12	B13	B15	B16	B17	B20	B21	B23	B28	B32	B34	B37	B39	B40	B42
B21	4	0	0	4	4	4	3	2	2	4	0	3	2	2	4	0	2
B23	0	0	0	4	4	4	2	3	3	2	2	0	0	3	3	0	4
B28	3	2	3	3	3	3	3	4	4	4	2	3	4	4	4	4	4
B32	2	3	3	3	3	3	3	3	3	3	3	3	3	3	3	3	3
B34	3	0	3	3	3	3	3	3	3	3	3	2	2	2	4	3	2
B37	3	0	2	3	3	3	3	3	3	3	3	2	2	2	3	2	3
B39	4	4	5	4	5	4	3	3	3	3	4	3	3	3	2	2	3
B40	3	3	3	3	3	4	4	3	3	3	3	2	2	3	3	2	2
B42	4	3	3	3	4	3	3	3	3	3	4	2	3	2	3	2	2

S 矩阵的数值大小表示部门关联和依赖程度，S 值越小表明两部门之间的距离越近，关联程度越高；反之，S 值越大表明两部门之间的距离越远，关联程度越低。由表 6 - 4 结果可以看出，新能源汽车部门与其他关联部门反映出如下特点。

第一，S 矩阵中出现在对角线上的元素是每行每列的最小值（0 代表没有依赖关系，不在分析范围之内），表明部门与自身的依赖性最强，即该部门生产的最终产品大多都投入到部门本身。

第二，此经济系统相关部门之间主要是间接影响，呈现两步以上的依赖关系。可以看出，在 S 矩阵中元素等于 2 的有 57 个，比重为 19.72%；等于 3 的有 105 个，比重为 36.33%；大于 3 的有 81 个，比重为 28.03%。

第三，行平均数代表每一行的前向平均经济距离，金属制品（B16）和通用设备（B17）的前向平均距离最小，S 矩阵中 B16 和 B17 的行平均值分别是 2.67 和 2.44，产业间的前向平均经济距离较近，前向关联主要是直接影响。计算机、电子设备及信息技术服务（B39）、金融（B40）、租赁和商务服务（B42）的前向平均距离最大，S 矩阵中 B39、B40 和 B42 的行平均值分别是 5.44、5 和 5.11，说明产业间的前向平均经济距离较远，前向关联主要是间接影响。

第四，各部门列的后向平均经济距离中，农林牧渔产品和服务（B1）和金属矿采选产品（B5）的后向平均距离最小，S 矩阵中 B1 和 B5 的列平均值分别是 2.17 和 1.72，说明产业间的后向平均经济距离较近，农林牧渔产品和服务与金属矿采选产品的后向关联以直接影响为主。S 矩阵中 B39 和 B42 的列平均值分别是 5.33 和 4.89，说明计算机、电子设备及信息技术服务（B39）与租赁和商务服务（B42）部门间的后向平均经济距离较远，后向关联主要为间接影响。另外，新能源汽车的行 S 值均为 0，这表明在新能源汽车生产链中，新能源汽车部门对其他部门的后向关联可以忽略不计，即仅考虑新能源汽车生产的过程时，新能源汽车整车部门可能位于新能源汽车生产链的终点。

（4）产业链简图绘制。

为了提高生产链绘制的有效性和可靠性，减少产业网络图复杂性困扰，缩减关联关系较小的关系线，考虑到 S 矩阵中的值等于 4 和 5 时，产业间平均经济距离较远，关联程度较小，故此删除；仅保留 S 值小于等于 3 的关联线。根据 S 矩阵和上述原则构建新能源汽车产业生产链如图 6 - 3 所示（实线表示 APL 值等于 2，虚线表示 APL 值等于 3）。

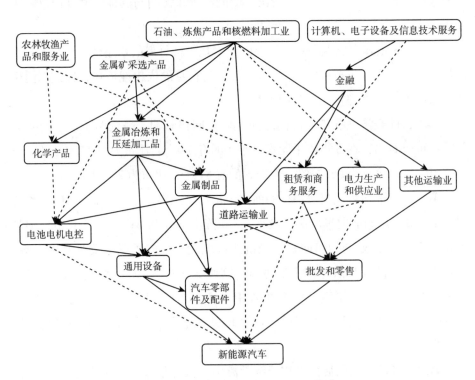

图 6 - 3　新能源汽车产业生产链简图

由图 6-3 可以观察到共有 6 条以新能源汽车为末端的 APL 产业链。第一条以石油、炼焦产品和核燃料加工业、农林牧渔产品和服务业为开端,依次经过金属矿采选产品、金属制品、化学产品、金属冶炼和压延加工业、电机电池电控,最终到新能源汽车部门。第二条以石油、炼焦产品和核燃料加工品、农林牧渔产品和服务业为开端,依次经过金属制品、化学产品、金属矿采选产品、金属冶炼和压延加工品、电池电机电控、通用设备,最终到新能源汽车部门。第三条以石油、炼焦产品和核燃料加工业、农林牧渔产品和服务业为开端,依次经过金属制品、通用设备、电机电池电控、化学产品、金属矿采选产品、金属冶炼和压延加工品、汽车零部件及配件,最终到新能源汽车部门。第四条以石油、炼焦产品和核燃料加工业与计算机、电子设备及信息技术服务为开端,依次经过金属制品、道路运输业、金融、金属矿采选产品、金属冶炼和压延加工品,最终到新能源汽车部门。第五条以计算机、电子设备及信息技术服务为开端,依次经过金融、租赁和商务服务,最终到新能源汽车部门。第六条以石油、炼焦产品和核燃料加工业与计算机、电子设备及信息技术服务为开端,依次经过金属制品、道路运输业、租赁和商务服务、电力生产和供应业、其他运输业、金融、金属矿采选产品、金属冶炼和压延加工品、批发和零售,最终到新能源汽车部门。

6.2.3　部门最终划分

生产链分析结果显示,农林牧渔产品和服务,石油、炼焦产品和核燃料加工业,计算机、电子设备及信息技术服务,金属矿采选产品,通用设备,金融,其他运输业,金属制品,化学产品,电力生产和供应,电机电池电控,汽车零部件及配件,道路运输业,金属冶炼和压延加工品,租赁和商务服务、批发和零售等部门是新能源汽车生产链密切关联部门。其中,农林牧渔产品和服务,石油、炼焦产品和核燃料加工业,计算机、电子设备及信息技术服务处于生产链的上游,中游的核心部门是金属矿采选产品、通用设备、金融、其他运输业、金属制品、化学产品、电力生产和供应、电机电池电控、汽车零部件及配件、道路运输业、金属冶炼和压延加工品、租赁和商务服务、批发和零售。由于新能源汽车部门对其他产业的分配系数很小,在 $\alpha = 0.02$ 的阈值下，生产链下游部门是新能源汽车部门。

综合以上分析，农业，金属冶炼和压延加工业，金属制品业，化学工业，通用设备制造业，计算机、电子设备及信息技术服务业，电池电机电控制造业，汽车零部件及配件加工业，道路运输业，其他运输业，金融、租赁和商品服务，批发和零售等12个部门是新能源汽车产业的密切关联部门，因此保留这些部门，并将金属冶炼和压延加工品、金属制品业合并为金属采选与冶炼制品业。同时，由于本书的目的主要是探究新能源汽车产业政策对宏观经济、生态环境及民生福利等高质量发展的直接效应、产业关联效应和协同效应，因此保留煤炭采选业、石油开采业、天然气开采与供应业、成品油加工业、电力生产和供应业等5个能源部门，以及新能源乘用车、新能源商用车和传统燃油汽车3个汽车整车制造部门。此外，对其余部门根据产业性质聚合成轻工业、其他制造业和其他服务业。为此，新能源汽车产业政策CGE模型涉及的部门最终细分为22个部门，各部门划分与2020年IO表的对比情况如表6-5所示。

表6-5　　　　　　　新能源汽车产业政策CGE模型的部门划分

部门代码	CGE模型部门划分	2020年42部门I/O表对应的产业部门	2020年42部门I/O表部门编号
1	农业	农林牧渔产品和服务业	01
2	煤炭采选业	煤炭采选业	02
3	石油开采业	石油和天然气开采业、燃气生产和供应业	03、25
4	天然气开采与供应业		
5	成品油加工业	石油、炼焦产品和核燃料加工业	11
6	电力生产和供应业	电力、热力的生产和供应业	24
	热力生产和供应业（归入其他制造业）		
7	金属采选与冶炼制品业	金属矿采选业 金属冶炼和压延加工业 金属制品业	04、14-15
8	轻工业	食品和烟草、纺织品、纺织服装鞋帽皮革羽绒及其制品、木材加工品和家具、造纸印刷和文教体育用品	6-10

续表

部门代码	CGE 模型部门划分	2020 年 42 部门 I/O 表对应的产业部门	2020 年 42 部门 I/O 表部门编号
9	化学工业（化学产品）	化学工业	12
10	通用设备制造业	通用设备制造业	16
11	新能源汽车制造业—乘用车	交通运输设备	18
12	新能源汽车制造业—商用车		
13	传统燃油汽车制造业		
14	汽车零部件及配件加工业 其他交通运输设备制造业 （归入其他制造业）		
15	电池电机电控制造业 其他电气机械和器材 （归入其他制造业）	电气机械和器材	19
16	计算机、电子设备及信息技术服务业	通信设备、计算机和其他电子设备 信息传输、软件和信息技术服务	20、31
17	道路运输业	交通运输、仓储和邮政	29
18	其他运输业		
19	金融租赁服务业	金融、租赁和商品服务	32、34
20	批发和零售业	批发和零售	28
21	其他制造业	非金属矿和其他矿采选产品，非金属矿物制品，专用设备，仪器仪表，其他制造产品和废品废料，金属制品、机械和设备修理服务，水的生产和供应，建筑	5、13、17、21－23、26－27
22	其他服务业	住宿和餐饮，房地产，研究和试验发展，综合技术服务，水利、环境和公共设施管理，居民服务、修理和其他服务，教育，文化、体育和娱乐，卫生和社会工作，公共管理、社会保障和社会组织	30、33、35－42

注：基于中国 2020 年 42 部门和 153 部门 IO 表，依据新能源汽车产业后向关联、前向关联及生产链分析结果进行划分，为了便于 CGE 模型的能源投入与需求统计，对第 2、3 能源部门分类的序号做了调整。

6.3 新能源汽车产业政策动态 CGE 模型构建

标准的开放经济 CGE 模型的基本结构通常包括以下五个核心方面：第一，明确经济主体，涵盖从事生产的产业部门、消费的居民家庭、进行税收与支出的政府部门以及参与国际贸易的国外部门。第二，刻画经济主体的理性决策行为，产业部门遵循成本最小化和利润最大化原则组织生产，居民部门在可支配收入约束下追求效用最大化进行消费，政府部门通过税收和转移支付调节收入分配，其支出也可能追求效用最大化。第三，基于阿明顿（Armington）假设，描述进口产品与国内产品之间的替代关系，遵循投入最小化原则，根据需求总量、价格以及国内外市场均衡条件，确定产品需求量。第四，设定一系列均衡价格，包括商品价格、要素报酬、汇率等。第五，实现市场均衡，涵盖国内产品市场、进出口商品市场、劳动力市场、资本市场和外汇市场等，通过价格调整实现供求平衡。上述结构通过社会核算矩阵（SAM）整合实际经济数据，形成可量化求解的联立方程组，为政策模拟提供系统性分析框架。

新能源汽车产业政策动态 CGE 模型是在标准 CGE 模型的基础上进行扩展，通过将新能源汽车产业政策嵌入标准模型中，系统刻画新能源汽车行业在二氧化碳减排目标下的经济系统互动机制。模型主要设置生产模块、收入分配与储蓄模块、消费模块、对外贸易模块、政策模块、福利模块，市场均衡与宏观闭合模块以及动态链接共八大模块。模型中的变量和参数命名方式参考洛夫格伦等（Löfgren et al, 2002）、张欣（2010）等标准化符号记法，采用规范化统一的表述，如内生变量由大写字母表示，外生变量或控制变量采用带横杠的大写字母表示，参数采用小写字母或希腊字母表示（规模系数除外，以 A 表示）。

6.3.1 生产模块

本章构建的新能源汽车产业政策 CGE 模型中，强化了中间投入的化石能源消耗和非能源中间投入的汽车部门投入，投入中包含了多种要素与中间投入，因此模型的生产活动采取了多层嵌套模式。针对劳动、资本与能源投入的替代弹性差异，依据黄英娜等（2003）的研究结论，资本劳动与能源的嵌套方式或资本能源与劳动的嵌套方式更符合经济学意义的判断。因此，选择资本能源与劳动嵌套，并进一步与非能源中间投入进行二级嵌套的组合方式，具体如图6-4所示。

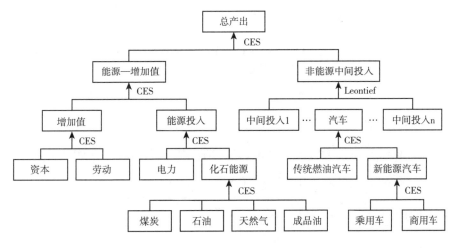

图6-4　生产模块结构

由图6-4可见，在生产模块中，将生产函数划分为四层套嵌：第一层，能源—增加值与非能源中间投入，合成部门总产出。第二层，能源投入与增加值，合成能源—增加值；汽车部门与其他部门的中间投入合成非能源中间投入。第三层，劳动与资本投入合成增加值；同时，电力与化石能源合成能源投入；此外，研究根据燃料消耗类型将汽车行业分为传统燃油汽车和新能源汽车，并合成汽车部门。第四层，煤炭、石油、天然气和成品油合成化石能源投入；同时，根据新能源汽车的不同使用用途，由乘用车和商用车合成新能源汽车。在模型多层次嵌套关系中，原则上每一层次的合成投入量由下一层次决定，本层次的投入量与合成投入价格由本层次决定。

根据生产技术理论，生产函数主要有柯布-道格拉斯函数（C-D）、Leontief函数和常替代弹性系数函数（CES）。其中，C-D函数适用于替代弹性为1的完全替代场景；Leontief函数适用于替代弹性为零的完全互补场景；CES函数则因替代弹性的可变性，更具灵活性，能够有效刻画实体经济的多样性特征。因此，本章采用 CES 函数描述生产活动，假定各生产部门产出单一产品，部门间生产函数差异在于 CES 替代弹性值。非能源中间投入因不可替代性，以 Leontief 组合表示（Zhou et al，2018）。

如图 6 - 4 所示，部门总产出通过四阶段 CES 函数描述，全过程遵循投入成本最小化原则。

6.3.1.1　第一层：部门总产出的 CES 生产组合函数

$$\min_{QVAE_a, QINT_a} (PVAE_a \times QVAE_a + PINT_a \times QINT_a)$$

$$\text{s. t. } QA_a = A_a^q \times [\alpha_a^{ve} \times QVAE_a^{\rho_a^q} + (1 - \alpha_a^{ve}) \times QINT_q^{\rho_a^q}]^{\frac{1}{\rho_a^q}}$$

利用拉格朗日函数求出成本最小化的最优解：

$$\min L = PVAE_a \times QVAE_a + PINT_a \times QINT_a - \lambda \times [A_a^q \times (\alpha_a^{ve} \times QVAE_a^{\rho_a^q} +$$
$$(1 - \alpha_a^{ve}) \times QINT_a^{\rho_a^q})^{\frac{1}{\rho_a^q}} - QA_a]$$

投入最小化的一阶条件：

$$\begin{cases} PVAE_a - \lambda \times A_a^q \times [\alpha_a^{ve} \times QVAE_a^{\rho_a^q} + (1 - \alpha_a^{ve}) \times QINT_a^{\rho_a^q}]^{\frac{1}{\rho_a^q} - 1} \times \alpha_a^{ve} \times QVAE_a^{\rho_a^q - 1} = 0 \\ PINT_a - \lambda \times A_a^q \times [\alpha_a^{ve} \times QVAE_a^{\rho_a^q} + (1 - \alpha_a^{ve}) \times QINT_a^{\rho_a^q}]^{\frac{1}{\rho_a^q} - 1} \times (1 - \alpha_a^{ve}) \times QINT_a^{\rho_a^q - 1} = 0 \\ A_a^q \times (\alpha_a^{ve} \times QVAE_a^{\rho_a^q} + (1 - \alpha_a^{ve}) \times QINT_a^{\rho_a^q})^{\frac{1}{\rho_a^q}} - QA_a = 0 \end{cases}$$

λ 为拉格朗日乘数，进一步整理可得部门生产活动的 CES 生产函数和最优要素投入比例如下：

$$QA_a = A_a^q \times [\alpha_a^{ve} \times QVAE_a^{\rho_a^q} + (1 - \alpha_a^{ve}) \times QINT_a^{\rho_a^q}]^{\frac{1}{\rho_a^q}} \tag{6.12}$$

$$\frac{QVAE_a}{QINT_a} = [\frac{\alpha_a^{ve} \times PINT_a}{(1 - \alpha_a^{ve}) \times PVAE_a}]^{\frac{1}{1 - \rho_a^q}} \tag{6.13}$$

单位生产活动的价格（或成本）为：

$$PA_a = \frac{1}{A_a^q} \times [(\alpha_a^{ve})^{\sigma_a^q} \times PVAE_a^{1 - \sigma_a^q} + (1 - \alpha_a^{ve})^{\sigma_a^q} \times PINT_a^{1 - \sigma_a^q}]^{\frac{1}{1 - \sigma_a^q}} \tag{6.14}$$

σ_a^q 为增加值—能源合成束与非能源中间投入之间的替代弹性系数，$\sigma_a^q =$

$\dfrac{1}{1-\rho_a^q}$ ，$a \in A$ 为按部门划分的生产活动。

6.3.1.2 第二层：增加值—能源合成束、非能源中间投入的合成

（1）增加值—能源的合成。

$$\min_{QVA_a,QEN_a}\left(PVA_a \times QVA_a + PEN_a \times QEN_a\right)$$

$$\text{s. t. } QVAE_a = A_a^{ve} \times \left[\alpha_a^v \times QVA_a^{\rho_a^{ve}} + (1 - \alpha_a^v) \times QEN_a^{\rho_a^{ve}}\right]^{\frac{1}{\rho_a^{ve}}}$$

利用拉格朗日函数，可得增加值—能源合成束的 CES 生产函数及要素最优投入比例关系：

$$QVAE_a = A_a^{ve} \times \left[\alpha_a^v \times QVA_a^{\rho_a^{ve}} + (1 - \alpha_a^v) \times QEN_a^{\rho_a^{ve}}\right]^{\frac{1}{\rho_a^{ve}}} \tag{6.15}$$

$$\frac{QVA_a}{QEN_a} = \left(\frac{\alpha_a^v \times PEN_a}{(1 - \alpha_a^v) \times PVA_a}\right)^{\frac{1}{1 - \rho_a^{ve}}} \tag{6.16}$$

增加值—能源的合成价格：

$$PVAE_a = \frac{1}{A_a^{ve}} \times \left[(\alpha_a^v)^{\sigma_a^{ve}} \times PVA_a^{1 - \sigma_a^{ve}} + (1 - \alpha_a^v)^{\sigma_a^{ve}} \times PEN_a^{1 - \sigma_a^{ve}}\right]^{\frac{1}{1 - \sigma_a^{ve}}} \tag{6.17}$$

σ_a^{ve} 为增加值—能源之间的替代弹性系数，$\sigma_a^{ve} = \dfrac{1}{1 - \rho_a^{ve}}$ 。

（2）非能源中间投入函数与价格。非能源中间投入总需求按列昂惕夫生产函数进行汇总：

$$QI_{auto,a} = ica_{auto,a} \times QINT_a \quad c = 11,12,13 \tag{6.18}$$

$$QI_{ca} = ica_{ca} \times QINT_a \quad c \neq 2,3,\cdots,6,11,12,13 \tag{6.19}$$

$$PINT_a = \sum_c ica_{c,a} \times PQ_c + \sum_{auto} ica_{auto,a} \times PAUTO_a \tag{6.20}$$

$c \in C$ 为商品种类，中间投入价格为产品的国内需求合成价格。

6.3.1.3 第三层：增加值、能源投入、汽车部门投入的合成

（1）增加值的合成。

劳动与资本需求组合投入形成最初投入，即各部门的增加值。

$$\min_{QLD_a, QKD_a} (WL_a \times QLD_a + WK_a \times QKD_a)$$

$$s.\ t.\ QVA_a = A_a^v \times [\alpha_a^l \times QLD_a^{\rho_a^v} + (1 - \alpha_a^l) \times QKD_a^{\rho_a^v}]^{\frac{1}{\rho_a^v}}$$

增加值的 CES 生产函数及劳动、资本两要素的最优投入比例关系：

$$QVA_a = A_a^v \times [\alpha_a^l \times QLD_a^{\rho_a^v} + (1 - \alpha_a^l) \times QKD_a^{\rho_a^v}]^{\frac{1}{\rho_a^v}} \tag{6.21}$$

$$\frac{QLD_a}{QKD_a} = \Big[\frac{\alpha_a^l \times WK_a}{(1 - \alpha_a^l) \times WL_a} \Big]^{\frac{1}{1 - \rho_a^v}} \tag{6.22}$$

劳动—资本合成初级要素的合成价格：

$$PVA_a = \frac{1}{A_a^v} \times [(\alpha_a^l)^{\sigma_a^v} \times WL_a^{1 - \sigma_a^v} + (1 - \alpha_a^l)^{\sigma_a^v} \times WK_a^{1 - \sigma_a^v}]^{\frac{1}{1 - \sigma_a^v}} \tag{6.23}$$

σ_a^v 为劳动与资本要素之间的替代弹性系数，$\sigma_a^v = \dfrac{1}{1 - \rho_a^v}$。

（2）能源束投入的合成。

能源投入由电力能源和化石能源需求组合形成，两种能源中间的替代关系由 CES 函数描述如下：

$$\min_{QELE_a, QFOS_a} (PELE_a \times QELE_a + PFOS_a \times QFOS_a)$$

$$s.\ t.\ QEN_a = A_a^e \times [\alpha_a^{ele} \times QELE_a^{\rho_a^e} + (1 - \alpha_a^{ele}) \times QFOS_a^{\rho_a^e}]^{\frac{1}{\rho_a^e}}$$

能源束的 CES 生产函数及电力能源、化石能源两要素的最优投入比例关系：

$$QEN_a = A_a^e \times [\alpha_a^{ele} \times QELE_a^{\rho_a^e} + (1 - \alpha_a^{ele}) \times QFOS_a^{\rho_a^e}]^{\frac{1}{\rho_a^e}} \tag{6.24}$$

$$\frac{QELE_a}{QFOS_a} = \Big[\frac{\alpha_a^{ele} \times PFOS_a}{(1 - \alpha_a^{ele}) \times PELE_a} \Big]^{\frac{1}{1 - \rho_a^e}} \tag{6.25}$$

$$PEN_a = \frac{1}{A_a^e} \times [(\alpha_a^{ele})^{\sigma_a^e} \times PELE_a^{1 - \sigma_a^e} + (1 - \alpha_a^{ele})^{\sigma_a^e} \times PFOS_a^{1 - \sigma_a^e}]^{\frac{1}{1 - \sigma_a^e}} \tag{6.26}$$

σ_a^e 为电力能源—化石能源之间的替代弹性系数，$\sigma_a^e = \dfrac{1}{1 - \rho_a^e}$。

（3）汽车投入的合成。

模型将汽车整车分为了传统燃油汽车和新能源汽车，两者之间的替代关系由 CES 函数描述。

$$\min_{QGV_a, QEV_a} (PGV_a \times QGV_a + PEV_a \times QEV_a)$$

$$\text{s. t. } QAUTO_a = A_a^{auto} \times \left[\alpha_a^{gv} \times QGV_a^{\rho_a^{auto}} + (1 - \alpha_a^{gv}) \times QEV_a^{\rho_a^{auto}} \right]^{\frac{1}{\rho_a^{auto}}}$$

汽车整车的 CES 生产函数及传统燃油汽车、新能源汽车两要素的最优投入比例关系如下:

$$QAUTO_a = A_a^{auto} \times \left[\alpha_a^{gv} \times QGV_a^{\rho_a^{auto}} + (1 - \alpha_a^{gv}) \times QEV_a^{\rho_a^{auto}} \right]^{\frac{1}{\rho_a^{auto}}} \tag{6.27}$$

$$\frac{QGV_a}{QEV_a} = \left[\frac{\alpha_a^{gv} \times PEV_a}{(1 - \alpha_a^{gv}) \times PGV_a} \right]^{\frac{1}{1 - \rho_a^{auto}}} \tag{6.28}$$

传统燃油汽车—新能源汽车的合成价格:

$$PAUTO_a = \frac{1}{A_a^{auto}} \times \left[(\alpha_a^{gv})^{\sigma_a^{auto}} \times PGV_a^{1 - \sigma_a^{auto}} + (1 - \alpha_a^{gv})^{\sigma_a^{auto}} \times PEV_a^{1 - \sigma_a^{auto}} \right]^{\frac{1}{1 - \sigma_a^{auto}}}$$

$$\tag{6.29}$$

σ_a^{auto} 为传统燃油汽车与新能源汽车要素之间的替代弹性系数, $\sigma_a^{auto} = \dfrac{1}{1 - \rho_a^{auto}}$。

6.3.1.4　第四层:化石能源、新能源汽车投入的合成

(1) 化石能源投入的合成。

模型中将化石能源划分为煤炭、原油、汽油、成品油四种能源,化石能源之间的替代关系由 CES 函数描述。

$$\min_{QFOS_{ai}} (PFOS_{ai} \times QFOS_{ai})$$

$$\text{s. t. } QFOS_a = A_a^{fos} \times \left[\sum_{i=2}^{5} (\delta_{ai}^{fos} \times QFOS_{ai}^{\rho_a^{fos}}) \right]^{\frac{1}{\rho_a^{fos}}}$$

根据投入费用最小化原则,可得各种能源需求函数及能源需求的合成价格:

$$QFOS_a = A_a^{fos} \times \left[\sum_{i=2}^{5} (\delta_{ai}^{fos} \times QFOS_{ai}^{\rho_a^{fos}}) \right]^{\frac{1}{\rho_a^{fos}}} \tag{6.30}$$

$$QFOS_{ai} = (A_a^{fos})^{\sigma_a^{fos} - 1} \times \left(\frac{\delta_{ai}^{fos} \times PFOS_a}{PFOS_{ai}} \right)^{\sigma_a^{fos}} \times QFOS_a \tag{6.31}$$

$$\text{PFOS}_a = \frac{1}{A_a^{fos}} \times \left(\sum_{i=2}^{5} \delta_{ai}^{fos} \times \text{PFOS}_{ai}^{1-\sigma_a^{fos}} \right)^{\frac{1}{1-\sigma_a^{fos}}} \quad (6.32)$$

δ_{ai}^{fos} 为四种能源的份额系数，$\sum_{i=2}^{5} \delta_{ai}^{fos} = 1$；$\sigma_a^{fos}$ 为各种能源之间的替代弹性系数，$\sigma_a^{fos} = \frac{1}{1-\rho_a^{fos}}$；$\text{PFOS}_{ai}$ 为四种能源的价格。

（2）新能源汽车的合成。

模型将新能源汽车区分为乘用车和商用车，两者之间的替代关系由 CES 函数描述。

$$\min_{\text{QPEV}_a, \text{QCEV}_a} (\text{PPEV}_a \times \text{QPEV}_a + \text{PCEV}_a \times \text{QCEV}_a)$$

$$\text{s. t. } \text{QEV}_a = A_a^{ev} \times [\alpha_a^{pev} \times \text{QPEV}_a^{\rho_a^{ve}} + (1 - \alpha_a^{pev}) \times \text{QCEV}_a^{\rho_a^{ev}}]^{\frac{1}{\rho_a^{ev}}}$$

新能源汽车的 CES 生产函数及新能源乘用车、商用车两种要素的最优投入比例关系如下：

$$\text{QEV}_a = A_a^{ev} \times [\alpha_a^{pev} \times \text{QPEV}_a^{\rho_a^{ev}} + (1 - \alpha_a^{pev}) \times \text{QCEV}_a^{\rho_a^{ev}}]^{\frac{1}{\rho_a^{ev}}} \quad (6.33)$$

$$\frac{\text{QPEV}_a}{\text{QCEV}_a} = \left[\frac{\alpha_a^{pev} \times \text{PCEV}_a}{(1 - \alpha_a^{pev}) \times \text{PPEV}_a} \right]^{\frac{1}{1-\rho_a^{ev}}} \quad (6.34)$$

乘用车—商用车投入的合成价格：

$$\text{PEV}_a = \frac{1}{A_a^{ev}} \times [(\alpha_a^{pev})^{\sigma_a^{ev}} \times \text{PPEV}_a^{1-\sigma_a^{ev}} + (1 - \alpha_a^{pev})^{\sigma_a^{ev}} \times \text{PCEV}_a^{1-\sigma_a^{ev}}]^{\frac{1}{1-\sigma_a^{ev}}}$$

$$(6.35)$$

σ_a^{ev} 为乘用车与商用车之间的替代弹性系数，$\sigma_a^{ev} = \frac{1}{1-\rho_a^{ev}}$。

国内生产活动产出 QA 到商品 QX 的映射（假定各部门只生产与本部门生产活动相关的唯一商品）：

$$\text{QA}_a = \sum_c \text{sax}_{ac} \times \text{QX}_c \quad (6.36)$$

$$\text{PX}_c = \sum_a \text{sax}_{ac} \times \text{PA}_a \quad (6.37)$$

生产模块函数的变量与参数说明如表 6-6 和表 6-7 所示。

表 6 - 6   生产模块函数的变量说明

变量名称	变量含义	变量名称	变量含义
QA_a	各部门的产出	PA_a	各部门生产活动的价格
$QVAE_a$	各部门增加值—能源的合成投入量	$PVAE_a$	各部门增加值—能源的合成价格
$QINT_a$	各部门非能源中间投入量	$PINT_a$	各部门非能源中间投入的合成价格
QLD_a	各部门劳动投入量	WL	劳动价格
QKD_a	各部门资本投入量	WK	资本价格
QVA_a	各部门劳动—资本合成的初级要素投入量	PVA_a	各部门劳动—资本初级要素的合成价格
QEN_a	各部门能源合成束的投入量	PEN_a	各部门能源需求的合成价格
$QELE_a$	各部门电力能源的投入量	$PELE_a$	各部门电力能源的投入价格
$QFOS_{ai}$	各部门化石能源的投入量	$PFOS_{ai}$	各部门化石能源的投入价格
$QAUTO_a$	各部门汽车合成束的投入量	$PAUTO_a$	各部门汽车需求的投入价格
QGV_a	各部门传统燃油汽车的投入量	PGV_a	各部门传统燃油汽车需求的投入价格
QEV_a	各部门新能源汽车的投入量	PEV_a	各部门新能源汽车需求的投入价格
$QPEV_a$	各部门新能源乘用车的投入量	$PPEV_a$	各部门新能源乘用车的投入价格
$QCEV_a$	各部门新能源商用车的投入量	$PCEV_a$	各部门新能源商用车的投入价格
QX_c	本国生产的商品量	PX_c	本国生产的商品价格
QI_{ca}	各部门非能源非汽车中间投入矩阵	$QI_{auto,a}$	汽车部门非能源中间投入矩阵

表 6 - 7   生产模块函数的参数说明

参数	参数定义	参数	参数定义
A_a^q	部门产出 CES 函数的规模系数	ρ_a^{ve}	增加值—能源之间的替代弹性相关系数
A_a^{ve}	增加值—能源合成束 CES 函数的规模系数	ρ_a^v	劳动要素与资本要素之间的替代弹性相关系数
A_a^v	劳动—资本合成束 CES 函数的规模系数	ρ_a^e	电力能源和化石能源的替代弹性相关系数
A_a^e	能源合成束 CES 函数的规模系数	ρ_a^{fos}	四种化石能源的替代弹性相关系数
A_a^{auto}	汽车投入合成束 CES 函数的规模系数	ρ_a^{auto}	传统燃油汽车和新能源汽车之间的替代弹性相关系数

续表

参数	参数定义	参数	参数定义
A_a^{fos}	化石能源合成束 CES 函数的规模系数	ρ_a^{ev}	乘用车和商用车之间的替代弹性相关系数
A_a^{ev}	新能源汽车投入合成束 CES 函数的规模系数	α_a^{ve}	增加值—能源合成束投入的份额参数
σ_a^{q}	增加值—能源合成束与非能源中间投入之间的替代弹性系数	α_a^{v}	初级要素投入的份额参数
σ_a^{ve}	增加值—能源之间的替代弹性系数	α_a^{l}	劳动投入的份额参数
σ_a^{v}	劳动要素与资本要素之间的替代弹性系数	α_a^{ele}	电力能源投入的份额参数
σ_a^{e}	电力和化石能源之间的替代弹性系数	α_a^{gv}	传统燃油汽车投入的份额参数
σ_a^{fos}	四种化石能源之间的替代弹性系数	α_a^{pev}	乘用车投入的份额参数
σ_a^{auto}	传统燃油汽车和新能源汽车之间的替代弹性系数	δ_{ai}^{fos}	四种化石能源投入的份额参数
σ_a^{ev}	乘用车和商用车之间的替代弹性系数	ica_{ca}	投入产出系数矩阵
ρ_a^{q}	增加值—能源合成束与非能源中间投入之间的替代弹性相关系数	sax_{ac}	对角线数值全部为 1 的单位阵，为了把 QA 转换为 QX

6.3.2　收入分配与储蓄模块

生产环节形成收入的初次分配，即劳动报酬、要素所得和政府的间接税收入。居民总收入是指所有居民在一定时间内从各种经济活动中获得的收入总和，其中包含劳动报酬收入、企业利润分配以及来自企业、政府与国外的转移收入；企业收入是指企业在一定时间内从生产经营活动中获得的收入总和，由资本收益和政府转移支付构成；政府收入来源包括个人和企业的直接税、企业间接税、进口关税，再加上来自国外转移的部分，具体的收入分配流程如图 6-5 所示。

各经济主体收入形成及储蓄的方程描述如下。

（1）居民部门。

居民总收入：

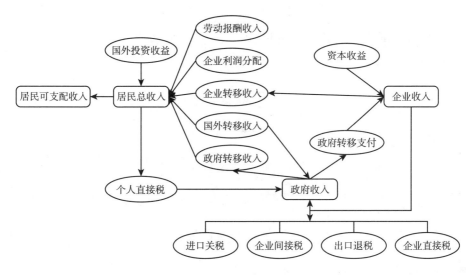

图 6 - 5　收入分配模块结构

$$FHY = \sum_a WL \times QLD_a + \sum_a r_{hk} \times WK \times QKD_a + TR_{gh} + TR_{eh} + TR_{wh}$$

$$(6.38)$$

居民可支配收入：

$$DHY = (1 - \overline{ty_h}) \times FHY \qquad (6.39)$$

居民储蓄：

$$HS = s_h \times DHY \qquad (6.40)$$

（2）企业部门。

企业税前收入：

$$FEY = \sum_a r_{ek} \times WK \times QKS_a + TR_{ge} \qquad (6.41)$$

企业储蓄：

$$ES = s_e \times (1 - \overline{ty_e}) \times (1 - r_{eh}) \times FEY \qquad (6.42)$$

（3）政府部门。

政府收入：

$$FGY = TAX_a + TAX_h + TAX_e + TAX_{mc} - TAX_{ec} \qquad (6.43)$$

式中各种税收的计算公式如下：

企业间接税：

$$TAX_a = \sum_a \overline{td_a} \times PA_a \times QA_a \qquad (6.44)$$

个人直接税：

$$TAX_h = \overline{ty_h} \times FHY \qquad (6.45)$$

企业直接税：

$$TAX_e = \overline{ty_e} \times FEY \qquad (6.46)$$

进口关税：

$$TAX_{mc} = \sum_c tm_c \times pwm_c \times QM_c \times EXR \qquad (6.47)$$

出口退税：

$$TAX_{ec} = \sum_c te_c \times pwe_c \times QE_c \times EXR \qquad (6.48)$$

政府储蓄：

$$GS = s_g \times FGY \qquad (6.49)$$

可见，居民家庭、企业和政府的收入来源不仅包括要素报酬与资本收益，还涵盖相互间的转移收支，尤其是政府对居民和企业的转移支付。居民总收入在扣除所得税后形成可支配收入，进而扣除消费支出后转化为居民储蓄；企业收入扣除中间投入后形成企业储蓄；政府收入则主要用于公共事业支出，如基础设施、教育、医疗、社会保障和安全防务等领域，剩余部分构成政府储蓄。

居民、企业和政府的消费需求与出口需求共同构成商品总需求，而其储蓄与国外储蓄之和形成总储蓄。各部门储蓄进一步转化为本期投资，并转化为下期新增资本存量，即总投资由总储蓄驱动，以满足商品总需求的再生产需要。相关流程如图6-6所示。

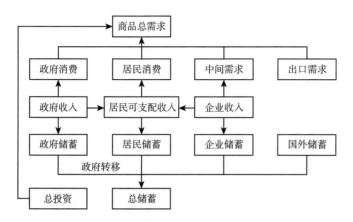

图 6 - 6　储蓄与需求形成结构

基于储蓄驱动的总投资、投资活动对商品和存货的需求量以及对国外投资方程描述如下：

主体机构总储蓄：

$$TSAV = HS + GS + ES + FS \times EXR \qquad (6.50)$$

全社会总投资需求：

$$TINV = \sum_c PQ_c \times (INV_c + SC_c) + INVF \qquad (6.51)$$

投资活动对商品的需求量：

$$INV_c = \frac{\alpha_c \times TINV}{PQ_c} \qquad (6.52)$$

投资活动对存货变动的需求：

$$INVS = ivs \times TINV \qquad (6.53)$$

存货变动对商品的需求量：

$$SC_c = \frac{\alpha_{sc} \times INVS}{PQ_c} \qquad (6.54)$$

投资活动对商品的需求量是将总投资支出按照结构比例分配，投资活动对存货变动的需求按照总投资的份额比例算出。至于国外投资，它是指总投资扣除了在本国的投资后所剩余的余额，是一个价值指标。

收入分配与储蓄模块的变量与参数说明如表6－8、表6－9所示。

表6－8 收入分配与储蓄模块的变量说明

变量名称	变量含义	变量名称	变量含义
FHY	居民总收入	TR_{gh}	政府对居民的转移支付
DHY	居民可支配收入	TR_{eh}	企业对居民的转移支付
HS	居民储蓄	TR_{wh}	国外对居民的转移支付
FEY	企业税前收入	TR_{ge}	政府对企业的转移支付
ES	企业储蓄	TAX_a	企业间接税
FGY	政府收入	TAX_h	个人直接税
GS	政府储蓄	TAX_e	企业直接税
FS	国外储蓄	TAX_{mc}	进口关税
TSAV	总储蓄	TAX_{ec}	出口退税
TINV	总投资	QM_c	进口商品量
INV_c	投资活动对商品的需求量	QE_c	出口商品量
INVF	对国外投资	PQ_c	商品价格
INVS	投资活动对存货的需求	EXR	汇率
SC_c	存货变动对商品的需求量		

表6－9 收入分配与储蓄模块的参数说明

参数名称	参数含义	参数名称	参数含义
r_{hk}	资本收入分配给居民的份额	$\overline{td}_a$	生产税税率
r_{ek}	资本收入分配给企业的份额	tm_c	出口税率
r_{eh}	企业收入分配给居民的份额	te_c	出口退税率
s_h	居民的边际储蓄倾向	pwm_c	进口商品的国际市场价格
s_e	企业的边际储蓄倾向	pwe_c	出口商品的国际市场价格
s_g	政府的边际储蓄倾向	α_c	投资的商品需求活动系数
$\overline{ty}_h$	居民个人所得税税率	α_{sc}	存货变动的商品需求活动系数
$\overline{ty}_e$	企业所得税税率	ivs	全部投资中对存货投资的比例

6.3.3 消费需求模块

本模块主要描述居民部门消费需求及政府消费需求，政府消费需求结构较为简化，居民部门消费需求则按照交通与非交通消费、能源商品与一般消费商品消费等类别进行描述。

6.3.3.1 居民消费需求

居民部门通过提供劳动力或资本获得收入，扣除储蓄和纳税后的可支配收入用于购买各类商品。考虑到新能源汽车产业扶持政策的冲击会引起能源及交通消费价格的变化，消费者在能源商品与一般商品、交通与非交通以及不同类别汽车需求之间进行替代，因此模型中居民消费需求模块采取多层次嵌套的 CES 效用函数形式，具体如图 6-7 所示。

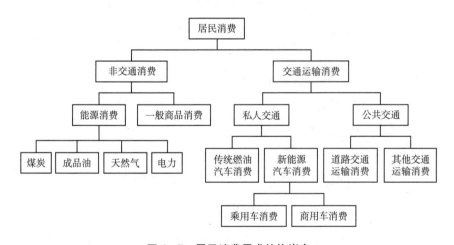

图 6-7 居民消费需求结构嵌套

由图 6-7 可知，居民消费支出采取了四层嵌套的形式，在收入制约和效用最大化的前提下依次决定一般商品、能源、交通运输服务及私人交通的消费支出，各类消费支出的效用函数采用马歇尔需求方程。

（1）第一层：交通消费行为与非交通消费行为。

这一层采用 CES 效用函数将居民家庭消费行为分为交通消费与非交通消费行为，将效用度量系数设置为1，则直接效用函数与约束条件如下：

$$\max_{TR,NTR} U_h = \left[\alpha_t^{\frac{1}{\sigma^h}} \times TR^{\rho^h} + (1-\alpha_t)^{\frac{1}{\sigma^h}} \times NTR^{\rho^h} \right]^{\frac{1}{\rho^h}}$$

$$s.\,t.\; P_{tr} \times TR + P_{ntr} \times NTR = HC$$

其中：$HC = DHY - HS = (1-S_h) \times DHY$

效用最大化拉格朗日函数：

$$\max L = \left[\alpha_t^{\frac{1}{\sigma^h}} \times TR^{\rho^h} + (1-\alpha_t)^{\frac{1}{\sigma^h}} \times NTR^{\rho^h} \right]^{\frac{1}{\rho^h}} + \lambda \times (HC - P_{tr} \times TR - P_{ntr} \times NTR)$$

效用最大化的一阶条件：

$$\frac{\partial L}{\partial TR} = \frac{\partial L}{\partial NTR} = \frac{\partial L}{\partial \lambda} = 0$$

由此得出交通运输消费、非交通消费的需求函数：

$$TR = \frac{\alpha_t \times HC}{P_{tr}^{\sigma^h} \times \left[\alpha_t \times P_{tr}^{1-\sigma^h} + (1-\alpha_t) \times P_{ntr}^{1-\sigma^h} \right]} \tag{6.55}$$

$$NTR = \frac{(1-\alpha_t) \times HC}{P_{ntr}^{\sigma^h} \times \left[\alpha_t \times P_{tr}^{1-\sigma^h} + (1-\alpha_t) \times P_{ntr}^{1-\sigma^h} \right]} \tag{6.56}$$

（2）第二层：交通运输消费、非交通消费的合成。

第一，交通运输消费的合成：居民部门的交通运输消费在私人交通与公共交通之间进行理性选择。

$$\max_{ATR,BTR} U_{tr} = \left[\alpha_{at}^{\frac{1}{\sigma^t}} \times ATR^{\rho^t} + (1-\alpha_{at}^{\frac{1}{\sigma^t}}) \times BTR^{\rho^t} \right]^{\frac{1}{\rho^t}}$$

$$s.\,t.\; P_{at} \times ATR + P_{bt} \times BTR = HC_{tr}$$

效用最大化条件下，利用拉格朗日函数求得公共交通、私人交通的需求函数及交通运输消费的合成价格：

$$ATR = \frac{\alpha_{at} \times HC_{tr}}{P_{at}^{\sigma^t} \times \left[\alpha_{at} \times P_{at}^{1-\sigma^t} + (1-\alpha_{at}) \times P_{bt}^{1-\sigma^t} \right]} \tag{6.57}$$

$$BTR = \frac{(1-\alpha_{at}) \times HC_{tr}}{P_{bt}^{\sigma^t} \times \left[\alpha_{at} \times P_{at}^{1-\sigma^t} + (1-\alpha_{at}) \times P_{bt}^{1-\sigma^t} \right]} \tag{6.58}$$

$$P_{tr} = \left[\alpha_{at} \times P_{at}^{1-\sigma^t} + (1-\alpha_{at}) \times P_{bt}^{1-\sigma^t} \right]^{\frac{1}{1-\sigma^t}} \tag{6.59}$$

第二，非交通消费的合成：居民部门的能源消费与一般商品消费合成非交通消费，效用最大化与预算约束如下：

$$\max_{Q_f,CO} U_{nt} = \left[\alpha_f^{\frac{1}{\sigma^{nt}}} \times Q_f^{\rho^{nt}} + (1 - \alpha_f^{\frac{1}{\sigma^{nt}}}) \times CO^{\rho^{nt}} \right]^{\frac{1}{\rho^{nt}}}$$

s. t. $P_f \times Q_f + P_{co} \times CO = HC_{nt}$

利用拉格朗日函数得到居民部门的能源消费、一般商品消费的需求函数以及非交通消费的合成价格：

$$Q_f = \frac{\alpha_f \times HC_{nt}}{P_f^{\sigma^{nt}} \times \left[\alpha_f \times P_f^{1-\sigma^{nt}} + (1 - \alpha_f) \times P_{co}^{1-\sigma^{nt}} \right]} \tag{6.60}$$

$$CO = \frac{(1 - \alpha_f) \times HC_{nt}}{P_{co}^{\sigma^{nt}} \times \left[\alpha_f \times P_f^{1-\sigma^{nt}} + (1 - \alpha_f) \times P_{co}^{1-\sigma^{nt}} \right]} \tag{6.61}$$

$$P_{nt} = \left[\alpha_f \times P_f^{1-\sigma^{nt}} + (1 - \alpha_f) \times P_{co}^{1-\sigma^{nt}} \right]^{\frac{1}{1-\sigma^{nt}}} \tag{6.62}$$

（3）第三层：一般商品消费、能源消费、公共交通运输消费的合成。

第一，一般商品的合成：不考虑不同商品之间的相互替代关系，因此按照 C - D 函数进行合成，各种商品的消费预算、需求函数及一般商品的合成价格如下：

$$\sum_i P_{co_i} \times CO_i = HC_o \quad (i \neq 2,3,\cdots,6,TR) \tag{6.63}$$

$$CO_i = \beta_{co_i} \times \frac{HC_o}{P_{co_i}} \tag{6.64}$$

第二，居民能源消费的合成：居民部门家庭消费中的能源消费主要用于采暖、厨房、照明、家用电器及私家车出行等方面，包括煤炭、成品油、天然气以及电力等燃料能源产品。假定各种燃料能源产品之间满足常替代弹性关系，采用 CES 函数描述他们之间的替代关系，并合成居民部门的能源消费束。各种能源的需求函数、价格以及合成能源消费价格如下：

$$\sum_{i=3}^{6} P_{f_i} \times Q_{f_i} = HC_f \tag{6.65}$$

$$Q_{f_i} = \frac{\beta_{f_i} \times HC_f}{P_{f_i}^{\sigma^f} \times \sum_{i=2}^{6} (\beta_{f_i} \times P_{f_i}^{1-\sigma^f})} \tag{6.66}$$

$$P_f = \sum_{i=3}^{6} (\beta_{f_i} \times P_{f_i}^{1-\sigma^f})^{\frac{1}{1-\sigma^f}} \qquad (6.67)$$

第三，公共交通的合成：采用 CES 效用函数将公共交通运输行为分为道路交通运输消费行为与其他交通运输消费行为，则直接效用函数与制约条件如下：

$$\max_{RBT,OBT} U_{btr} = [\alpha_{rb}^{\frac{1}{\sigma^{bt}}} \times RBT^{\rho^{bt}} + (1-\alpha_{rb}^{\frac{1}{\sigma^{bt}}}) \times OBT^{\rho^{bt}}]^{\frac{1}{\rho^{bt}}}$$

$$s.t. \ P_{rbt} \times RBT + P_{obt} \times OBT = BTR$$

得出道路交通运输消费、其他交通运输消费的需求函数以及公共交通运输的合成价格如下：

$$RBT = \frac{\alpha_{rb} \times BTR}{P_{rbt}^{\sigma^{bt}} \times [\alpha_{rb} \times P_{rbt}^{1-\sigma^{bt}} + (1-\alpha_{rb}) \times P_{obt}^{1-\sigma^{bt}}]} \qquad (6.68)$$

$$OBT = \frac{(1-\alpha_{rb}) \times BTR}{P_{obt}^{\sigma^{bt}} \times [\alpha_{rb} \times P_{rbt}^{1-\sigma^{bt}} + (1-\alpha_{rb}) \times P_{obt}^{1-\sigma^{bt}}]} \qquad (6.69)$$

$$P_{bt} = [\alpha_{rb} \times P_{rbt}^{1-\sigma^{bt}} + (1-\alpha_{rb}) \times P_{obt}^{1-\sigma^{bt}}]^{\frac{1}{1-\sigma^{bt}}} \qquad (6.70)$$

第四，私人交通合成：采用 CES 效用函数将私人交通运输行为分为传统燃油汽车消费行为与新能源汽车消费行为，则直接效用函数与制约条件如下：

$$\max_{AGV,AEV} U_{atr} = [\alpha_{gv}^{\frac{1}{\sigma^{at}}} \times AGV^{\rho^{at}} + (1-\alpha_{gv}^{\frac{1}{\sigma^{at}}}) \times AEV^{\rho^{at}}]^{\frac{1}{\rho^{at}}}$$

$$s.t. \ P_{agv} \times AGV + P_{aev} \times AEV = ATR$$

传统燃油汽车消费、新能源运输消费的需求函数以及私人交通运输的合成价格如下：

$$AGV = \frac{\alpha_{gv} \times ATR}{P_{agv}^{\sigma^{at}} \times [\alpha_{gv} \times P_{agv}^{1-\sigma^{at}} + (1-\alpha_{gv}) \times P_{aev}^{1-\sigma^{at}}]} \qquad (6.71)$$

$$AEV = \frac{(1-\alpha_{gv}) \times ATR}{P_{aev}^{\sigma^{at}} \times [\alpha_{gv} \times P_{agv}^{1-\sigma^{at}} + (1-\alpha_{gv}) \times P_{aev}^{1-\sigma^{at}}]} \qquad (6.72)$$

$$P_{at} = [\alpha_{gv} \times P_{agv}^{1-\sigma^{at}} + (1-\alpha_{gv}) \times P_{aev}^{1-\sigma^{at}}]^{\frac{1}{1-\sigma^{at}}} \qquad (6.73)$$

（4）第四层：新能源汽车消费的合成。

这一层采用 CES 效用函数将新能源汽车消费行为分为乘用车消费行为与商用车消费行为，则直接效用函数与制约条件如下：

$$\max_{APEV, ACEV} U_{aev} = \left[\alpha_{ap}^{\frac{1}{\sigma^{ae}}} \times APEV^{\rho^{ae}} + \left(1 - \alpha_{ap}^{\frac{1}{\sigma^{ae}}}\right) \times ACEV^{\rho^{ae}} \right]^{\frac{1}{\rho^{ae}}}$$

$$s.t.\ P_{apev} \times APEV + P_{acev} \times ACEV = AEV$$

通过拉格朗日函数可得传统燃油汽车消费、新能源运输消费的需求函数以及私人交通运输的合成价格如下：

$$APEV = \frac{\alpha_{ap} \times AEV}{P_{apev}^{\sigma^{ae}} \times \left[\alpha_{ap} \times P_{apev}^{1-\sigma^{ae}} + \left(1 - \alpha_{ap}\right) \times P_{acev}^{1-\sigma^{ae}} \right]} \qquad (6.74)$$

$$ACEV = \frac{\left(1 - \alpha_{ap}\right) \times AEV}{P_{acev}^{\sigma^{ae}} \times \left[\alpha_{ap} \times P_{apev}^{1-\sigma^{ae}} + \left(1 - \alpha_{ap}\right) \times P_{acev}^{1-\sigma^{ae}} \right]} \qquad (6.75)$$

$$P_{ae} = \left[\alpha_{ap} \times P_{apev}^{1-\sigma^{ae}} + \left(1 - \alpha_{ap}\right) \times P_{acev}^{1-\sigma^{ae}} \right]^{\frac{1}{1-\sigma^{ae}}} \qquad (6.76)$$

6.3.3.2　政府消费需求

政府消费需求采用 C–D 效用函数进行刻画：

$$\max U = A_c \times \prod_C GC^{\alpha_c^g}$$

$$s.t.\ \left(FGY - TR_{gh} - TR_{ge} - GS\right) = \sum_C PQ_c \times GC_c$$

A_c 为 C–D 效用函数的规模系数，α_c^g 为政府部门最终商品需求的比例，$\sum \alpha_c^g = 1$。通过拉格朗日函数可求得政府总消费支出的马歇尔需求函数：

$$GC_c = \frac{\alpha_c^g \times \left(FGY - TR_{gh} - TR_{ge} - GS\right)}{PQ_c} = \frac{\alpha_c^g \times \left(1 - rg_h - rg_e - s_g\right) \times FGY}{PQ_c}$$

$$(6.77)$$

消费需求模块的变量与参数说明如表 6–10、表 6–11 所示。

表 6 – 10　　　　　　　　　　　　消费需求模块的变量说明

变量名称	变量含义	变量名称	变量含义
TR	交通消费需求	P_{tr}	交通消费合成价格
NTR	非交通消费需求	P_{nt}	非交通消费合成价格
ATR	私人交通消费需求	P_{at}	私家车消费价格
BTR	公共交通消费需求	P_{bt}	公共交通消费价格
RBT	道路运输消费需求	P_{rbt}	道路交通运输消费价格
OBT	其他运输消费需求	P_{obt}	其他交通运输消费价格
AGV	传统燃油汽车消费需求	P_{agv}	传统燃油汽车消费价格
AEV	新能源汽车消费需求	P_{aev}	新能源汽车消费价格
APEV	乘用车消费需求	P_{apev}	乘用车消费价格
ACEV	商用车消费需求	P_{acev}	商用车消费价格
Q_f	居民能源合成需求	P_f	居民能源消费合成价格
Q_{f_i}	居民对各种能源的消费需求	P_{f_i}	居民能源消费价格
CO	一般消费品合成需求	P_{co}	一般商品消费合成价格
CO_i	一般消费品消费需求	P_{co_i}	一般商品消费价格
HC	居民总消费支出	GC_c	政府部门对商品 c 的消费量
HC_{tr}	交通消费支出	GC	政府总消费
HC_{nt}	非交通消费支出	HC_f	居民能源消费支出
HC_o	一般商品消费支出		

表 6 – 11　　　　　　　　　　　　消费需求模块的参数说明

参数名称	参数含义	参数名称	参数含义
α_t	交通消费的比例参数	σ^{at}	传统燃油汽车消费与新能源汽车消费替代弹性
α_{at}	私人交通消费的比例参数	σ^{ae}	商用车与乘用车消费替代弹性
α_f	居民部门能源消费的比例参数	ρ^h	交通消费与非交通消费弹性相关系数
α_{gv}	传统燃油汽车消费的比例参数	ρ^t	公共交通与私人交通替代弹性相关系数
α_{rb}	道路交通运输消费的比例参数	ρ^{nt}	能源与一般商品替代弹性相关系数
α_{ap}	乘用车消费的比例参数	ρ^f	各种能源之间替代弹性相关系数
β_{co_i}	一般消费品的比例参数	ρ^{bt}	道路交通消费与其他交通消费替代弹性相关系数

续表

参数名称	参数含义	参数名称	参数含义
β_{f_i}	各种能源占比参数	ρ^{at}	传统燃油汽车消费与新能源汽车消费替代弹性相关系数
σ^h	交通消费与非交通消费替代弹性	ρ^{ae}	商用车与乘用车消费替代弹性相关系数
σ^t	公共交通与私人交通替代弹性	A_c	C–D效用函数的规模系数
σ^{nt}	能源与一般商品替代弹性	rg_h	政府对居民的转移比率
σ^{bt}	道路交通消费与其他交通消费替代弹性	rg_e	政府对企业的转移比率
σ^f	各种能源之间替代弹性		

6.3.4　对外贸易模块

依据销售最大化原则，将各产业部门生产活动投入最优化过程的总产出转换为国内市场和国际市场的商品供给，运用 CET 函数对国内和国际市场的供给转换关系进行描述。同时，基于 Armington 假设并依据投入最小化原则及国内、进口产品需求之间的不完全替代关系，运用 CES 函数描述国内产品需求与进口产品需求合成为各部门的消费需求，具体流通过程如图 6–8 所示。

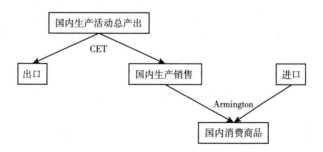

图 6–8　国内市场分配与需求

6.3.4.1　产出在国内市场与国际市场之间的转换

国内和国际市场价格的相对水平影响着国内产出商品在国内销售和出口

中的分配关系。它们之间的关系类似于一个凸集的生产可能性边界，由 CET 函数进行描述。在本模型中，依据国际经济学中的"小国假设"，即本国的进出口变动不足以使世界市场有显著变动。

CET 函数的最优化数学表达与生产投入的描述类似，为满足生产可能性外凸要求参数 $\rho > 1$，其优化手续如下：

$$\min_{QD_c, QE_c} (PD_c \times QD_c + PE_c \times QE_c)$$

$$\text{s. t. } QX_c = A_c^{ex} \times [\alpha_c^{ex} \times QD_c^{\rho_c^{ex}} + (1 - \alpha_c^{ex}) \times QE_c^{\rho_c^{ex}}]^{\frac{1}{\rho_c^{ex}}}$$

根据最优化的一阶条件，得到国内消费与出口需求的 CET 函数和最优分配比例关系、国内生产商品的总供给价格以及国际市场价格和汇率对出口商品价格的影响：

$$QX_c = A_c^{ex} \times [\alpha_c^{ex} \times QD_c^{\rho_c^{ex}} + (1 - \alpha_c^{ex}) \times QE_c^{\rho_c^{ex}}]^{\frac{1}{\rho_c^{ex}}} \tag{6.78}$$

$$\frac{QD_c}{QE_c} = \Big[\frac{\alpha_c^{ex} \times PE_c}{(1 - \alpha_c^{ex}) \times PD_c} \Big]^{\sigma_c^{ex}} \tag{6.79}$$

$$PX_c = (A_c^{ex})^{-1} \times [(\alpha_c^{ex})^{\sigma_c^{ex}} \times PD_c^{1-\sigma_c^{ex}} + (1 - \alpha_c^{ex})^{\rho_c^{ex}} \times PE_c^{1-\sigma_c^{ex}}]^{\frac{1}{1-\sigma_c^{ex}}} \tag{6.80}$$

$$PE_c = pwe_c \times (1 + te_c) \times EXR \tag{6.81}$$

其中 σ_c^{ex} 为国内消费与出口需求之间的替代弹性系数，$\sigma_c^{ex} = \dfrac{1}{1 - \rho_c^{ex}}$；$pwe_c$ 为外币表示的出口品的国际市场价格，依据小国假设，国际市场平均价外生固定。

6.3.4.2　对国内商品和进口商品的合成需求

CGE 模型假设商品的总需求由国内生产、供给和进口量共同提供。本模型基于上述假设，认为国内生产、供给与进口商品之间为不完全替代关系。同时在小国假设下，进口商品的国际市场价格外生固定，中国处于价格接受者的地位，国内市场需求和贸易平衡状况在此价格下决定进口供给。国内市场上供应的商品包括居民和政府部门的最终需求和企业部门的中间投入需求，在成本最小化的约束下，各机构主体在国内和进口商品之间进行优化组合。

具体函数如下：

$$\min_{QD_c, QM_c} (PD_c \times QD_c + PM_c \times QM_c)$$

$$s.t.\ QQ_c = A_c^m \times \left[\alpha_c^m \times QD_c^{\rho_c^m} + (1 - \alpha_c^m) \times QM_c^{\rho_c^m} \right]^{\frac{1}{\rho_c^m}}$$

根据最优化的一阶条件，得到国内与进口商品需求的 CES 函数和最优组合比例关系、国内市场商品的合成价格以及国际市场价格和汇率对进口商品价格的影响：

$$QQ_c = A_c^m \times \left[\alpha_c^m \times QD_c^{\rho_c^m} + (1 - \alpha_c^m) \times QM_c^{\rho_c^m} \right]^{\frac{1}{\rho_c^m}} \tag{6.82}$$

$$\frac{QD_c}{QM_c} = \left[\frac{\alpha_c^m \times PM_c}{(1 - \alpha_c^m) \times PD_c} \right]^{\sigma_c^m} \tag{6.83}$$

$$PQ_c = (A_c^m)^{-1} \times \left[(\alpha_c^m)^{\sigma_c^m} \times PD_c^{1-\sigma_c^m} + (1 - \alpha_c^m)^{\rho_c^m} \times PM_c^{1-\sigma_c^m} \right]^{\frac{1}{1-\sigma_c^m}} \tag{6.84}$$

$$PM_c = pwm_c \times (1 + tm_c) \times EXR \tag{6.85}$$

其中 σ_c^m 为国内消费与出口需求之间的替代弹性系数，$\sigma_c^m = \dfrac{1}{1 - \rho_c^m}$；$pwm_c$ 为外币表示的进口品的国际市场价格。

对外贸易模块的变量与参数说明如表 6 - 12 和表 6 - 13 所示。

表 6 - 12　　　　　　　　　　对外贸易模块的变量说明

变量名称	变量含义	变量名称	变量含义
QX_c	国内生产商品量	PX_c	本国生产商品价格
QD_c	国内生产国内销售商品量	PD_c	本国生产本国销售商品价格
QQ_c	国内市场商品供应量	PE_c	出口商品价格
PM_c	进口商品价格		

表 6 - 13　　　　　　　　　　对外贸易模块的参数说明

参数名称	参数含义	参数名称	参数含义
α_c^{ex}	CET 函数的份额系数	ρ_c^{ex}	CET 函数的替代弹性相关系数
α_c^m	Armington 函数的份额系数	ρ_c^m	Armington 函数的替代弹性相关系数
σ_c^{ex}	CET 函数的替代弹性系数	A_c^{ex}	CET 函数的规模系数
σ_c^m	Armington 函数的替代弹性系数	A_c^m	Armington 函数的规模系数

6.3.5　能源碳排放—政策模块

新能源汽车产业政策动态 CGE 模型中，主要分析新能源汽车产业政策的实施对碳排放及宏观经济的影响，需要计算能源碳排放量，并将政策嵌入能源需求部门。能源碳排放包括产业部门碳排放和居民部门碳排放，财税政策嵌入生产、消费模块和政府收入两个角度进行阐述。

6.3.5.1　能源碳排放

能源碳排放模块遵循"谁消费，谁排放，谁负担"的原则。从能源消费需求来看，产业部门和居民部门是二氧化碳排放的主要来源。产业部门在生产过程中的能源中间投入包括所有的 5 类化石能源，居民部门则对应煤炭、天然气、成品油及电力 4 类化石能源。各部门能源消耗的碳排放量（周银香，2016）：

$$CO_{2a} = \sum_{i=2}^{6} QEN_{a_i} \times \gamma_i \quad （产业部门） \tag{6.86}$$

$$CO_{2h} = \sum_{i=3}^{6} Q_{f_i} \times \gamma_i \quad （居民部门） \tag{6.87}$$

二氧化碳排放总量：

$$TCO_2 = \sum_a CO_{2a} + CO_{2h} \tag{6.88}$$

6.3.5.2　政策嵌入

财税政策包括财政补贴和购置税减免两方面，这类需求侧政策工具是需求市场的拉力，主要表现为：通过生产税减免的形式调减新能源车企生产成本，并影响居民的消费价格；同时通过降低政府采购成本，刺激政府需求，调节政府收入。

第一，生产模块和消费模块的价格调整。

生产模块，汽车生产部门（新能源乘用车生产部门 $a = 11$，新能源商用车生产部门 $a = 12$，传统燃油汽车生产部门 $a = 13$）的生产价格为：

$$PA'_a = (1 - \overline{rs}) \times PA_a \quad \begin{cases} a = 11,12 & \overline{rs} > 0 \\ a \neq 11,12 & \overline{rs} = 0 \end{cases} \quad (6.89)$$

其中，$\overline{rs}$ 为补贴率，表示生产者生产商品获得的政府补贴率，以汽车部门生产价格 PA_a 为计算基准，生产税补贴可以直接减少新能源汽车部门生产者的生产价格。

消费模块，私人交通消费价格为：

$$PQ'_c = (1 - \overline{rs}) \times (1 + \overline{rt}) \times PQ_c \quad \begin{cases} c = 11,12 & \overline{rs} > 0, \overline{rt} = 0 \\ c = 13 & \overline{rs} = 0, \overline{rt} > 0 \\ c \neq 11,12,13 & \overline{rs} = 0, \overline{rt} = 0 \end{cases} \quad (6.90)$$

其中，$\overline{rt}$ 为购置税，会额外增加消费者在消费时的实际支出，消费者在购买新能源汽车时获得的政府购置税减免政策优惠，可减少消费者实际支付价格，传统燃油汽车消费部门未获得购置税减免优惠；PQ'_c 为受到新能源汽车购置税减免政策冲击后的消费者实际支付价格。

因此，购置补贴政策和税收减免政策工具一方面可以降低居民采购新能源汽车成本，刺激商业市场需求；另一方面刺激潜在消费者的购买意愿，改变居民部门私人交通消费偏好，刺激私人商用车和乘用车市场需求。

第二，政府收入调整。

新能源乘用车和新能源商用车部门受到生产税补贴和购置税减免政策影响，传统燃油汽车部门未受到政策冲击，汽车制造部门具体生产税和购置税方程如下：

$$\begin{cases} TAX'_a = \displaystyle\sum_{a=11}^{12} (1 - \overline{rs_a}) \times \overline{td_a} \times PA_a \times QA_a \\ TAX_g = \displaystyle\sum_{a=11}^{13} \overline{rt} \times PQ_c \times QQ_c \end{cases} \quad (6.91)$$

其中，$\overline{rs_a}$ 为生产税补贴率，$\overline{td_a}$ 为生产税。与政策冲击前相比，新能源乘用车和新能源商用车部门生产税降低、购置税为 0，同时政府收入也因为新能源汽车部门纳税减免而减小，即：

$$FGY = TAX'_a + TAX_h + TAX_e + TR_{wg} + TAX_{mc} - TAX_{ec} + TAX_g \quad (6.92)$$

能源碳排放—政策模块的变量与参数说明如表 6 – 14 所示。

表 6 – 14　　　　　　　　能源碳排放—政策模块的变量说明

变量名称	变量含义	参数名称	参数含义
CO_{2a}	产业部门的CO_2排放量	γ_i	各种能源的CO_2排放系数
CO_{2h}	居民部门的CO_2排放量	$\overline{rs}$	财政补贴率
TCO_2	CO_2排放总量	$\overline{rt}$	购置税率
QEN_{ai}	各部门各种能源投入量		
Q_{fi}	居民家庭能源需求		
PA_a	汽车部门生产价格		
PA'_a	实施财税政策后的汽车部门生产价格		
PQ'_c	实施财税政策后的私人交通消费价格		

6.3.6　市场出清与宏观闭合模块

市场出清模块也即模型均衡模块，遵循瓦尔拉斯定理，要求 CGE 模型中的商品、要素、外汇及资本市场等所有市场均需达到供需平衡。在技术层面，实现市场均衡主要有两种方式：价格调整型（价格内生）与数量调整型（价格外生）。前者通过价格变动实现商品或要素市场的供需平衡，最终确定均衡价格；后者则在价格外生条件下，通过调整供给或需求量来实现市场均衡，最终确定均衡供需量。选择何种方式取决于模型构建目的及描述对象。通常，在构建产业政策 CGE 模型时，研究者多采用价格调整型，即新古典主义宏观闭合方式（马成，2013）。鉴于当前经济及新能源汽车产业的快速发展态势，本模型也采用此方式，其特点是要素和商品价格完全弹性，由模型内生决定，市场供需均衡通过价格调整实现。

6.3.6.1　国内商品市场出清

在本模型框架下，商品需求主要涵盖居民家庭与政府的最终消费、中间投入以及投资需求等多个方面。市场供需平衡的实现机制为价格内生调整，即通过价格的动态变化来促使市场达到均衡状态。

$$QQ_c = HC_c + GC_c + INV_c + SC_c + \sum_a QI_{ca} \tag{6.93}$$

其中，中间投入需求包括能源中间投入需求和非能源中间投入需求。

6.3.6.2 国内要素市场出清

国内要素市场出清是指劳动力、资本等要素市场的供需达到平衡。对于劳动力市场，存在两种观点：一种视工资为刚性外生变量，认为经济政策冲击下难以完全达到充分就业状态；另一种则将工资视为内生变量，认为市场可通过工资调整实现出清。资本市场亦然，外生资本价格假设下，资本流动受限；而内生资本价格假设下，投资与储蓄均衡通过利率调节实现，资本价格变动引导企业调整存量以达充分利用。本模型采纳新古典主义宏观闭合方式，将劳动工资和资本价格视作内生变量，由模型内部决定，而劳动力和资本供应量则为外生。在此框架下，劳动力市场趋向充分就业，资本市场实现资本高效利用。

$$QLD_a = LS_a \tag{6.94}$$

$$QKD_a = KS_a \tag{6.95}$$

$$LS = \sum_a QLD_a \tag{6.96}$$

$$KS = \sum_a QKD_a \tag{6.97}$$

6.3.6.3 对外贸易平衡

实现对外贸易平衡（即国际收支平衡）可以采用两种方式。第一种方式是选择国外储蓄为内生变量，通过调整经常账户的数量来实现外汇供求之间的均衡，从而实现国际收支平衡。第二种方式是选择汇率为外生变量，在汇率调整的同时实现储蓄与投资的均衡。在本模型中，采用了固定汇率下的闭合规则。这意味着汇率被视为外生变量且是固定的，而国外储蓄被视为内生变量。

$$\sum_c pwm_c \times EXR \times QM_c + TR_{gw} = \sum_c pwe_c \times EXR \times QE_c + TR_{wh} +$$
$$TR_{wg} + FS \times EXR \tag{6.98}$$

6.3.6.4　储蓄投资平衡

本模型中，投资活动由储蓄水平驱动，即遵循新古典主义闭合规则，总投资与总储蓄之间的平衡关系通过利率的调节作用得以实现。

$$TINV = HS + ES + GS + FS \times EXR + WALRAS \tag{6.99}$$

WALRAS 为瓦尔拉斯虚拟变量，旨在平衡方程数量与变量数量，确保模型的可解性。在达到均衡解的条件下，该变量应归零，以满足模型的求解要求。

6.3.6.5　名义 GDP 与实际 GDP

生产法、收入法及支出法计算的名义 GDP 三面等值恒等式：

$$GDP1 = \sum_a PA_a \times QA_a - \sum_a \sum_c PQ_c \times QI_{ca} \tag{6.100}$$

$$GDP2 = WL \times LS + WK \times KS + \sum_a \overline{td_a} \times PA_a \times QA_a \tag{6.101}$$

$$GDP3 = \sum_c PQ_c \times (HC_c + GC_c + INV_c + SC_c) +$$

$$\sum_c pwe_c \times (1 + te_c) \times EXR \times QE_c - \sum_c pwm_c \times (1 + tm_c) \times EXR \times QM_c$$

$$\tag{6.102}$$

上述三个等式并非模型内部的必要条件，可以放在模型外部用于验证模型是否达到一般均衡状态。在一般均衡状态下，三种方法计算的 GDP 应当等值，否则表明模型尚未实现一般均衡。

实际 GDP 与 GDP 价格缩减指数：

$$RGDP = \sum_c (HC_c + GC_c + INV_c + SC_c) + \sum_c QE_c - \sum_c QM_c \tag{6.103}$$

$$PGDP = \frac{GDP3}{RGDP} \tag{6.104}$$

均衡模块的变量与参数说明如表 6 - 15 所示。

表 6 – 15　　　　　　　　　　均衡模块的变量说明

变量名称	变量含义	变量名称	变量含义
LS_a	各部门的劳动供给量	GDP1	生产法名义 GDP
KS_a	各部门的资本供给量	GDP2	收入法名义 GDP
LS	劳动供给量	GDP3	支出法名义 GDP
KS	资本供给量	RGDP	实际 GDP
GC_c	政府部门对商品 c 的消费量	PGDP	GDP 价格缩减指数
HC_c	居民部门对商品 c 的消费量	WALRAS	瓦尔拉斯虚拟变量

6.3.7　社会福利模块

在评估公共政策对社会福利的影响时，常用的福利指标包括希克斯（Hicksian）等价变化（equivalent variation，EV）和补偿变化（compensating variation，CV）。二者均用于衡量消费者剩余的替代效应，但侧重点不同。等价变化（EV）是指在初始价格水平下，消费者为达到新的效用水平所需增加的收入，反映了消费者在政策冲击前后的效用差异，通过量化所需额外收入来衡量效用的提升。补偿变化（CV）则是在新的价格水平下，消费者为维持原有效用水平所需的收入调整，衡量了政策冲击后，消费者为保持初始效用水平所需的收入增减。设政策冲击前后的效用水平分别为 U_0 和 U_1，价格水平分别为 PQ_0 和 PQ_1，则在 EV 和 CV 两种视角下，政策变动对效用水平的影响可通过以下方式表示：

$$EV = E(U_1, PQ_0) - E(U_0, PQ_0) \tag{6.105}$$

$$CV = E(U_1, PQ_1) - E(U_0, PQ_1) \tag{6.106}$$

为剔除价格变动影响得到新能源汽车产业政策对社会效应的实际变动，采用希克斯等价变动 EV 衡量消费者在政策冲击前后两个均衡时期的效用水平，即：

$$EV = E(U_1, PQ_0) - E(U_0, PQ_0) = \sum_c PQ_{c0} \times HC_{c1} - \sum_c PQ_{c0} \times HC_{c0}$$

$$\tag{6.107}$$

EV 为正时表示政策实施促使居民部门社会福利得到改善，反之则表明政策对居民部门产生了负面影响。社会福利模块的变量说明如表 6 – 16 所示。

表 6 – 16　　　　　　　　　社会福利模块的变量说明

变量名称	变量含义
EV	居民福利的希克斯等价变动
CV	居民福利的希克斯补偿变动
PQ_0	政策实施前的价格水平
PQ_1	政策实施后的价格水平
HC_{c0}	政策实施前居民对商品 c 的消费需求量
HC_{c1}	政策实施后居民对商品 c 的消费需求量
$E(U_0，PQ_1)$	以政策实施后价格计算的政策实施前效用水平
$E(U_1，PQ_1)$	以政策实施后价格计算的政策实施后效用水平
$E(U_0，PQ_0)$	以政策实施前价格计算的政策实施前效用水平
$E(U_1，PQ_0)$	以政策实施前价格计算的政策实施后效用水平

6.3.8　动态链接

静态 CGE 模型局限于分析当期影响，无法捕捉政策变化的动态累积效应。实现 CGE 模型的动态化有跨期动态（inter – temporal dynamic）和递归动态（recursive dynamic）两种机制。相较之下，跨期动态模型对经济稳态和数据要求较高，实际应用中难以实现；而递归动态模型在给定模拟期内保持与静态模型一致的结构，易于扩展且对数据要求较低。鉴于此，本模型采用递归动态机制，通过劳动力增长与资本积累的动态变化实现 CGE 模型的动态链接，以有效模拟政策的长期影响。

6.3.8.1　劳动力增长

在构建生产函数时，部门劳动力投入通常由投入产出表中的"劳动者报酬"除以行业社会平均工资水平计算得出，并经社会总劳动力数量校准调整。在本章的模型动态化过程中，参考马成（2013）和潘浩然（2016）等研究，采用简化方法，外生设定劳动力增长率为5%，以此实现劳动力的递归增长：

$$LS_{t+1} = LS_t \times (1 + g_l) \qquad (6.108)$$

其中，LS_t、LS_{t+1}为第t期和第t+1期期初劳动力数量，g_l为劳动力增长率。

6.3.8.2　资本积累

准确刻画资本增长首先需确定基期资本存量。资本存量的测算一直是经济研究中的难点，尤其在行业层面。目前主流的测算方法有两种：一是永续盘存法（perpetual inventory method，PIM），通过本期期末资本存量的折旧加上本期新增投资，形成下期期初的总资本存量，并依据各产业的资本回报率进行分配，但基年总资本存量的确定较为复杂；二是先估算行业资本折旧率，再利用投入产出表中的行业资本折旧量除以折旧率，推算基期资本存量。此方法数据来源明确，仅需估算行业资本折旧率，相对简便。本书采用后一种方法，并结合永续盘存法逐期推算后续各期的资本存量，以实现资本积累的动态刻画。

$$KS_{a,t+1} = (1 - \delta_a) \times KS_{a,t} + I_{a,t} \qquad (6.109)$$

其中，$KS_{a,t}$、$KS_{a,t+1}$分别为a行业第t期和第t+1期的期初资本存量；δ_a为a行业的资本折旧率，参考薛俊波和王铮（2007）、范巧（2012）、梁伟（2013）等学者的相关研究，设定各行业折旧率如表6-17所示，动态链接模块的变量与参数说明如表6-18所示。

表6-17　　　　　　　　　　　各行业折旧率

行业	折旧率均值（%）	行业	折旧率均值（%）
农业	8.42	纺织、木材和造纸业	12.10
石油开采业	12.50	化学工业	10.61
天然气开采与供应业	12.50	汽车整车制造业	12.10
煤炭采选业	12.50	汽车零部件及配件加工业	12.10

续表

行业	折旧率均值 （%）	行业	折旧率均值 （%）
炼焦业	12.50	其他交通运输设备制造业	12.10
石油及核燃料加工业	12.50	其他制造业	12.10
电力生产和供应业	5.45	建筑业	13.90
金属采选冶炼制品业	9.80	交通运输业	5.42
非金属采选冶炼制品业	9.80	批零贸易及住宿餐饮业	7.91
食品和烟草加工业	11.82	其他服务业	3.25

资料来源：笔者整理。

表 6－18   动态链接模块的变量与参数说明

变量名称	变量含义	参数名称	参数含义
LS_t	第 t 期初的劳动力数量	g_l	劳动力增长率
LS_{t+1}	第 t+1 期初的劳动力数量	δ_a	a 行业的资本折旧率
$KS_{a,t}$	a 行业第 t 期初资本存量		
$KS_{a,t+1}$	a 行业第 t+1 期初资本存量		
$I_{a,t}$	a 行业第 t 期新增投资		

6.4　CGE 模型的数据库 SAM 表构建

CGE 模型求解的基准数据库基于社会核算矩阵（social accounting matrix, SAM），通常也简称 SAM 表。SAM 表是在投入产出表（IO 表）的基础上，结合国民收入、住户收入和支出等资料，增加居民、政府、国外等机构账户扩展而成的矩阵式核算表。社会核算矩阵（SAM）相较于投入产出表，具有更为全面的功能。它不仅涵盖了部门间的投入产出联系、增加值形成以及最终支出的详细关系，还深入反映了国民经济的初次分配与再分配过程、储蓄与投资关系。SAM 表的着重点从单纯的生产过程扩展到各机构部门之间的相互关联、相互影响及其反馈机制，为 CGE 模型中的政策模拟分析提供了强大的工具支持。

本模型的 SAM 表编制分为两个过程：首先，依据社会核算矩阵原理编制宏观 SAM 表；其次，根据细化的部门划分及研究需要，编制新能源汽车产业政策的微观 SAM 表。

6.4.1　宏观 SAM 的编制

6.4.1.1　宏观 SAM 的账户设定

综合参考翟凡和李善同（1996）、范金等（2010）方法，编制中国 2020年宏观 SAM，其描述性框架如表 6 – 19 所示。

宏观 SAM 的主要账户核算内容涵盖了经济运行的多个方面，具体如下所述。

"活动账户"核算国内厂商生产活动的总投入与总产出。账户的列方向详细列出了生产活动的总投入构成，涵盖中间投入、要素投入、支付的间接税以及从政府部门获得的生产补贴；行方向反映了生产活动所产生的国内总产出。

"商品账户"主要记录国内市场商品的供给与需求情况。账户列方向反映国内市场的商品总供给，包括国内总产出和扣除进口关税后的国外进口商品；行方向展示本国生产产品的使用去向，涵盖生产活动中的中间投入、居民与政府的最终消费、资本形成总额（含固定资本形成与存货变动）以及对外出口四类经济行为。

"要素账户"主要用于核算劳动、资本等生产要素在经济活动中的收入获取与分配情况。其行方向反映了劳动与资本要素投入所形成的报酬与回报；列方向则揭示了要素收入的分配路径，其中劳动报酬主要流向居民部门，而资本回报则在本国居民、企业以及国外投资者之间进行分配。

"机构账户"以矩阵架构系统追踪居民、企业及政府三大主体的收支循环路径。账户的行方向着重刻画机构部门的收入渠道：居民部门收入源自劳动要素报酬、资本要素收益（含财产性收入）、转移支付净额及国外要素净收入；企业部门收入集中于税后经营盈余与资本留存收益；政府部门收入则包

表6-19

宏观SAM表的基本框架

| 项目 | 生产活动 | | 要素 | | 机构 | | | 资本 | | ROW | 汇总 |
	活动	商品	劳动	资本	居民	企业	政府	资本账户	存货变动	国外	（合计）
生产活动　活动		国内总产出									总产出
生产活动　商品	中间投入				居民消费		政府消费	固定资本形成	存货净变动	出口	总需求
要素　劳动	劳动报酬										劳动要素收入
要素　资本	资本回报										资本要素收入
机构　居民			劳动收入	资本收入		企业转移支付	政府转移支付			国外收益	居民收入
机构　企业				资本收入							企业收入
机构　政府	间接税 生产补贴（-）	进口关税			个人所得税	企业直接税		债务收入		国外收入	政府收入
资本账户					居民储蓄	企业储蓄	政府储蓄		存货净变动	国外净储蓄	总储蓄
存货变动								存货净变动			存货净变动
ROW　国外		进口		国外投资收益			对国外的支付	国外净投资			外汇支出
汇总（合计）	总投入	总供给	劳动要素支出	资本要素支出	居民支出	企业支出	政府支出	总投资	存货净变动	外汇收入	

资料来源：参考瞿凡和李善同（1996）、范金等（2010）制表。

含间接税净额（扣除生产补贴）、关税、直接税（个人所得税与企业所得税）、债务融资及国际转移收入。列方向解析收入使用路径：居民部门支出涵盖最终消费、所得税缴纳与储蓄形成；企业部门支出涉及税费支付、转移支出与储蓄积累；政府部门支出主要用于公共消费、社会保障转移、国际支付及政府储蓄。

"资本账户"由资本及存货变动两个子账户构成，记录经济体资本来源（即储蓄）与运用情况（即投资）。其行方向记录各机构部门的储蓄，反映了收支结余情况，为社会投资提供资金来源；列方向则描述资本的使用去向，包括固定资产形成、存货净变动以及对国外的净投资等。

"国外账户"专门记录对外经济交往，展现国外商品进出口及要素收入与支出的全景。列方向详述本国产品出口、国外投资收益、转移支付及国外储蓄等流入情况；行方向则揭示国外商品进口、要素报酬支付及国外净投资等流出状况。

6.4.1.2　宏观 SAM 的数据来源

编制中国 2020 年宏观 SAM 所需的数据主要来自 IO 表、《中国统计年鉴》、资金流量表、《中国财政年鉴》、国际收支平衡表以及《中国海关统计年鉴》等。在面临多数据来源的选择时，为保证统计的一致性和 SAM 表的平衡性，本书优先采用在编制过程中应用最广泛的数据源。例如，IO 表在 SAM 数据来源中占比最高，当生产税的数据可同时从 IO 表与财政税务年鉴中获取时，本书倾向于选用 IO 表作为首选数据源。SAM 表数据来源的具体说明如表 6 – 20 所示。

表 6 – 20　　　　　　宏观 SAM 表的数据来源及处理说明　　　　　　单位：亿元

行	列	账户名称	数据来源	原始数据
活动	商品	国内总产出	2020 年投入产出表（以下简称为 IO 表）各部门总产出合计	2699027.80
商品	活动	中间投入	IO 表中间投入合计	1682605.80
	居民	居民消费	IO 表农村居民和城镇居民消费支出合计	384008.31
	政府	政府消费	IO 表政府消费支出合计	173625.38

续表

行	列	账户名称	数据来源	原始数据
商品	投资	固定资本形成	IO 表固定资本形成总额	424370.40
	存货变动	存货增加	IO 表存货净增加额	9150.99
	国外	出口	IO 表出口合计	187926.07
劳动力	活动	劳动报酬	IO 表劳动者报酬合计	529565.54
资本	活动	资本回报	IO 表各部门"固定资产折旧"＋"营业盈余"	397276.24
居民	劳动力	劳动收入	IO 表劳动者报酬合计	529565.54
	资本	资本收入	《中国统计年鉴》（2022）"资金流量表（实物表）"住户部门的财产收入来源	49135.80
	企业	企业转移支付	账户的平衡项：行余量	22892.35
	政府	政府转移支付	《中国财政年鉴》（2021）"国家财政预算、决算收支总表"，包括社会保障和就业支付等	32568.51
	国外	国外收益	《中国统计年鉴》（2021）"国际收支平衡表"中经常转移项目的其他部门净收益	27.07
企业	资本	资本收入	账户的平衡项：列余量	355528.79
	政府	政府转移支付	《中国统计年鉴》（2022）"资金流量表（实物表）"非金融企业部门、金融机构部门的经常性转移和投资性补助	24276.10
政府	活动	生产税净额	IO 表各部门生产税净额汇总	89580.22
	商品	进口关税	《中国财政年鉴》（2021）"全国公共财政预算、决算收支"中的进口关税和进口货物增值税、消费税	17099.75
	居民	个人所得税	《中国财政年鉴》（2021）"全国公共财政预算、决算收支"中的个人所得税的决算数	11568.26
	企业	企业所得税	《中国财政年鉴》（2021）"全国公共财政预算、决算收支"中的企业所得税的决算数	36425.81
	投资	债务收入	《中国财政年鉴》（2021）中的政府债务收入	37500.00
	国外	国外收入	《中国统计年鉴》（2021）"国际收支平衡表"中各级政府的经常性转移性收入	544.01

续表

行	列	账户名称	数据来源	原始数据
投资储蓄	居民	居民储蓄	《中国统计年鉴》（2022）"资金流量表（实物表）住户总储蓄	238612.70
	企业	企业储蓄	《中国统计年鉴》（2022）"资金流量表（实物表）非金融企业和金融机构总储蓄	230656.40
	政府	政府储蓄	《中国统计年鉴》（2022）"资金流量表（实物表）政府总储蓄	-24057.90
	国外	国外净储蓄	《中国统计年鉴》（2022）"资金流量表（实物表）国外部门总储蓄	-16963.30
存货变动	投资	存货净变动	IO 表"存货变动"	9150.99
国外	商品	进口	IO 表进口	162659.15
	资本	国外投资收益	《中国统计年鉴》（2021）"国际收支平衡表"中经常项目中的投资收益差额	-7388.35
	政府	对国外的支付	《中国统计年鉴》（2021）"中央和地方财政主要支出项目"政府对国外的援助支出和国外借款利息支付	251.88
	资本账户	国外净投资	平衡项：列余量	-42773.49

6.4.1.3　宏观 SAM 编制及平衡处理

基于各账户数据得以编制 2020 年中国宏观 SAM 表，但因数据覆盖广泛、来源多样，包括 IO 表直接生产数据、财政税务年鉴的财政预算决算数、统计年鉴的资金流量表与国际收支平衡表等，加之数据缺失导致的估算，SAM 表常呈现不平衡状态，需采用适宜的方法进行调平。目前，主流的平衡方法有RAS 法与交叉熵（CE）法。前者基于双比例调整的迭代算法，通过行列总值约束对初始矩阵实施全局缩放，具有操作简洁性与非方阵适应性，但存在机械调整缺乏经济理论支撑、无法整合先验信息的局限（张欣，2010）；后者引入信息熵理论构建交叉熵距离最小化模型，在满足边际约束条件下最大限度地保持调整后系数阵与初始结构的近似性，其优势在于能融合多源辅助信息并实现局部数据锁定，特别是在 GAMS 等优化平台支持下显著提升计算效能

（王其文等，2008）。因此，采用 CE 法对所构建的原始 SAM 表进行调平处理，得到平衡后的 2020 年宏观 SAM 表，如表 6 – 21 所示。

6.4.2　微观 SAM 的编制

宏观社会核算矩阵（SAM）通过系统性框架实现国民经济循环的整体刻画，但其聚合性观测尺度难以支撑产业政策的微观效应评估。为深入模拟新能源汽车产业政策变动对不同经济主体及部门的具体影响，需对宏观 SAM 账户进行细化扩展，编制包含更丰富的经济结构信息的微观 SAM（Moataz El – Said，2005）。在 SAM 的分解过程中，应遵循以下原则：首先，确保再现社会经济结构与层次，便于政策目标识别；其次，分类特征需稳定且易于测度；最后，分类选择应与政策分析重点相符，并具备数据支撑（Alarcon Rivero，1986；Pyatt and Thorhecke，1976）。

基于上述原则，参考王其文等（2008）的研究，依据部门划分及其数据的细分与聚合结果，以 t(i, j) 表示 SAM 表中的各元素，如 t(活动，商品) 表示"活动"行账户和"商品"列账户的数据，编制 22 部门的微观 SAM 表如下。

（1）t(活动，商品)，总产出的分解（22 ×22）。

比照 22 部门和投入产出表 42 部门、153 部门的数据，将总产出分解到细化的 22 个部门中。

（2）t(商品，活动)，中间投入的分解（22 ×22）。

类同总产出的分解方法，将各行业中间使用分解到细化的 22 个部门中。

（3）t(劳动，活动)，劳动报酬的分解（1 ×22）。

类同总产出的分解方法，将劳动报酬分解到细化的 22 个部门中。

（4）t(资本，活动)，资本收益的分解（1 ×22）。

资本收益 = 营业盈余 + 固定资产折旧，将 IO 表中各行业的"营业盈余"和"固定资产折旧"数值合并或分解到细化的 22 个部门中。

（5）t(生产税，活动)，生产税的分解（1 ×22）。

生产税净额 = 生产税 – 生产补贴，将 IO 表中各行业的"生产税净额"数值分解到 22 个部门中。

表 6-21　CE 法平衡后的 2020 年宏观 SAM 表

单位：亿元

项目	活动	商品	劳动	资本	居民	企业	政府	生产税	收入税	进口关税	国外	总储蓄	存货变动	总计
活动		2699027.80												2699027.80
商品	1772436.13				384008.31		118825.65				187926.07	453023.51	9150.99	2925370.66
劳动	439735.21													439735.21
资本	397276.24										7388.35			404664.59
居民			439735.21	49135.80		112722.68	32568.51				27.07			634189.27
企业				355528.79			24276.10							379804.89
政府								89580.22	47994.07	14535.50				152109.79
生产税	89580.22													89580.22
收入税					11568.26	36425.81								47994.07
进口关税		14535.50												14535.50
国外		211807.36					497.43					-16963.30		195341.49
总储蓄					238612.70	230656.40	-24057.90							445211.20
存货变动												9150.99		9150.99
总计	2699027.80	2925370.66	439735.21	404664.59	634189.27	379804.89	152109.79	89580.22	47994.07	14535.50	195341.49	445211.20	9150.99	

（6）t(关税，商品)，进口关税的分解（1×22）。

鉴于我国当前缺乏细分部门的关税数据，参考王灿（2003）的做法，假定各部门关税税率一致，以宏观 SAM 表中的关税总额为控制基准，结合各部门的进口额分布，将关税细化分配至 22 个部门中。

（7）t(国外，商品)，进口关税的分解（1×22）。

参照 22 部门的划分标准，将 IO 表中的"进口"数值扣除关税后，分解到各部门中。

（8）t(居民，劳动)，居民劳动报酬收入（1×1）；t(居民，资本)，居民资本收入（1×1）；t(居民，国外)，居民国外投资收益（1×1）。

在 SAM 表中各部门支付的劳动报酬均归属居民部门。根据 2022 年《中国统计年鉴》"资金流量表（实物表）"，获取住户部门的财产收入数据作为居民资本收入数据。居民国外投资收益数据来源于 2021 年《中国统计年鉴》"国际收支平衡表"中经常转移项目的其他部门以美元计价的净收益，使用 2020 年美元兑换人民币年平均汇率 6.8976 换算为人民币计价的国外投资收益。

（9）t(居民，政府)，来自政府的转移支付（1×1）；t(居民，企业)，来自企业的转移支付（1×1）。

政府支付给居民的转移支付数据来源于 2021 年《中国财政年鉴》"国家财政预算、决算收支总表"，包括社会保障和就业支付等；居民收入中来自企业的转移支付为账户的行余量，即：居民总收入 − 劳动报酬 − 资本收入 − 国外投资收益 − 来自政府的转移支付。

（10）t(企业，政府)，来自政府的转移支付（1×1）；t(企业，资本)，企业盈余（1×1）。

政府支付给企业的转移支付数据来源于 2022 年《中国统计年鉴》"资金流量表（实物表）"非金融企业部门、金融机构部门的经常转移和投资性补助；企业营业盈余为账户的列余量，即：资本总收益 − 居民资本收益 − 资产折旧 − 国外投资收益。

（11）t(政府，生产税)，生产税（1×1）；t(政府，收入税)，所得税（1×1）；t(政府，进口关税)，进口关税（1×1）；t(政府，国外)，国外收入（1×1）。

SAM 表中各部门缴纳的生产税净额全部归政府所有；收入税包括居民个

人所得税和企业所得税，数据来源于 2021 年《中国财政年鉴》"全国公共财政预算、决算收支"的个人所得税的决算数和企业所得税的决算数；进口关税数据来源于 2021 年《中国财政年鉴》"全国公共财政预算、决算收支"中的进口关税和进口货物增值税、消费税；国外收入数据来源于 2021 年《中国统计年鉴》"国际收支平衡表"中各级政府以美元计价的经常转移收入，按照 2020 年美元兑换人民币汇率（年平均价）6.8976 换算为人民币计价的经常转移收入。

（12）t(国外，资本)，国外投资收益（1×1）；t(国外，政府)，政府对国外的支付（1×1）。

根据 2021 年《中国统计年鉴》"国际收支平衡表"经常项目中的以美元计价的投资收益差额，采用 2020 年美元兑换人民币汇率（年平均价）6.8976 计算得到以人民币计价的国外投资收益；政府对国外的支付数据来源于 2021 年《中国统计年鉴》"中央和地方财政主要支出项目"中政府对国外的援助支出和国外借款利息支付。

（13）t(储蓄，居民)，居民储蓄（1×1）；t(储蓄，企业)，企业储蓄（1×1）；t(储蓄，政府)，政府储蓄（1×1）；t(储蓄，国外)，国外净储蓄（1×1）。

各机构部门的储蓄数据分别来源于 2022 年《中国统计年鉴》"资金流量表（实物表）"住户总储蓄、非金融企业和金融机构总储蓄、政府总储蓄及国外部门总储蓄，国外净储蓄为负值表示净支出，即拥有较高的外汇储备。

（14）t(存货，储蓄)，存货净变动（1×1）。

投入产出表中最终使用部分的各部门存货增加额的加总。

（15）t(商品，居民)，居民最终消费（22×1）；t(商品，政府)，政府最终消费（22×1）。

投入产出表中最终使用部分的居民最终消费支出和政府最终消费支出，参照 22 部门的划分标准分解到各部门中。

（16）t(商品，国外)，出口（22×1）。

投入产出表中最终使用部分的出口额，参照 22 部门的划分标准分解到各部门中。

（17）t(商品，投资)，投资需求（22×1）。

投入产出表中最终使用部分的固定资本形成总额，参照 22 部门的划分标准分解到各部门中。

（18）t(商品，存货)，存货增加（22×1）。

投入产出表中最终使用部分的存货增加额，参照 22 部门的划分标准分解到各部门中。

（19）t(国外，投资)，国外净投资（1×1）。

投资账户的列余量，即：总投资额 - 商品投资额 - 存货增加额。

与宏观 SAM 类似，初始编制的微观 SAM 表需要进行平衡处理。在此，仍采用交叉熵法（cross entropy，CE）法对微观 SAM 表进行平衡。

6.5　CGE 模型的参数标定

在确定了 CGE 模型的各个模块与数据库基础之后，进一步探寻有效方法以估算符合模型一致性要求的参数（Shoven & Whalley，1992）。CGE 模型中的参数标定通常分为两类：第一类包括 CES 和 CET 函数中的规模系数、份额系数，以及储蓄率、各类税率等，此类参数可直接基于 SAM 基准年数据计算得出；第二类则涵盖各类替代弹性和需求弹性参数，通常需借助实证估计或利用其他信息与数据予以确定（Devarajan et al，2002）。

6.5.1　弹性替代系数

本模型中需标定弹性替代系数的关键函数包括各产业部门的 CES 生产函数、居民家庭消费的 CES 效用函数，以及对外贸易的 CET 与 Armington 函数。这些函数的替代弹性反映了投入要素或商品之间的替代难易程度，并对政策冲击效应具有重要影响。在经济结构相对稳定的情况下，替代弹性可通过构建计量经济模型并利用时序或面板数据进行估计。然而，实证过程中，这些系数对模型形式、估计方法和数据结构高度敏感，取值范围广泛且不稳定（Koetse et al，2008）。此外，多数参数缺乏可靠的实证基础，若估计方法或数据选择不当，可能导致参数估值偏差，进而影响模型模拟的准确性。为了避免这一缺陷，本书采用文献调研法外生给定。需要说明的是，根据本模型研究特点，能源产品之间的替代关系在生产投入需求与居民家庭消费需求两种情况下有所区别，具体如下所述。

生产模块中，总产出 CES 函数的增加值—能源合成与非能源中间投入替代弹性整合索莱曼等（Solaymani et al，2015）的基准参数；增加值与能源的替代弹性、能源间替代弹性分别采用沃林格等（Vöhringer et al，2013）和李等（Li et al，2017）的测算值；劳动—资本替代弹性、CET 函数出口转换弹性及 Armington 进口替代弹性，则基于 GTAP 8 数据库（Narayanan et al，2012）的跨国可比框架，并融合郑玉歆等（1999）与贺菊煌等（2002）的本土化修正值（见表 6 – 22）。

表 6 – 22　　　　　　　　　　替代弹性系数

部门	要素弹性				贸易弹性	
	σ_a^q	σ_a^{ve}	σ_a^v	σ_a^e	σ_c^{ex}	σ_c^m
A1 农业	0.5	0.4	0.5	1.05	−2.91	5.81
A2 石油开采业	0.3	0.2	0.2	0.5	−2.51	5.03
A3 煤炭采选业	0.3	0.2	0.2	0.5	−2.51	5.03
A4 天然气开采与供应业	0.4	0.3	0.2	0.8	−2.80	5.03
A5 成品油加工业	0.6	0.5	0.8	0.9	−3.52	3.80
A6 电力生产和供应业	0.6	0.5	0.8	0.8	−2.80	3.80
A7 金属采选与冶炼制品业	0.3	0.3	0.2	0.5	−2.51	5.03
A8 轻工业	0.6	0.5	0.8	0.9	−3.52	3.80
A9 化学工业	0.6	0.5	0.8	0.9	−3.52	5.60
A10 通用设备制造业	0.6	0.5	0.8	0.9	−3.52	5.60
A11 新能源汽车制造业—乘用车	0.6	0.5	0.8	0.9	−3.52	5.60
A12 新能源汽车制造业—商用车	0.6	0.5	0.8	0.9	−3.52	5.60
A13 传统燃油汽车制造业	0.6	0.5	0.8	0.9	−3.52	5.60
A14 汽车零部件及配件加工业	0.6	0.5	0.8	0.9	−3.52	5.60
A15 电池电机电控制造业	0.6	0.5	0.8	0.9	−3.52	5.60
A16 计算机、电子设备及信息技术服务业	0.6	0.5	0.8	0.9	−3.52	5.60

续表

部门	要素弹性				贸易弹性	
	σ_a^q	σ_a^{ve}	σ_a^v	σ_a^e	σ_c^{ex}	σ_c^m
A17 道路运输业	0.8	0.6	0.9	1.25	−1.90	3.80
A18 其他运输业	0.8	0.6	0.9	1.25	−1.9	3.8
A19 金融租赁业	0.8	0.6	0.9	1.05	−1.9	3.8
A20 批发和零售业	0.8	0.6	0.9	1.05	−1.9	3.8
A21 其他制造业	0.6	0.5	0.8	0.9	−3.52	5.60
A22 其他服务业	0.8	0.6	0.9	1.05	−1.9	3.8

资料来源：笔者整理。

消费模块中，居民家庭消费 CES 效用函数中的交通消费与非交通消费的替代弹性、私人交通与公共交通的替代弹性、各种交通工具之间的替代弹性设定参考索莱曼等（2015）分别设定为 0.65、0.62 和 1.25；居民家庭各种能源消费之间的替代弹性以及能源消费与一般商品之间的替代弹性参考阿布雷尔（Abrell，2010）、肖皓（2009）的设定，替代弹性系数分别为 0.5 和 0.25。

6.5.2　份额参数和规模系数

在 CGE 模型参数估计中，除替代弹性等少数参数通过计量经济方法或文献研究法外生确定外，大多数参数采用校准法（calibration）获得。校准也称逆回归（inverse regression），是基于已知的函数方程和均衡数据集，将参数作为求解变量，通过计算确定其系数值。具体而言，储蓄率、税率等参数可直接利用基期数据唯一校准；而 CES 生产函数和效用函数、CET 函数以及 Armington 方程中的规模系数和份额系数，则需在替代弹性外生给定后，结合微观 SAM 的基期均衡数据集求解得出。

6.5.2.1　生产函数参数校准

以生产模块中部门总产出的生产函数为例，CES 生产函数和增加值—能源合成束与非能源中间投入需求函数为：

$$QA_a = A_a^q \times \left[\alpha_a^{ve} \times QVAE_a^{\rho_a^q} + (1 - \alpha_a^{ve}) \times QINT_a^{\rho_a^q} \right]^{\frac{1}{\rho_a^q}} \tag{6.12}$$

$$\frac{QVAE_a}{QINT_a} = \left(\frac{\alpha_a^{ve} \times PINT_a}{(1 - \alpha_a^{ve}) \times PVAE_a} \right)^{\frac{1}{1 - \rho_a^q}} \tag{6.13}$$

其中，A_a^q 为部门产出 CES 函数的规模系数，α_a^{ve} 为份额系数。σ_a^q 为增加值—能源合成束与非能源中间投入之间的替代弹性系数，$\sigma_a^q = \dfrac{1}{1 - \rho_a^q}$。首先，根据要素最优投入方程（6.13）可以推导出份额系数的计算公式为：

$$\alpha_a^{ve} = \frac{PVAE_a \times QVAE_a^{1 - \rho_a^q}}{PVAE_a \times QVAE_a^{1 - \rho_a^q} + PINT_a \times QINT_a^{1 - \rho_a^q}} \tag{6.110}$$

在 CGE 模型中，由于只是相对价格起作用，为简化起见，通常将 SAM 基准年度的单位要素及合成要素价格设定为 1，由此基准年的"数量"变量直接等同于隐含价格变量的价值量。在此基础上，结合外生给定的弹性系数和基准年数据，可推导出方程中的份额系数如下：

$$\alpha_a^{ve} = \frac{QVAE_a^{\frac{1}{\sigma_a^q}}}{QVAE_a^{\frac{1}{\sigma_a^q}} + QINT_a^{\frac{1}{\sigma_a^q}}} \tag{6.111}$$

其中，$QVAE_a$、$QINT_a$ 由调平后的微观 SAM 可以得到。进一步根据式（6.112）可求解规模系数：

$$A_a^q = \frac{QA_a}{\left[\alpha_a^{ve} \times QVAE_a^{\rho_a^q} + (1 - \alpha_a^{ve}) \times QINT_a^{\rho_a^q} \right]^{\frac{1}{\rho_a^q}}} \tag{6.112}$$

基于已经确定的份额系数与替代弹性的相关系数，结合 SAM 平衡表中的 QA_a、$QVAE_a$ 和 $QINT_a$ 等数值，可便捷地求解规模系数 A_a^q 的值。

利用类似的校准方法，可以确定生产模块中其他各类 CES 生产函数的份额系数和规模系数：

$$\alpha_a^v = \frac{QVA_a^{\frac{1}{\sigma_a^{ve}}}}{QVA_a^{\frac{1}{\sigma_a^{ve}}} + QEN_a^{\frac{1}{\sigma_a^{ve}}}} \tag{6.113}$$

$$A_a^{ve} = \frac{QVAE_a}{\left[\alpha_a^v \times QLK_a^{\rho_a^{ve}} + (1 - \alpha_a^v) \times QEN_a^{\rho_a^{ve}} \right]^{\frac{1}{\rho_a^{ve}}}} \tag{6.114}$$

$$\alpha_a^l = \frac{QLD_a^{\frac{1}{\sigma_a^v}}}{QLD_a^{\frac{1}{\sigma_a^v}} + QKD_a^{\frac{1}{\sigma_a^v}}} \tag{6.115}$$

$$A_a^v = \frac{QVA_a}{\left[\alpha_a^l \times QLD_a^{\rho_a^v} + (1 - \alpha_a^l) \times QKD_a^{\rho_a^v}\right]^{\frac{1}{\rho_a^v}}} \tag{6.116}$$

$$\alpha_a^{ele} = \frac{QELE_a^{\frac{1}{\sigma_a^e}}}{QELE_a^{\frac{1}{\sigma_a^e}} + QFOS_a^{\frac{1}{\sigma_a^e}}} \tag{6.117}$$

$$A_a^e = \frac{QEN_a}{\left[\alpha_a^{ele} \times QELE_a^{\rho_a^e} + (1 - \alpha_a^{ele}) \times QFOS_a^{\rho_a^e}\right]^{\frac{1}{\rho_a^e}}} \tag{6.118}$$

$$\alpha_a^{gv} = \frac{QGV_a^{\frac{1}{\sigma_a^{auto}}}}{QGV_a^{\frac{1}{\sigma_a^{auto}}} + QEV_a^{\frac{1}{\sigma_a^{auto}}}} \tag{6.119}$$

$$A_a^{auto} = \frac{QAUTO_a}{\left[\alpha_a^{gv} \times QGV_a^{\rho_a^{auto}} + (1 - \alpha_a^{gv}) \times QEV_a^{\rho_a^{auto}}\right]^{\frac{1}{\rho_a^{auto}}}} \tag{6.120}$$

$$\delta_{ai}^{fos} = \frac{QFOS_{ai}^{\frac{1}{\sigma_a^{fos}}}}{\sum_{i=2}^{5} QFOS_{ai}^{\frac{1}{\sigma_a^{fos}}}} \tag{6.121}$$

$$A_a^{fos} = \frac{QFOS_a}{\left[\sum_{i=2}^{5} (\delta_{ai}^{fos} \times QFOS_{ai}^{\rho_a^{fos}})\right]^{\frac{1}{\rho_a^{fos}}}} \tag{6.122}$$

$$\alpha_a^{pev} = \frac{QPEV_a^{\frac{1}{\sigma_a^{ev}}}}{QPEV_a^{\frac{1}{\sigma_a^{ev}}} + QCEV_a^{\frac{1}{\sigma_a^{ev}}}} \tag{6.123}$$

$$A_a^{ev} = \frac{QEV_a}{\left[\alpha_a^{pev} \times QPEV_a^{\rho_a^{ev}} + (1 - \alpha_a^{pev}) \times QCEV_a^{\rho_a^{ev}}\right]^{\frac{1}{\rho_a^{ev}}}} \tag{6.124}$$

6.5.2.2　政府与居民消费效用函数的参数标定

（1）居民家庭消费的 CES 直接效用函数中的规模缩放系数设定为 1，份额系数如下：

$$\alpha_t = \frac{P_{tr}^{\sigma^h - 1} \times TR}{P_{tr}^{\sigma^h - 1} \times TR + P_{ntr}^{\sigma^h - 1} \times NTR} \tag{6.125}$$

$$\alpha_{at} = \frac{P_{at}^{\sigma^t-1} \times ATR}{P_{at}^{\sigma^t-1} \times ATR + P_{bt}^{\sigma^t-1} \times BTR} \tag{6.126}$$

$$\alpha_f = \frac{P_f^{\sigma^{nt}-1} \times Q_f}{P_f^{\sigma^{nt}-1} \times Q_f + P_{co}^{\sigma^{nt}-1} \times CO} \tag{6.127}$$

$$\beta_{co_i} = \frac{CO_i \times P_{co_i}}{HC_o} \tag{6.128}$$

$$\beta_f = \frac{P_{fi}^{\sigma^f-1} \times Q_{f_i}}{\sum\limits_{i=3}^{6} (P_{fi}^{\sigma^f-1} \times Q_{fi})} \tag{6.129}$$

$$\alpha_{rb} = \frac{P_{rbt}^{\sigma^{bt}-1} \times RBT}{P_{rbt}^{\sigma^{bt}-1} \times RBT + P_{obt}^{\sigma^{bt}-1} \times OBT} \tag{6.130}$$

$$\alpha_{gv} = \frac{P_{agv}^{\sigma^{at}-1} \times AGV}{P_{agv}^{\sigma^{at}-1} \times AGV + P_{aev}^{\sigma^{at}-1} \times AEV} \tag{6.131}$$

$$\alpha_{ap} = \frac{P_{apev}^{\sigma^{ae}-1} \times APEV}{P_{apev}^{\sigma^{ae}-1} \times APEV + P_{acev}^{\sigma^{ae}-1} \times ACEV} \tag{6.132}$$

（2）政府消费需求 C – D 效用函数的规模系数和份额系数：

$$A_c = \frac{\sum\limits_{C} GC_c}{\prod\limits_{C} GC^{\alpha_c^g}} \tag{6.133}$$

$$\alpha_c^g = \frac{PQ_c \times GC_c}{FGY - TR_{gh} - TR_{ge} - GS} \tag{6.134}$$

6.5.2.3 贸易函数的参数标定

（1）国内产品分配 CET 函数的份额系数和规模系数：

$$\alpha_c^{ex} = \frac{QD_c^{\frac{1}{\sigma_c^{ex}}}}{QD_c^{\frac{1}{\sigma_c^{ex}}} + QE_c^{\frac{1}{\sigma_c^{ex}}}} \tag{6.135}$$

$$A_c^{ex} = \frac{QX_c}{\left[\alpha_c^{ex} \times QD_c^{\rho_c^{ex}} + (1 - \alpha_c^{ex}) \times QE_c^{\rho_c^{ex}} \right]^{\frac{1}{\rho_c^{ex}}}} \tag{6.136}$$

（2）产品需求 Amington 函数的份额系数和规模系数：

$$\alpha_c^m = \frac{QD_c^{\frac{1}{\sigma_c^m}}}{QD_c^{\frac{1}{\sigma_c^m}} + QM_c^{\frac{1}{\sigma_c^m}}} \tag{6.137}$$

$$A_c^m = \frac{QQ_c}{\left[\alpha_c^m \times QD_c^{\rho_c^m} + (1 - \alpha_c^m) \times QM_c^{\rho_c^m} \right]^{\frac{1}{\rho_c^m}}} \tag{6.138}$$

6.6 CGE 模型求解与检验

6.6.1 模型求解

CGE 模型的求解核心在于运用数学建模与优化技术，深入解析经济体内部及市场间的复杂互动，以实现多约束条件下的均衡状态。鉴于 CGE 模型通常包含大量方程和变量，求解过程较为复杂，通常借助专门的计算软件（如 GAMS、GEMPACK）进行。这些软件不仅提供便捷的建模语言和强大的计算功能，还能高效处理大型复杂模型，通过编程实现精确的计算与求解，满足多部门、多主体模型的需求，并在政策模拟与分析中提供可靠结果。

GAMS 软件是一种由世界银行主导开发的建模语言和系统，适用于线性规划、非线性规划、整数规划及混合整数规划等多种优化问题。它在 CGE 模型求解中具有显著优势，能够方便地建立模型的代数表达式，进行参数标定和计算求解。GAMS 具备广泛的应用领域、丰富的算法库、可扩展的建模语言以及强大的可视化和数据分析能力。

GEMPACK 软件则定位为全球贸易分析的专业化求解平台，深度适配全球贸易分析框架（global trade analysis project，GTAP）——通过整合高度细化的跨国投入产出数据与农业经济分区（GTAP – AEZ）等扩展模块，为多边贸易协定评估提供标准化分析范式。

综合考量研究需求与领域标准，本书选用 GAMS 作为模型建立与求解的工具。

6.6.2 模型检验

由于 CGE 模型的构建依赖于经济主体的行为假设、外生变量设定、参数标定以及闭合规则选择等。同时，SAM 编制过程中因数据缺失、来源渠道及统计误差等问题，可能导致模型基础数据与实际经济数据偏离。因此，在利用模型进行实际模拟分析之前，需对 CGE 模型进行一系列有效性检验，主要包括以下四种。

（1）一致性检验。主要检验 SAM 是否平衡以及基准数据与基准模型解的关系。模型通过基期数据校准参数后，基准模型求解时将基准价格设为 1，保持外生参数不变，代入校准参数运行模型，检验内生变量求解结果是否与基准数值一致。若模型构建正确，基准数值应为模型的平衡解，否则可能因 SAM 初始未调平或参数校准有误而存在问题。本模型在不改变外生变量的情况下，设定基准价格为 1 运行一期，模型求解的结果与基期的数值一致。

（2）价格齐次性检验。由于 CGE 模型的变量初始值源于 SAM，表中数值仅反映当前价值量，而非价格或实物量。实际应用中，将价格标准化，假定各原始变量的基准价格为 1，模型对相对价格变动作出反应。若模型正确，所有商品名义价格同比例变动不应引起实物量数值变化。验证时，选择一个价格变量作为基准价格，当基准价格扩大或缩小一定比例时，所有价格变量等比例变化，但实物量（如部门产出量、中间投入、实际 GDP、居民消费量等）不变。本模型以劳动力价格为基准，当其增加 1 倍时，所有价格变量和价值变量增加 1 倍，但实物变量不变，表明模型通过了价格齐次性检验。

（3）结果的平衡性检验。CGE 模型基于 WALRAS 一般均衡理论，求解应满足均衡条件。实际检验时，通过在储蓄投资均衡方程中添加 WALRAS 虚拟变量，运行 GAMS 结果中该变量应为 0 或接近 0。本模型采用此方法，并在模型外添加名义 GDP 的三面等值恒等式进行平衡性检验，运行结果表明，WAL-RAS 虚拟变量的值为 0，且名义 GDP 三种核算方法的结果相等。

（4）敏感性检验。CGE 模型部分参数来源于已有研究或经验判断，存在不确定性，需进行敏感性检验以评估其对模拟结果的影响。敏感性分析方法包括条件系统敏感性分析（CSSA）、非条件系统敏感性分析（USSA）、高斯积分法（GAUSS quadrature）和蒙特卡洛法（Monte carlo）等。其中，CSSA 假设其他参数不变，考察每个自由参数变化对模拟结果的影响，适用于大型 CGE 模型；USSA 考虑多个自由参数同时变化，但计算量大，适合小型 CGE 模型；高斯积分法精度高，但运算量大，适合小规模模型；蒙特卡洛法则通过随机取值检验参数变化对结果的影响，适用于计算资源允许的情况。本章研究采用 CSSA 法，聚焦于生产函数中能源要素之间的替代弹性变化对能源消耗、碳排放、GDP 和居民福利（EV）等指标的影响，以确保模拟结果的稳健性。

完成上述有效性检验后，还需检验模型结果的合理性，避免因方程或参数设置错误导致异常值，尤其是动态链接参数设置错误可能在多期运行后导致模型解异常。因此，动态 CGE 模型需进一步调试与排错。

6.7　扶持政策"退坡"成效及协同优化模拟分析

前文的政策梳理及政策工具分析表明，为了促进新能源汽车产业的快速发展，我国先后实施了包括行政法规、技术规制、税收与财政补贴、需求控制等一系列扶持政策手段，但随着新能源汽车产业的不断发展，扶持政策将逐步退出市场。一般地，行政限制型政策一般难以进行量化的分析，比如免费专用牌照及车辆限行制度等，财税政策往往是定量模拟评估的对象。鉴于此，本书在 CGE 模型中选择财政补贴、免购置税两类具有代表性的财税政策及其"退坡"情景进行模拟分析。同时，考虑到新能源汽车产业发展仍处于起步阶段，数据收集存在较大的局限性，本书以电动乘用车为例，对新能源汽车产业政策进行模拟分析。

6.7.1　模拟情景设定

6.7.1.1　政策依据

（1）消费补贴的政策支持。

2010 年 5 月，财政部、科技部、工信部、国家发展改革委四部（以下简称"四部委"）联合印发《私人购买新能源汽车试点财政补助资金管理暂行办法》（以下简称为《暂行办法》），试点城市分别为上海、长春、深圳、杭州、合肥，试点时间为 2010～2012 年。《暂行办法》中明确指出，私人所购买的新能源汽车符合要求的，将按 3000 元/千瓦时给予补贴，纯电动乘用车最高每辆补助 6 万元，插电式混合动力乘用车最高每辆补助 5 万元。

2013 年 9 月，四部委联合印发《关于继续开展新能源汽车推广应用工作的通知》（以下简称为《通知 2013》），明确规定对消费者购买符合要求的纯电动乘用车、插电式（含增程式）混合动力乘用车给予补助，具体补助标准如表 6-23 所示。

表 6-23 **2013 年电动乘用车推广应用补助标准** 单位：万元/辆

车辆类型	纯电续驶里程 R（工况法、千米）			
	80≤R<150	150≤R<250	R≥250	R≥50
纯电动乘用车	3.5	5	6	—
插电式混合动力乘用车（含增程式）	—	—	—	3.5

资料来源：笔者整理。

2014 年 1 月，四部委联合印发《关于进一步做好新能源汽车推广应用工作的通知》（以下简称《通知 2014》），该通知将电动乘用车的补贴标准调整为：2014 年在 2013 年标准基础上下降 5%，2015 年在 2013 年标准基础上下降 10%。2015 年 4 月，四部委联合印发《关于 2016~2020 年新能源汽车推广应用财政支持政策的通知》（以下简称《通知 2016》），该通知延续了《通知 2013》中的部分政策要求，也同样要求补贴标准适当"退坡"，但调整后的补助不再像 2014 年和 2015 年"退坡"情况一样呈比例关系。

2016 年 12 月，四部委联合印发《关于调整新能源汽车推广应用财政补贴政策的通知》（以下简称《通知 2017》），该通知对各个补贴档位的补贴额度都进行了相应的减少，并规定地方财政单车补贴上限不超过中央财政单车补贴额的 50%，具体如表 6-24 所示。

表 6-24 **2017 年电动乘用车推广应用补助标准** 单位：万元/辆

车辆类型	纯电续驶里程 R（工况法、千米）			
	100≤R<150	150≤R<250	R≥250	R≥50
纯电动乘用车	2	3.6	4.4	—
插电式混合动力乘用车（含增程式）	—	—	—	2.4

资料来源：笔者整理。

2018 年 2 月，四部委联合印发《关于调整完善新能源汽车推广应用财政补贴政策的通知》（以下简称《通知 2018》），该通知明确规定私人购买新能源乘用车申请财政补贴不作运营里程要求,纯电动乘用车单车补贴金额根据电动续驶里程、纯电动乘用车动力电池系统的质量能量密度及其能耗水平计算，具体如表 6 – 25 所示。

表 6 – 25　　　　　　　　**2018 年电动乘用车推广应用补助标准**　　　　单位：万元/辆

车辆类型	纯电续驶里程 R（工况法、千米）					
	150 ≤ R < 200	200 ≤ R < 250	250 ≤ R < 300	300 ≤ R < 400	R ≥ 400	R ≥ 50
纯电动乘用车	1. 5	2. 4	3. 4	4. 5	5	—
插电式混合动力乘用车（含增程式）	—	—	—	—	—	2. 4

资料来源：笔者整理。

2019 年 3 月，四部委联合印发《关于进一步完善新能源汽车推广应用财政补贴政策的通知》（以下简称《通知 2019》），该通知不仅调整了纯电续驶里程长短的补贴档位,也调整了纯电动乘用车单车补贴金额的具体计算过程，在原有计算基础上增加了车辆带电量指标，具体如表 6 – 26 所示。

表 6 – 26　　　　　　　　**2019 年电动乘用车推广应用补助标准**　　　　单位：万元/辆

车辆类型	纯电续驶里程 R（工况法、千米）		
	250 ≤ R < 400	R ≥ 400	R ≥ 50
纯电动乘用车	1. 8	2. 5	—
插电式混合动力乘用车（含增程式）	—	—	1

资料来源：笔者整理。

2020 年 4 月，四部委联合印发《关于完善新能源汽车推广应用财政补贴政策的通知》（以下简称《通知 2020》），该通知将新能源汽车推广应用财政补贴政策实施期限延长至2022 年底，要求 2020 ~ 2022 年补贴标准分别在上一年基础上"退坡"10% 、20% 、30% ，具体如表 6 – 27 所示。

表 6－27	2020 年电动乘用车推广应用补助标准		单位：万元/辆
车辆类型	纯电续驶里程 R（工况法、千米）		
	300≤R＜400	R≥400	R≥50
纯电动乘用车	1.62	2.25	—
插电式混合动力乘用车（含增程式）	—	—	0.85

资料来源：笔者整理。

2020 年 12 月，四部委联合印发《关于进一步完善新能源汽车推广应用财政补贴政策的通知》（以下简称《通知 2020.12》），该通知要求，2021 年新能源汽车补贴标准在 2020 年的基础上"退坡"20%；为推动公共交通等领域车辆电动化，城市公交、道路客运、出租（含网约车）、环卫、城市物流配送、邮政快递、民航机场以及党政机关公务领域符合要求的车辆，补贴标准在 2020 年的基础上"退坡"10%，具体如表 6－28 所示。

表 6－28	2021 年电动乘用车推广应用补助标准		单位：万元/辆
车辆类型	纯电续驶里程 R（工况法、千米）		
	300≤R＜400	R≥250	R≥50（NEDC 工况）R≥43（WLTC 工况）
纯电动乘用车	1.3	1.8	—
插电式混合动力乘用车（含增程式）	—	—	0.68

资料来源：笔者整理。

2021 年 12 月，四部委联合印发《关于 2022 年新能源汽车推广应用财政补贴政策的通知》（以下简称《通知 2021》），该通知要求，2022 年新能源汽车补贴标准在 2021 年的基础上"退坡"30%；城市公交、道路客运、出租（含网约车）、环卫、城市物流配送、邮政快递、民航机场以及党政机关公务领域符合要求的车辆，补贴标准在 2021 年的基础上"退坡"20%，具体如表 6－29 所示。

表 6 − 29　　　　　　　　2022 年电动乘用车推广应用补助标准　　　　　单位：万元/辆

车辆类型	纯电续驶里程 R（工况法、千米）		
	300≤R＜400	R≥250	R≥50（NEDC 工况）R≥43（WLTC 工况）
纯电动乘用车	0.91	1.26	—
插电式混合动力乘用车（含增程式）	—	—	0.48

资料来源：笔者整理。

（2）免购置税的政策支持。

2014 年 8 月，四部委发布《免征车辆购置税的新能源汽车车型目录（第一批)》（以下简称为《目录》），消费者购买列入该目录的新能源汽车可享受购置税免除的优惠。同年 10 月，工信部与国家税务总局发布《目录（第二批)》。在 2014～2017 年，共发布 15 批《目录》。

2014 年 8 月，财政部、国家税务总局、工信部（以下称"三部委"）发布《关于免征新能源汽车车辆购置税的公告》（以下简称《公告 2014》），《公告 2014》中规定，在 2014 年 9 月到 2017 年 12 月之间购买符合标准的新能源汽车的消费者无须缴纳车辆购置税。

2017 年 12 月，三部委再次发布《关于免征新能源汽车车辆购置税的公告》（以下简称《公告 2018》），规定新能源汽车的免购置税政策再延续三年。

2020 年 4 月，三部委发布《关于新能源汽车免征车辆购置税有关政策的公告》（以下简称《公告 2021》），《公告 2021》规定新能源汽车的免购置税政策延长至 2022 年 12 月 31 日，2020 年 12 月 31 日前公布的《目录》批次依然有效，说明消费者购买符合标准的电动乘用车依然可享受免征购置税的优惠政策。截至 2021 年 3 月 31 日，《目录》已补充公布至第 41 批。

2022 年 9 月，三部委发布《关于延续新能源汽车免征车辆购置税政策的公告》（以下简称《公告 2022》），《公告 2022》规定对购置日期在 2023 年 1 月 1 日至 2023 年 12 月 31 日期间内的新能源汽车，免征车辆购置税。

2023 年 6 月，三部委发布《关于延续和优化新能源汽车车辆购置税减免政策的公告》（以下简称《公告 2023》），《公告 2023》规定对购置日期在 2024 年 1 月 1 日至 2025 年 12 月 31 日期间的新能源汽车免征车辆购置税，其中，每辆新能源乘用车免税额不超过 3 万元；对购置日期在 2026 年 1 月 1 日至 2027 年 12 月 31 日期间的新能源汽车减半征收车辆购置税，其中，每辆新能源乘用车减税额不超过 1.5 万元。

6.7.1.2 情景设计

基于上述政策背景，对新能源汽车的两项财税政策进行模拟情景设定：一是对购买新能源汽车的消费者免征购置税；二是对购买新能源汽车的消费者给予财政补贴。补贴的资金是让消费者直接享受价格折扣，事实上这是一种从政府转移到生产者的资金流，因此在本模型中，补贴作为一种减税的形式（Burfisher，2011）。同时，考虑政策逐年"退坡"的情况，设计政策情景如表 6 - 30 所示。

表 6 - 30　　　　　　　新能源汽车产业政策 CGE 模型的情景设计

编号	情景假设
S0（基准情景）	有购置税，无补贴
S1	免购置税，无补贴
S2	有购置税，有补贴（以 2020 年出台的标准进行补贴）
S3	免购置税，有补贴（以 2020 年出台的标准进行补贴）
S4	有购置税，在 2020 年补助标准基础上，考虑逐年"退坡"情况
S5	免购置税，在 2020 年补助标准基础上，考虑逐年"退坡"情况

考虑到 CGE 模型的数据库是基于中国 2020 年 IO 表和宏观经济数据所编制的 SAM 表，本书的模拟时间跨度设为 2020～2025 年。其中，财政补贴以 2020 年的补助标准作为模拟基础，补贴标准利用加权平均得到对应的"退坡"比例，2021～2022 年补贴标准则在上一年基础上分别"退坡"20% 和 30%。

政策模拟结果分为短期变化和长期变化两种，短期变化为基准年模型不引入动态机制情况下的运行结果，长期变化则为模型运行多期后的变化结果。

6.7.2　宏微观社会经济效应模拟

以 2020 年作为政策模拟的基准年份，嵌入新能源汽车产业购置税及财政补贴政策，分别对不同的政策情景进行模拟。由于政策的静态效应不涉及补贴"退坡"的情形，因此以"有购置税，无补贴（S0）"作为政策对比的基准情景，分别模拟"免购置税，无补贴（S1）""有购置税，有补贴（以2020年出台的标准进行补贴，S2）""免购置税，有补贴（以2020年出台的标准进行补贴，S3）"三种政策情形对宏观经济、社会福利、机构部门收入、新能源汽车消费需求、能源消耗碳排放及其他产业部门的影响效应。

6.7.2.1　宏观社会经济效应模拟

根据情景设定，模拟三种类型的新能源汽车产业扶持政策作用下，相对于基准情景在宏观和微观层面的政策效应。宏观层面的影响结果中，主要体现为经济增长、总投资和社会福利的增长效应，结果如图6-9～图6-11所示。

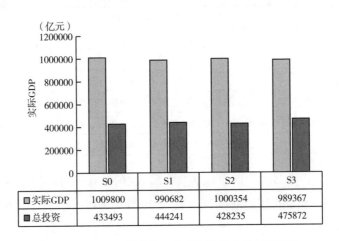

图6-9　不同政策情景下宏观经济效应的短期变化

资料来源：笔者根据模型模拟结果绘制而得。

由图6-9和图6-10可以看出，在2020年补贴标准下，以基准情景（有购置税，无补贴，S0）为参照，三种政策组合对经济增长、总投资产生不同程度的影响。首先，三种政策情形均对实际GDP产生了负面效应，其中S2（有购置税，有补贴）在三种政策情形中的削减程度最低，实际GDP降幅为0.94%，S1（免购置税，无补贴）与S3（免购置税，有补贴）政策情形对经济增长的负面影响程度较为接近且降幅较高，分别为1.89%和2.02%；其

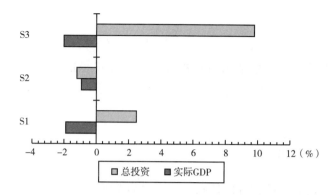

图 6 - 10　不同政策情况下宏观经济效益相较于 S0 的变化率

资料来源：笔者根据模型模拟结果绘制而得。

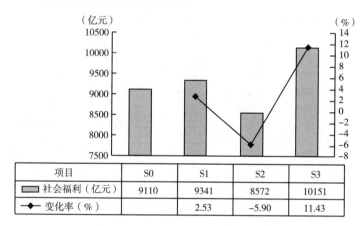

项目	S0	S1	S2	S3
社会福利（亿元）	9110	9341	8572	10151
变化率（%）		2.53	−5.90	11.43

图 6 - 11　不同政策情况下社会福利及相比 S0 的变化率

资料来源：笔者根据模型模拟结果绘制而得。

次，S1 与 S3 对于总投资增长均表现出正向效应，其中 S3 的促进效应最为显著，高达 9.78%，而 S2 政策情形却表现出了负向效应，其政策组合导致总投资下降了 1.21%。

政策实施对于社会福利的影响（见图 6 - 11），S1 与 S3 表现为正向的促进作用，其中 S3（免购置税，有补贴）的增长效应最为明显，而 S2 政策情形却导致社会福利下降了 5.90%。究其原因，可能是由于产业扶持政策的支持和保障，一方面，能够使得汽车制造商降低成本促进生产，并保障其经营利润；另一方面，也能够降低消费者的购置成本，即同时促进消费者剩余与生产者剩余总量的增加，从而影响供给和需求双双提升，进而引致社会福利呈现一定程度的增加。

综合来看，新能源汽车产业扶持政策各项政策组合均会导致实际 GDP 削减，同时免购置税政策能够引致总投资的正向增长，其中，在同时实施购置税减免与财政补贴的情形（S3）下，实际 GDP 削减效应最显著，但社会福利促增效应最为明显。

6.7.2.2　机构部门收入效应

三种政策组合对机构部门的收入效应影响如图 6 - 12 所示。

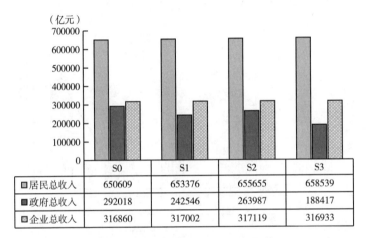

（亿元）	S0	S1	S2	S3
▨居民总收入	650609	653376	655655	658539
■政府总收入	292018	242546	263987	188417
▨企业总收入	316860	317002	317119	316933

图 6 - 12　不同政策情形下机构部门收入

资料来源：笔者根据模型模拟结果绘制而得。

由图 6 - 12 可知，各种政策组合均可促进居民和企业部门收入增加，而造成政府部门收入减少。购置税减免或财政补贴措施的政策实施主体与受体分别为政府与居民。一方面，在同时实施购置税减免和财政补贴的情况下，居民收入增长幅度最大，并且在 S2 的政策情形下对居民收入的正向影响要大于 S1 的政策情形。另一方面，扶持政策对于政府收入影响较为强烈，单独实施购置税减免措施（S1）会对政府造成 16.94% 的收入损失，同样在单独实施财政补贴政策（S2）时，收入也会出现一定的损失，当购置税减免与财政补贴组合实施（S3）时，政府收入损失高达 35.48%，为各项政策组合情形中最大。这是因为，当政府不再征收车辆购置税并发放财政补贴时，虽然能够在一定程度上减少政府部门和个人购置新能源汽车所产生的消费支出，但由于居民在新能源汽车消费市场中所占份额较大，在税收下降与政府收入转移提升两方面的共同作用下，其总体收入会出现较大幅度的下降。

6.7.2.3　对居民新能源汽车消费的需求效应

图 6－13 展示了不同政策组合下居民新能源汽车（EV）消费需求和传统燃油车（IEV）消费需求的变化情况。可以看出，无论是购置税减免或是财政补贴措施，都能提升消费者对于新能源汽车的消费需求，同时降低对于传统燃油车的消费需求。其中，实行免购置税且有补贴的政策（S3）对居民新能源汽车消费需求的提升效应，相比单纯实施免购置税（S1）和仅发放财政补贴政策（S2）分别增加了 17.83 个和 29.61 个百分点。同时，对新能源汽车的产业扶持政策也会导致对传统燃油汽车的需求降低，由于针对新能源汽车的免购置税和补贴政策可以有效降低购置新能源汽车的总体成本，提高购买的经济效益，从而对消费者产生激励，更倾向于选择新能源汽车，从而减少传统燃油汽车的需求。在各项政策组合中，仅实施财政补贴政策（S2）对于传统燃油汽车需求的抑制效应最低，下降幅度仅为 1.92%，但在购置税减免与财政补贴同时实施（S3）的情况下，对传统燃油汽车需求的负向冲击高达 30.97%。

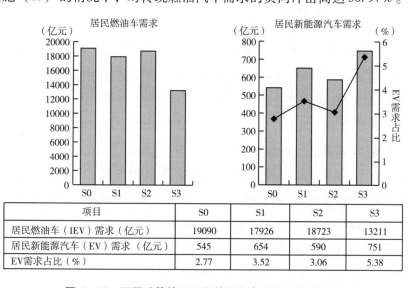

项目	S0	S1	S2	S3
居民燃油车（IEV）需求（亿元）	19090	17926	18723	13211
居民新能源汽车（EV）需求（亿元）	545	654	590	751
EV需求占比（%）	2.77	3.52	3.06	5.38

图 6－13　不同政策情况下新能源汽车需求与需求占比

资料来源：笔者根据模型模拟结果绘制而得。

从居民新能源汽车消费结构（新能源汽车 EV 占总乘用车消费的比例）的影响来看，相对 S0（基准情景）政策情景下的新能源汽车消费占比（2.77%），S1、S2、S3 三种政策情景下的新能源汽车消费占比（3.52%、3.06%、5.38%）均有一定幅度的增加，但三种激励政策对于提高电动乘用车消费占比的作用仍是微乎其微，即实施任意一种政策组合均不能撼动原有的乘用车消费结构，任意一种政策组合都难以迅速实现乘用车绿色消费升级。其原因在于两个方面：第一，传统燃油乘用车具有相当高的产销基数，一直占领乘用车行业的主导地位，尽管新能源汽车产业近年来得到飞速发展，但在居民乘用车中的占比仍难以与传统燃油汽车抗衡；第二，当新能源汽车价格下降时，其他竞品的价格也会适当调整，其价格优势并未凸显。

6.7.3 能源消费碳减排效应模拟

6.7.3.1 能源消费需求效应模拟

（1）对运输部门的能源消费效应。

图 6 - 14 展示了新能源汽车产业的购置税和财政补贴的不同组合政策对交通运输部门能源消费需求的影响。模拟结果显示，以基准政策情形 S0 的能源消费需求作为参照，在三种政策情景下交通运输部门的各种化石能源总需求均有一定比例的下降。其中，成品油消费需求下降的幅度最为显著，石油和天然气次之，但电力消费需求呈明显的增加势态。

三种扶持政策情形下，新能源汽车的需求量增加导致电力消费需求显著提高，其中 S1 政策情形下电力消费需求提升 17.26%，为三项政策情形中影响最低者，而 S2 和 S3 情形下电力能源需求量均提高 25% 以上，尤其 S3 政策情形促使电力能源消费需求增幅高达近 40%。同时，交通运输部门电力能源的显著增加，导致煤炭、石油和天然气等化石能源消费需求相应下降。其中，石油和成品油消费需求降幅均达到 10% 以上，尤其是在 S3（免购置税，有补贴）情景下运输部门对于石油和成品油的消费需求降幅分别可达 30.98% 和 31.02%；对于煤炭和天然气消费的比重变化情况，不同政策情景下煤炭需求降低比例不同，但按照降低比例由大到小均可排列为：S3 > S1 > S2。

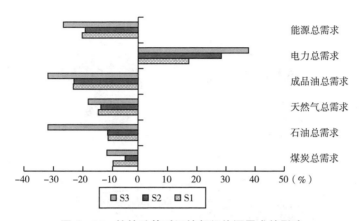

图 6 – 14　扶持政策对运输部门能源需求的影响

资料来源：笔者根据模型模拟结果绘制而得。

由上述分析可知，三种政策实施均会对化石能源需求造成一定幅度的降低，且 S3 所造成的降幅最大，说明在免购置税且有补贴的情景下，交通运输部门运用新能源汽车替换传统燃油汽车，可有效降低化石能源消耗。

（2）对全社会的能源消费效应。

图 6 – 15 展示了基准情形和实施三类政策组合后对全社会化石能源（石油、天然气、煤炭及成品油）及电力的总需求情况。可以看出，实施三类政策组合均能实现降低化石能源消耗的目的。具体而言，与 S0 情形相比，S1、S2、S3 三种政策情形下化石能源与总需求占比分别由 75.85% 下降为 71.14%、67.59% 和 63.92%，可见，S3 情形的化石能源降耗效果最佳。

图 6 – 16 展示了三种政策组合对全社会能源消费总需求的影响。可以看出，S1、S2 政策组合可以使全社会能源总消费下降，而 S3 政策组合下全社会能源总消费小幅度上升，这与 S3 情形下的电力消费需求明显增加有关。

具体来看，三种扶持政策情形下全社会对于煤炭、成品油、石油及天然气的需求比例均有不同程度的下降。其中，成品油、石油和天然气的需求在 S1、S2 的情形下降幅相对较小，S3 政策情形下需求降幅则显著扩大；煤炭需求在三种政策情形下降幅差距不大。S2 情形下全社会对于石油、天然气和成品油的需求分别降低 7.15%、13.34%、12.68%，在 S3 情形下降幅则分别高达 23.96%、25.51%、25.41%；对于煤炭需求量方面，三种政策情形下的下降幅度均低于石油、天然气和成品油。与交通部门相似，在实施各项扶持政

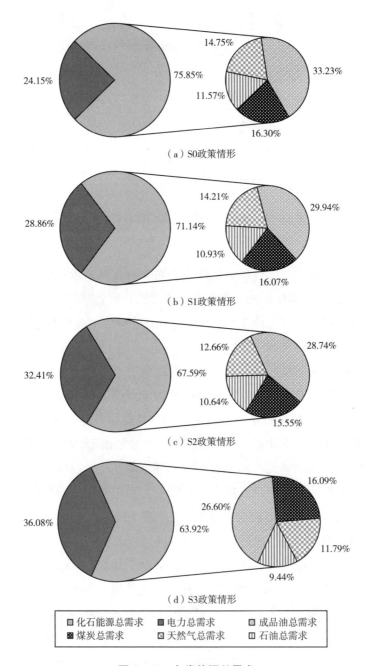

（a）S0政策情形

（b）S1政策情形

（c）S2政策情形

（d）S3政策情形

□ 化石能源总需求　　■ 电力总需求　　▨ 成品油总需求
▨ 煤炭总需求　　▨ 天然气总需求　　▥ 石油总需求

图 6 - 15　各类能源总需求

资料来源：笔者根据模型模拟结果绘制而得。

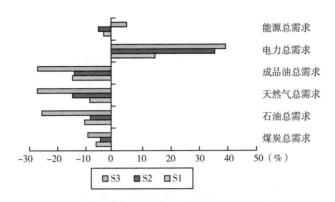

图 6 - 16　扶持政策对全社会能源需求的影响

资料来源：笔者根据模型模拟结果绘制而得。

策后，新能源汽车的需求量增加导致电力消费显著增加，其中 S1 政策情形下电力消耗比例提升幅度最低为 14.98%，而 S2 和 S3 情形下电力能源需求量上升幅度分别为 35.50% 和 39.21%。

综上可知，三种政策组合均会对全社会的化石能源需求造成一定比例的降低，且 S3 所导致的降低比例最大；同时，S3 情形下电力需求比例增加要稍大于 S2，但显著大于 S1 情形，从而导致全社会的能源总需要小幅上升（5.34%）。同时，三种扶持政策组合均会导致交通运输部门和全社会对电力消费需求大幅提升，但化石能源的需求显著下降，其中成品油消费需求下降的幅度最为显著，石油和天然气次之，煤炭消费需求的影响最小。相比来看，S3（免购置税，有补贴）政策情形效果最优，虽然对电力消费需求提升幅度较大，但对化石能源消费需求的下降幅度也最为显著。这可能由于交通部门各项能源需求受交通运输车辆影响大，在新能源汽车扶持政策的推动下，新能源汽车取代部分传统燃油汽车导致其对于各项化石能源的需求均大幅降低而电力需求比例上升；但对于全社会来说，能源总需求不仅受到交通部门的需求影响，工业生产、日常生活对于能源消耗的影响比例要显著大于交通运输部门（周银香，2012b）。因此，在不同政策情形下，各项能源需求变化虽与交通运输部门方向一致但变化幅度有所区别，然而在免购置税和有补贴的双重利好政策下，消费者对于新能源汽车的需求增加最为明显，从而导致能源消费结构调整效应也最为显著。

6.7.3.2 碳减排效应模拟

政府免除新能源汽车购置税或给予补贴政策，旨在拉动新能源汽车产业的市场需求，实现节能减排。因此，在对各类政策情景进行优劣分析时，需要衡量不同政策实施对应的二氧化碳排放量。不同政策情形对交通部门和全社会二氧化碳排放量的影响如图 6－17 所示。

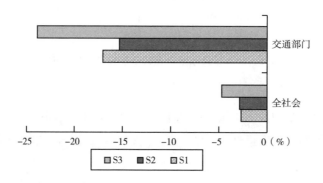

图 6－17　不同政策组合情形对二氧化碳排放量的影响

资料来源：笔者根据模型模拟结果绘制而得。

由图 6－17 可以看出，以"有购置税，无补贴（S0）"为基准情形，实施 S1、S2、S3 政策组合均会使全社会和交通部门二氧化碳排放量下降，但下降幅度有所差异。具体而言，全社会二氧化碳排放量受到的政策冲击小于交通运输部门，三种组合政策情形下全社会二氧化碳下降幅度分别为 2.69%、2.84% 和 4.7%，均小于 5%，而运输部门下降幅度均在 15% 以上（分别为 17.02%、15.31% 和 23.86%）。这可能是由于新能源汽车销量直接受到政策影响，因此交通运输部门二氧化碳排放量下降幅度大于全社会下降幅度。其中，S3 政策组合能最为有效地减少全社会和交通运输部门的二氧化碳排放量，这表明无购置税有补贴最能吸引消费者购买使用新能源汽车，政策的减碳效应最为显著。

进一步比较不同政策组合的碳减排效应，分析"免购置税"和"补贴（不'退坡'）"两者中哪一个政策的碳减排效果更优，不同政策组合下交通运输部门和全社会碳排放量变化对比情况如表 6－31 和表 6－32 所示。

表 6 – 31　　　　　交通运输部门碳排放总量不同政策组合局部对比分析

政策组合对比	变化百分比（%）	政策说明
（S1 – S0）/S0	– 17.02	基准政策基础上，增加"免购置税"政策
（S2 – S0）/S0	– 15.31	基准政策基础上，增加"财政补贴"政策
（S3 – S1）/S1	– 8.24	"免购置税"政策基础上，增加"财政补贴"政策
（S3 – S2）/S2	– 10.10	"财政补贴"政策基础上，增加"免购置税"政策

表 6 – 32　　　　　全社会碳排放总量不同政策组合局部对比分析

政策组合对比	变化百分比（%）	政策说明
（S1 – S0）/S0	– 2.69	基准政策基础上，增加"免购置税"政策
（S2 – S0）/S0	– 2.84	基准政策基础上，增加"财政补贴"政策
（S3 – S1）/S1	– 2.07	"免购置税"政策基础上，增加"财政补贴"政策
（S3 – S2）/S2	– 1.91	"财政补贴"政策基础上，增加"免购置税"政策

由表 6 – 31 可知，在原有政策的基础上叠加一项政策可以对交通运输部门二氧化碳排放起到不同程度的抑制作用。在基准政策的基础上增加"免购置税"或"财政补贴"其中一种政策可使二氧化碳排放量分别下降 17.02%和 15.31%，在免购置税政策基础上增加"财政补贴"政策与单一政策实施相比，二氧化碳排放量下降 8.24%，在财政补贴政策基础上增加"免购置税"政策可使二氧化碳排放量下降 10.10%。总的来说，增加"免购置税"政策比增加"财政补贴"政策对交通运输部门的碳减排效果更佳。

进一步比较不同政策组合的全社会减排效应，首先，比较 S0 和 S1、S0 和 S2 这两个组合，即在基准政策（有购置税，无补贴）基础上，只增加"免购置税"或"财政补贴"其中一种政策。对比发现，只增加"免购置税"政策可使全社会碳排放总量下降 2.69%，只增加"财政补贴"政策可下降 2.84%。由此可知，在基础政策基础上，单独实施两种政策的效果差距不大，相较而言实施"财政补贴"政策更有益于减少全社会碳排放总量。其次，比较 S1→S3、S2→S3 这两个组合，即在已实施其中一种政策的基础上，增加另外一种政策。S1→S3 表示在已实施"免购置税"政策基础上，增加"财政补贴"政策，可使全社会碳排放总量下降 2.07%。S2→S3 表示在已实施"财政补贴"政策的基础上，增加"免购置税"政策，可使全社会碳排放总量下降

1.91%。综合来看，给予新能源汽车"财政补贴"对于全社会的碳减排效应比"免征购置税"略强一点，但两者差异不明显。

可见，叠加激励政策均会导致交通运输部门和全社会二氧化碳排放量下降，但下降幅度有所差异。与全社会相比，交通运输部门的碳排放量受政策变化更为敏感。对交通运输部门而言，在原有政策基础上叠加免购置税政策更能抑制二氧化碳排放；但对全社会而言，两者的碳减排效应相差无几。这可能由于交通运输部门碳排放量受消费者的新能源汽车需求直接影响，免征购置税更能让消费者感到优惠，增大对新能源汽车的需求，从而抑制碳排放。

6.7.4　产业部门关联产出效应模拟

国民经济各行业部门之间客观存在的普遍关联性和复杂的关联路径，交通运输作为国民经济和社会系统运转的基础载体，在发展过程中向其前向部门输送中间产品与运输服务，同时也离不开其后向部门所提供中间产品与服务（周银香和洪兴建，2018；Zhou et al，2019）。因此，对交通部门实施扶持政策不仅会给运输行业带来直接影响，也势必通过行业关联纽带波及上下游关联行业。为此，分别从交通运输部门和相关行业两个角度分析新能源汽车产业政策的直接效应和间接影响。

结合前文的产业生产链分析结果，主要考察新能源产业政策对农业、金属采选与冶炼制品业、设备制造业、传统燃油汽车制造业、电池电机电控及汽车零配件制造业、交通运输业、其他制造业及其他服务业等行业的影响。图6-18展示了不同政策组合下各行业总产出变化情况。

（1）对农业总产出的影响。

从农业角度来看，与基准情景（S0）相比，三种政策组合对其总产出均产生负向影响，但影响程度有所差异。S3情景下农业总产出降幅最小，为2.32%，S1、S2情景下农业总产出降幅相似，分别为4.43%、4.77%。由此可知，农业部门受到新能源汽车相关政策影响小。这可能是由于农业与新能源汽车产业关联程度小，受到新能源汽车政策引致的新能源汽车价格变动的影响不大，而资金、劳动力等要素向其他部门转移导致农业部门总产出小幅下降。

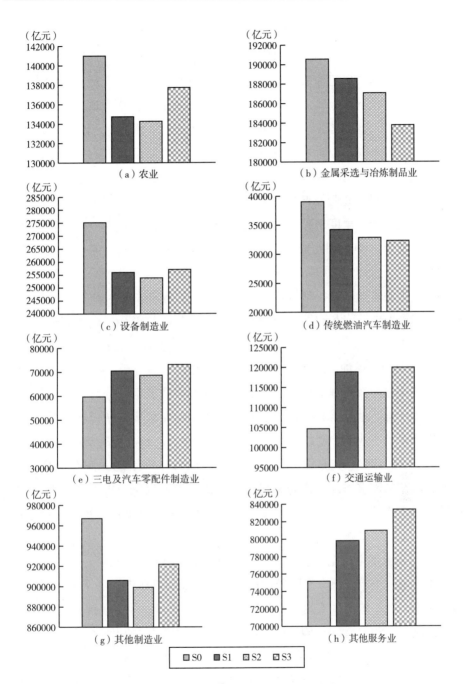

图6-18 不同政策情景下各行业总产出

资料来源：笔者根据模型模拟结果绘制而得。

（2）对金属采选与冶炼制品业总产出的影响。

从金属采选与冶炼制品业角度来看，政策组合（S1～S3）均对金属采选与冶炼制品业总产出起抑制作用。其中 S3 政策组合对该行业的负向冲击强度最大，在此情形下，金属采选与冶炼制品业总产出与基准情景（S0）相比下降 3.55%，S1、S2 政策组合对应的该产业总产出降幅分别为 1.05% 和 1.83%。总的来说，金属采选与冶炼制品业总产出受政策影响变动小，三类新能源汽车产业政策组合均不利于该行业总产出的提升。

（3）对设备制造业总产出的影响。

从设备制造业角度来看，三种政策组合均会引起设备制造业总产出下降，且与基准情景（S0）相比降幅均大于 5%。其中 S2 情形对设备制造业总产出的抑制作用最大，下降幅度为 8.46%，S1、S3 下降幅度分别为 7.61% 和 7.19%。由此可知，设备制造业总产出受到新能源汽车相关政策的效应较为明显，实施新能源汽车购置税减免政策或财政补贴政策会对设备制造业产生负向作用。

（4）对传统燃油汽车制造业总产出的影响。

从传统燃油汽车制造业角度来看，实施不同政策组合会对传统燃油汽车制造业总产出产生显著影响，变动方向一致但变化程度有所差异。其中，S3 政策组合对该产业的抑制作用最大，下降幅度达 17.3%，S2、S1 降幅分别为 15.92%、12.42%。究其原因，由于政策的出台使得新能源汽车价格下降，新能源汽车的需求增加，作为替代商品的传统燃油汽车需求下降，生产者相应减少对该产品的生产量。因此，新能源汽车的政策会抑制传统燃油制造业，且该产业受政策影响变动明显。

（5）对电池电机电控及汽车零配件制造业总产出的影响。

电池电机电控及汽车零配件制造业作为新能源汽车产业的上游关联产业，减免新能源汽车购置税或给予财政补贴均会对该产业产生显著提升作用。相较于基准政策（S0）情景的 59735.93 亿元，S3 政策情景下的电池电机电控及汽车零配件制造业总产出提升效果最明显，提升了 22.36%，达到了 73094.39 亿元。其余政策组合（S1、S2）都利于该行业总产出的提升，提升幅度分别为 18.05% 和 14.93%。由此可知，实施新能源汽车激励政策可以提高消费者对新能源汽车的需求，从而促使其关键上游产业提高产出。

（6）对交通运输业总产出的影响。

通过对不同政策情景的模拟结果可看出，与基准政策情景 S0 相比，各种政策组合下的交通部门产出均有所增长，其中增长最为显著的政策情景为 S3，产出增幅高达 14.6%，S1 和 S2 情形的产出增幅分别为 13.52% 和 8.57%。可见，运输部门总产出受新能源汽车激励政策影响变动较为明显。究其原因，政策的出台使得新能源汽车因获得优惠而价格下降，居民对新能源汽车的需求增加，该产业的产出也随之增加。交通运输业中的道路运输业与新能源汽车产业关系密切，新能源产业的产出增加很可能促进道路运输业的发展，从而引起交通运输业的产出增长。

（7）对其他制造业总产出的影响。

从其他制造业角度来看，相较于基准情景 S0，S1～S3 政策情景均对其他制造业总产出产生不同程度的抑制作用。S2 政策情形的抑制作用最为显著，下降幅度达到了 7.02%，S1 和 S3 情形的降幅分别为 6.31% 和 4.69%。由此可知，其他制造业总产出受新能源汽车激励政策负向变动较为明显，三类政策均不利于该产业总产出的提升。

（8）对其他服务业总产出的影响。

从其他服务业角度来看，三类政策情景均对其他服务业总产出存在不同程度的提升作用。相较于基准情景，S3 政策的提升作用最为显著，增幅达到 10.94%，S2 和 S1 情形的增长幅度分别为 7.74% 和 6.2%。由此可见，其他服务业总产出受政策影响变动较为明显，三类政策组合均有利于提升该行业总产出，无购置税有补贴情形对加大该行业总产出最有效。

总体而言，三类新能源汽车激励政策组合对不同行业产出影响各异，其中其他服务业、交通运输业和电池电机电控及汽车零配件制造业总产出在政策执行情形下较未实施政策时有所提高，但对其他制造业、传统燃油汽车制造业、设备制造业、金属采选与冶炼制品业及农业而言，实施新能源汽车政策都会抑制产业总产出。

6.7.5　政策"退坡"效应动态模拟

财政补贴政策于 2022 年 12 月 31 日终止。购置税减免政策起始于 2014

年，预计 2027 年结束，减免力度自 2024 年起逐年"退坡"。考虑到 2026 年、2027 年的购置税减免方式与 2024 ~ 2025 年类同，只是幅度更大，目前未做模拟。因此，以 2020 年为基期，引入劳动力动态调整和资本动态累积，设计情景 S4（有购置税，补贴"退坡"）和 S5（免购置税，补贴和免税政策同时"退坡"）两种政策情形，模拟 2021 ~ 2025 年新能源汽车产业购置税、财政补贴及其"退坡"政策对碳排放、宏观经济及社会福利等指标的动态影响，结果如表 6 – 33 所示。

表 6 – 33　　2021 ~ 2025 年各宏观变量相较于基准情形 S0 的变化百分比　　单位:%

变量	政策情形	2021 年	2022 年	2023 年	2024 年	2025 年
GDP	S4	– 0.62	– 0.14	– 1.58	1.33	2.66
	S5	– 1.93	– 1.40	– 0.86	1.13	2.12
总投资	S4	0.99	5.74	7.52	9.34	9.57
	S5	7.22	10.76	16.30	10.56	12.71
CO_2 排放量	S4	– 2.41	– 3.15	– 4.83	– 2.18	– 1.87
	S5	– 5.77	– 9.75	– 8.90	– 2.34	– 3.87
社会福利	S4	– 4.37	1.49	1.52	1.96	2.09
	S5	9.04	9.45	7.39	1.37	1.81

6.7.5.1　二氧化碳减排效应

新能源汽车产业政策主要从扶持新能源汽车产业与规制传统燃油汽车两方面减少燃油汽车生产、鼓励使用新能源汽车，从而降低化石燃料消耗以达到碳减排目标。其中，通过购置税减免与财政补贴方式提高新能源汽车的生产积极性，同时缩减传统燃油汽车市场需求，进而达到碳减排的目标。图 6 – 19 展示了政策组合 S4 和 S5 对二氧化碳排放量下降幅度的影响变化。

由图 6 – 19 可以看出，二氧化碳排放量在两类政策组合的冲击下均有一定程度的下降，尤其是 S5 政策情形下碳减排峰值达到了 9.75%，但不同年份的下降幅度有所差异，整体呈现出先扬后抑的趋势。S4（有购置税，补贴"退坡"）政策组合情形下，在动态变化的前三年（2021 ~ 2023 年）二氧化碳排放量下降幅度呈现出不断加大的趋势，降幅分别为 2.41%、3.15% 和 4.83%，但 2024 年和 2025 年政策对二氧化碳排放量的削减作用明显减弱

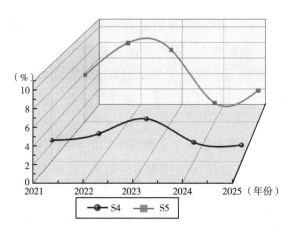

图 6 - 19　2021 ~ 2025 年政策组合情形下 CO_2 排放量下降幅度的变化

资料来源：笔者根据模型模拟结果绘制而得。

（2.18% 和 1.87%）。S5（购置税减免和补贴同时"退坡"）政策组合情形下，2021 ~ 2022 年碳减排幅度由 5.77% 上升至 9.75%，随着"退坡"力度加大及 2022 年财政补贴政策终止，碳减排效应明显减弱，但总的来说，S5 政策情形下的碳减排效果优于 S4 政策组合。

6.7.5.2　宏观经济增长效应

新能源汽车产业扶持政策的不同组合对国内生产总值（GDP）的影响效应初期为负。与基准情景对比，政策"退坡"初期 GDP 下降幅度较大，但随着政策实施的推进，出现适应性企稳现象。首先，从组合政策对 GDP 的动态影响来看（见图 6 - 20），2021 ~ 2023 年的两种政策组合均对 GDP 保持削减

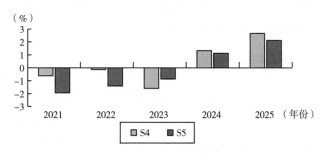

图 6 - 20　2021 ~ 2025 年各政策组合对 GDP 变化的影响

资料来源：笔者根据模型模拟结果绘制而得。

作用且保持在 2% 以内，2024 年开始对 GDP 增长产生正向效应，2024 年和 2025 年 S4 和 S5 政策组合对 GDP 的促增效应分别为 1.33%、1.13% 和 2.66%、2.12%。其中，S5 对 GDP 的正向效应逐年增长，S4 对 GDP 的影响效应在 2023 年有一个大幅度下降，除个别年份之外，S4 对 GDP 的正向效应要均大于 S5。

对于总投资，在政策"退坡"的情况下，两种政策组合均表现出正向促进效应，但效应幅度差异较大（见图 6 - 21）。在有购置税的政策组合下（S4），随着新能源汽车补贴政策的"退坡"，对总投资的促进效应逐渐增强，并在 2025 年增长效应达到 9.57%。相比之下，免购置税的政策组合（S5）对总投资的增长效应更显著，在 2023 年增长效应达到 16.3%，2024 年 S5 的增长效应虽有一定程度的减弱，但仍然高于 S4 的增长效应。总体来看，S5 政策组合的表现整体较为显著，但随着"退坡"力度的不断加大（2024 年和 2025 年）两种政策组合之间对于总投资的促增效应的差距缩小。

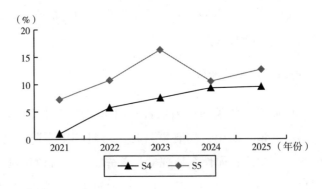

图 6 - 21　2021 ~ 2025 年各政策组合对总投资变化的影响

资料来源：笔者根据模型模拟结果绘制而得。

6.7.5.3　社会福利影响效应

对于社会福利，各种政策组合的效应趋势和幅度差异较大，但整体上看均为正向增长效应。在补贴政策逐步"退坡"政策实施 1 年时，由于购置税的差异，S4 对社会福利体现为削减效应，而免购置税的政策组合 S5 对社会福利的影响则表现为较强的正向增长效应，其社会福利增长效应达到 9.04%。然而，随着补贴政策的"退坡"，S5 的增长效应逐年减弱，S4 则由之前的削减效应转变为正向促增效应。在补贴政策终止后（2024～2025 年），不同的政策组合对社会福利的效应趋于一致，均为正向增长效应且稳定在 2% 以下。究其原因，由于补贴政策实施初期能够使得汽车制造商降低成本，该阶段产业政策的实施能够有效促进企业生产并使得社会总福利增加；但随着新能源汽车产业的进一步发展，为获取更多财政补贴企业极易产生"骗补"行为，该阶段政府补贴需要消耗大量的财政资金导致资源的无效配置，使得社会总福利的增长效应减少（见图 6 - 22）。

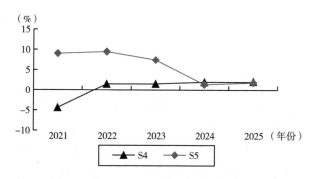

图 6 - 22　2021～2025 年各政策组合对社会福利变化的影响

资料来源：笔者根据模型模拟结果绘制而得。

　　总体来看，在考虑补贴政策逐年"退坡"的动态模拟下，S5 政策组合整体表现最好，对总投资和社会福利的增长效应要显著领先于 S4 政策组合，但 S4 在对 GDP 的正向增长效应略高于 S5。随着补贴政策的"退坡"，两种政策组合对各项经济指标的增长效应均有正向促进作用。

第 7 章　结论与政策启示

7.1　主要结论

本书依据新能源汽车产业政策的发展历程，从供给端、需求端与环境端三个维度全面梳理归类形成政策谱系，厘清新能源汽车产业政策对新能源汽车产业、宏观经济、能源消耗碳排放及社会福利等方面产生效应的作用机理；同时，依据创新价值链理论，将新能源汽车产业创新价值链分解为"技术研发—产业化—市场化"三个环节，依此构建"政策工具—创新价值链"二维框架，综合运用文本挖掘法、内容分析法和 PMC 指数理论对新能源汽车产业创新价值链政策体系的"质量"和"效能"进行统计评价，并构建多时点双重差分模型（PSM－DID）模型及空间面板模型，探究供给型、需求型与环境型三端政策对创新价值链各环节的驱动效应及扶持政策实施效果的地域异质性；在此基础上，以 2020 年 IO 表为依据构建的社会核算矩阵（SAM 表）作为基础数据库，将新能源汽车产业政策、环境及经济等因素纳入一个整体框架中，构建一个包括 22 部门的动态 CGE 模型，设计新能源汽车免购置税和财政补贴两项政策的单项及政策"退坡"组合情景，模拟分析了新能源汽车产业扶持政策对经济增长、社会福利、节能减排的短期静态效应与长期动态效应。基于模拟与研究结果，可以得出以下六点主要结论。

（1）"购置税""补贴""充电"等是公众关注的焦点，充电桩等充电设施的匮乏成为制约新能源汽车发展的主要瓶颈之一。新能源汽车产业政策公众感知话题的语义网络和 LDA 主题分析结果显示，新能源汽车产业政策的讨论热度持续升高，"购置税""补贴""充电"等成为热点话题，其中政策激励类话题所占比例最大，充电设施的普及以及充电质量受到了公众的质疑，充电设施的缺乏成为制约新能源汽车发展的主要瓶颈之一。

（2）环境型政策工具总体过溢，供给型政策工具占比尚可，但需求型政策工具总量明显不足。三类基本工具中，环境型政策工具在政策体系中始终占据主要地位，但需求类政策工具较为薄弱；政策工具维度中，产业规范类及补贴类政策过于聚焦，但激励产业创新发展及技术进步的金融财税类及人才资源类政策工具相对偏弱，海外贸易与政府采购方面的政策支持力度也明显不足；随着产业化进程的推进，三类政策工具的使用已从初期的差异化、中期的交替波动转换为现期的相对稳定状态，政策着力点呈现出从需求端到环境端，再到供给端的动态调整。

（3）三类政策工具对创新价值链各环节的作用效能与驱动效应差异明显，其中技术研发环节的政策效能较为局限但正向驱动效应较为显著，而产业化与市场化方面的政策效能与驱动效应则各不相同。对比创新价值链各环节的政策工具效能评价等级，产业化环节的扶持政策 PMC 指数值较高，表明政策涵盖内容较广、涉及较为合理，但技术研发环节的部分政策涉及面及受体较为狭窄，尤其是供给端政策内容的缺乏，在一定的程度上限制了政策工具的作用效能。从政策工具的驱动效应来看，供给端政策能显著提高新能源汽车创新价值链各环节发展水平，其中对研发水平提升效果最大；环境端政策对研发和市场化阶段具有一定的促升效果，但暂未对产业化水平产生显著影响；需求端政策对创新价值链三个环节均产生了一定的正向影响，但激励效果不甚明显。

（4）省域新能源汽车扶持政策扩散存在较为显著的空间集聚效应及近邻效应，政策工具实施效果存在明显的地域异质性特征。从省域扶持政策扩散的时空演进特征来看，不同省份推广政策的力度存在明显差异，政策推广的地域范围呈现出从城市到区域最终到全国的趋势，空间分布格局整体则呈现"东北—西南"方向特征，总体来看，新能源汽车全面市场化发展存在不均衡不充分的问题，但各省份之间的政策扩散存在较为显著的空间集聚效应及近邻效应。从政策工具实施效果的省域差异性来看，政府购买服务供给、充电基础设施建设、燃油车限行限购等政策工具均能显著提升新能源汽车市场份额，但地域异质性特征明显。其中，对于人口密度高和城镇居民收入低的省份，政策购买服务供给和限行限购政策对新能源汽车市场份额的提升效应更为显著；对于人口密度高和城镇居民收入高的省份，充电基础设施建设对新能源汽车市场份额的提升作用相对较大。

（5）新能源汽车产业扶持政策有利于能源消费结构和产业结构优化，碳减排效应也较为显著，但长期动态减排效应有所减弱。新能源汽车免购置税和财政补贴的单项和组合政策均能有效降低交通部门对化石能源尤其是成品油的依赖，从而优化能源消费结构，进而有效降低交通运输部门乃至全社会的碳排放量，但随着时间推移减排效应逐渐减弱。从政策实施的短期效应来看，免购置税有补贴（S3）政策组合的碳减排效果明显高于免购置税（S1）或财政补贴（S2）的单项政策效应；同时，交通运输部门的碳排放量受政策变化更为敏感，碳减排效果更为显著；从长期动态效应看，由于新能源汽车产业扶持政策的逐渐"退坡"并且力度不断加大，不同年份的碳减排幅度呈现出先扬后抑的变化态势。

从国民经济各行业关联来看，新能源汽车的政策激励会引致整个交通运输业、电池电机电控及汽车零配件制造业、其他服务业等行业的产出增加，政策导向会引起劳动和资本要素从第二产业（其他制造业）流出，向第三产业（其他服务业）转移，这表明扶持政策的产业需求效应对第三产业存在一定的正向冲击作用，而对第一产业、第二产业则表现出负向的波及影响，在一定程度上有利于产业结构的优化调整。

（6）新能源汽车产业扶持政策有利于促进新能源汽车的消费需求和提升社会福利，但无助于推动乘用车消费升级。CGE 模型动态模拟结果表明，各种政策组合都会在一定程度上导致实际 GDP、政府收入的下降（居民收入和企业收入微弱增长），但也能引致社会福利的正向增长。同时，实施扶持政策能有效释放居民对新能源汽车的消费潜力，彰显出激励政策的"助推剂"作用。其中，免购置税且有补贴（S3）的政策组合所产生的消费需求增加效应最大，其次为单纯实施免购置税和仅发放财政补贴政策。但对于乘用车市场消费升级而言，由于传统燃料乘用车的市场份额较大，消费基数大，想要单纯通过两项政策引导的方式改变其市场消费格局目前较难实现。

7.2　政策启示

中国的社会经济目前正处于快速发展时期，随着城市化和机动化水平的不断提高，交通与环境资源的矛盾将日益突出，交通运输的低碳化发展不仅是减缓全球气候变暖的重要途径，也是应对中国未来能源安全的挑战（周银香，2014）。为此，积极推进新能源汽车产业的健康可持续发展，是推动绿色发展、保障能源安全的战略选择，更是实现"双碳"目标的必由之路。基于本书的研究结论，提出相关的政策启示如下所述。

（1）调整三类基本政策工具的总量占比，优化政策类型内部结构。适度调减同类型环境政策工具反复使用的频次，并注重补充可操作的实施细则，同时加大激励产业创新的金融财税等政策工具的投放力度；重点调整"漫天洒水"的需求补贴政策，并充分运用贸易政策工具，大力支持新能源车企对海外研发、生产与销售市场的开发；供给型政策中的人才资源类政策工具匮乏成为技术创新的一大制约因素，需要加大政策扶持力度，为新能源汽车的创新发展提供充足的人才保障。

（2）优化创新价值链市场化环节政策工具的实施，加大充电基础设施建设力度，完善新能源汽车应用保障体系。三类政策工具对市场化环节的驱动效应差异最为明显，其中环境型政策的提升效果最强，供给型政策的驱动效应则不够显著。为此，需要优化这一环节供给型与需求型政策工具的应用，加大新能源汽车市场化发展中充电基础设施建设力度。一方面，应当在政策数量上对充电基础设施有所侧重，为新能源汽车应用环节提供各类充足的政策工具。另一方面，应当提高新能源汽车应用环节政策效能，在加大政策实施力度的同时，对充电基础设施建设提出明确的目标规划与详细措施，保证新能源汽车推广工作突破应用水平不足所带来的制约。

（3）政策组合和实施不能片面地考虑单个经济指标的影响，切忌顾此失彼。从各种激励政策效应来看，并不存在某一个绝对优化的政策组合，例如S3情景的政策组合虽然产生了最大化的居民福利和减排效果，但对产业结构调整、实际GDP、政府部门收入也造成了最大的负向牵制。从能源、环境和经济等角度全局考虑，在后续制定新能源汽车产业推广政策时，政府部门不仅要提防不良倾向的情况发生，同时还应考虑各政策之间的关联性和传导性，完善新能源汽车产业发展的政策体系，尽可能实现最优整体化效应。

（4）扶持政策"退坡"的推进速度应综合考虑新能源汽车平均成本的下降情况，以促进新能源汽车企业的优胜劣汰。虽然扶持政策对新能源车企是利好，但一味保持不变的政策扶持标准并不利于汽车产业的技术革新和产品推进，若一旦取消扶持政策，则居民对新能源汽车的消费需求骤降，新能源车企会受到极大影响。因此，制定合理的"退坡"速度对各方都尤为重要。一方面，"退坡"政策作为一个由政府驱动向市场驱动转变的过渡期，它的存在可以使新能源车企业消化库存，给车企合理布局的时间周期，使新能源汽车产业平稳过渡；另一方面，政策"退坡"相比不"退坡"更能减少对宏观经济的负面影响。确保"退坡"比例与当前新能源汽车的平均成本下降比例基本一致，是迫使相关生产企业提高其生产技术及标准、控制生产成本、淘汰高成本企业，由供给驱动乘用车市场消费升级的法宝之一。

（5）扶持政策的优化调整应权衡各方面的影响效应，要从高质量发展的战略视角协同推进多重政策组合。新能源汽车产业扶持政策出台的初衷是节约能源和缓解环境污染，但由于产业部门之间的系统性和关联影响，政策实施在经济系统中具有一般均衡的影响效应，很难作为一项孤立的政策进行考虑，因此扶持政策的制定和实施需要一个系统性、整体性的战略框架，实施多重组合的激励政策（周银香，2012b）。但在可供选择的政策实施之前，最重要的是明确政策实施的目标，权衡政策实施的综合成本，站在交通可持续发展的全局高度协同推进多项政策组合的实施，以实现新能源汽车产业健康发展、交通节能减排与经济高质量增长目标的相融。此外，新能源汽车产业发展是一个系统工程，上下游关联产业众多，其产业升级只考虑汽车动力是远远不够的，需要提升产品的综合效能，克服发展的短板，如充电基础设施、续航里程等。这些问题的解决需要政府、企业、消费者等社会各个方面的协调配合，形成完整的全产业链，推动新能源汽车产业高质量可持续发展。

参考文献

[1] 蔡博峰,曹东,刘兰翠.中国交通二氧化碳排放研究[J].气候变化研究进展,2011,7(3):197-203.

[2] 蔡建湖,贾利爽,吴昶,等.新能源汽车企业研发资金投入:财务冗余与政府补贴的不同调节作用[J].管理工程学报,2022,36(5):11-24.

[3] 曹国华,杨俊杰.政府补贴激励下消费者对新能源汽车购买行为的演化博弈研究[J].经济问题探索,2016(10):1-9.

[4] 曹兴,陈琦.异质性、技术核心能力与高技术企业成长[J].科学学与科学技术管理,2009,30(4):130-135.

[5] 畅龙.中国新能源汽车产业政策的演化与协同研究[D].深圳:深圳大学,2020.

[6] 陈春梅.我国新能源汽车产业政策的作用机制及效应评估研究[D].北京:北京理工大学,2018.

[7] 陈麟瓒,王保林.新能源汽车"需求侧"创新政策有效性的评估——基于全寿命周期成本理论[J].科学学与科学技术管理,2015,36(11):15-23.

[8] 陈诗一,陈登科.雾霾污染、政府治理与经济高质量发展[J].经济研究,2018,53(2):20-34.

[9] 陈伟.新时代中国推进生态文明建设的战略选择[J].中国软科学,2019(3):1-12.

[10] 陈永国,王天尊,洪帅,等.基于PMC指数模型的河北省新能源汽车政策文本量化评价[J].上海节能,2023(7):937-946.

[11] 陈洲,陈钊,陈诗一.阶梯式补贴与企业的策略反应——基于新能

源汽车企业的分析［J］. 经济学动态，2021（2）：32 – 49.

　　［12］范柏乃，金洁. 公共服务供给对公共服务感知绩效的影响机理——政府形象的中介作用与公众参与的调节效应［J］. 管理世界，2016（10）：50 – 61.

　　［13］范金，杨中卫，赵彤. 中国宏观社会核算矩阵的编制［J］. 世界经济文汇，2010（4）：103 – 119.

　　［14］范里安，微观经济学：现代观点［M］. 9 版. 上海：格致出版社，2014：242 – 243.

　　［15］高培勇，杜创，刘霞辉，等. 高质量发展背景下的现代化经济体系建设：一个逻辑框架［J］. 经济研究，2019，54（4）：4 – 17.

　　［16］高伟，胡潇月. 新能源汽车政策效应：规模抑或创新中介？［J］. 科研管理，2020，41（4）：32 – 44.

　　［17］高秀平，彭月兰. 我国新能源汽车财税政策效应与时变研究——基于 A 股新能源汽车上市公司的实证分析［J］. 经济问题，2018（1）：49 – 56.

　　［18］高玥. 产业补贴"退坡"的政策效果及启示——以中国新能源汽车为例［J］. 软科学，2020，34（12）：28 – 32，46.

　　［19］郭本海，陆文茜，王涵，等. 基于关键技术链的新能源汽车产业政策分解及政策效力测度［J］. 中国人口·资源与环境，2019，29（8）：76 – 86.

　　［20］郭随磊. 中国新能源汽车产业政策工具评价——基于政策文本的研究［J］. 工业技术经济，2015，34（12）：114 – 119.

　　［21］郭雯，陶凯，李振国. 政策组合对领先市场形成的影响分析——以新能源汽车产业为例［J］. 科研管理，2018，39（12）：30 – 36.

　　［22］郭正权. 基于 CGE 模型的我国低碳经济发展政策模拟分析［D］. 北京：中国矿业大学，2011.

　　［23］哈肯. 协同学导论［M］. 西安：西北大学出版社，1981.

　　［24］何春丽. 新能源汽车市场需求与政策导向研究［D］. 成都：西南财经大学，2022.

　　［25］何立峰. 大力推动高质量发展积极建设现代化经济体系［J］. 宏观经济管理，2018（7）：4 – 6.

　　［26］何文韬. 新能源汽车产业的政策保护与利基构建——基于多层次产业演化的分析［J］. 科研管理，2019，40（9）：139 – 148.

［27］何熙琼，尹长萍，毛洪涛．产业政策对企业投资效率的影响及其作用机制研究——基于银行信贷的中介作用与市场竞争的调节作用［J］．南开管理评论，2016，19（5）：161 - 170.

［28］何源，乐为，郭本海．"政策领域 - 时间维度"双重视角下新能源汽车产业政策央地协同研究［J］．中国管理科学，2021，29（5）：117 - 128.

［29］贺菊煌，沈可挺，徐嵩龄．碳税与二氧化碳减排的CGE模型［J］．数量经济技术经济研究，2002（10）：39 - 47.

［30］洪伟达，马海群．我国开放政府数据政策的演变和协同研究——基于2012 ~ 2020 年政策文本的分析［J］．情报杂志，2021，40（10）：139 - 147，138.

［31］洪伟达，马海群．我国开放政府数据政策协同机理研究［J］．情报科学，2020，38（5）：126 - 131.

［32］胡峰，温志强，沈瑾秋，等．情报过程视角下大数据政策量化评价——以11 项国家级大数据政策为例［J］．中国科技论坛，2020（4）：30 - 41，73.

［33］胡兆廉，石大千，司增绰．创新型城市能否成为产业结构转型的"点睛之笔"——来自国家创新型城市试点建设的证据［J］．山西财经大学学报，2020，42（11）：70 - 84.

［34］黄栋，祁宁．我国新能源汽车产业破坏性创新的政策支持研究［J］．当代经济管理，2014，36（8）：79 - 86.

［35］黄骏飞，张博文，熊霖霈．中国科技创新政策的演化与量化评价［J］．统计与决策，2023，39（14）：168 - 173.

［36］黄冕，刘徐湘．公众感知视角下的"双减"政策落实路径探索——基于网络评论数据的实证分析［J］．成都师范学院学报，2023，39（2）：43 - 50.

［37］计方，刘星．产业链视角下成渝经济圈新能源汽车产业政策协同性研究［J］．企业经济，2022，41（5）：137 - 150.

［38］计方，吴俊霖．基于CiteSpace图谱量化的新能源汽车产业政策研究热点分析［J］．科技和产业，2023，23（5）：25 - 30.

［39］蒋中一．数理经济学的基本方法［M］．4 版．北京：北京大学出版社，2006：549 - 560.

[40] 景守武，杨林烨，赵宇霞. 补贴机制退出对中国新能源汽车出口的影响研究 [J]. 工业技术经济，2023，42（6）：134 – 141.

[41] 乐为，何源. 新能源汽车产业政策协同与市场渗透研究 [J]. 管理学刊，2019，32（5）：20 – 29.

[42] 乐为，谢隽阳，刘启巍，等. 新能源汽车产业政策关联及其耦合效应研究 [J]. 管理学刊，2022，35（5）：65 – 81.

[43] 黎文靖，郑曼妮. 实质性创新还是策略性创新？——宏观产业政策对微观企业创新的影响 [J]. 经济研究，2016，51（4）：60 – 73.

[44] 李德贵，张晶晶. 政策工具对国际创新网络的影响研究——以新能源汽车领域为例 [J]. 科技促进发展，2023，19（5）：319 – 328.

[45] 李冬琴. 中国科技创新政策协同演变及其效果：2006～2018 [J]. 科研管理，2022，43（3）：1 – 8.

[46] 李纲，郭超，张新. 面向大城市病的政府政策有效性实证研究——以“北京市摇号购车”政策为例 [J]. 信息资源管理学报，2017，7（1）：20 – 31.

[47] 李国栋，罗瑞琦，谷永芬. 政府推广政策与新能源汽车需求：来自上海的证据 [J]. 中国工业经济，2019（4）：42 – 61.

[48] 李海龙. 高等教育高质量发展：理论错觉、现实挑战与路径构建 [J]. 江苏高教，2023（3）：39 – 47.

[49] 李杰伟，张国庆. 中国交通运输基础设施资本存量及资本回报率估算 [J]. 当代财经，2016（6）：3 – 14.

[50] 李良成，黎祯祯. 补贴“退坡”政策对新能源汽车企业研发投入的影响实证研究 [J]. 科学决策，2023（5）：152 – 168.

[51] 李妙然. 中国新能源汽车产业扶持政策效应 [D]. 北京：中国社会科学院研究生院，2020.

[52] 李社宁，张哲，李喜宁. 促进新能源汽车产业发展的可持续性财税政策探析 [J]. 西安财经学院学报，2019，32（4）：46 – 52.

[53] 李苏秀，刘颖琦，王静宇，等. 基于市场表现的中国新能源汽车产业发展政策剖析 [J]. 中国人口·资源与环境，2016，26（9）：158 – 166.

[54] 李卫兵，王鹏. 提高排污费会抑制 FDI 流入吗？——基于 PSM – DID

方法的估计 [J]. 西安交通大学学报（社会科学版），2020，40 (3)：91 - 100.

[55] 李文博. 电动汽车激励政策的消费者响应及其体系优化研究 [D]. 中国矿业大学，2018.

[56] 李侠，苏金英. 论中国科技政策质量测度体系的构建 [J]. 中国科技论坛，2008 (5)：93 - 97.

[57] 李晓敏，刘毅然，靖博伦. 产业支持政策对中国新能源汽车推广的影响研究 [J]. 管理评论，2022，34 (3)：55 - 65.

[58] 李晓敏，刘毅然，杨娇娇. 中国新能源汽车推广政策效果的地域差异研究 [J]. 中国人口·资源与环境，2020，30 (8)：51 - 61.

[59] 李晓敏，刘毅然. 充电基础设施对新能源汽车推广的影响研究 [J]. 中国软科学，2023 (1)：63 - 72.

[60] 李新娥，何勤，李晓宇，等. 基于政策量化的人工智能政策对制造业就业的影响研究 [J]. 科技管理研究，2020，40 (23)：197 - 203.

[61] 李鑫. 面向可持续转型的中国新能源汽车政策组合演进与设计逻辑 [D]. 北京：中央财经大学，2022.

[62] 李旭，熊勇清. 新能源汽车"双积分"政策影响的阶段性特征——经营与环境双重绩效视角 [J]. 资源科学，2021，43 (1)：1 - 11.

[63] 李元龙. 能源环境政策的增长、就业和减排效应：基于 CGE 模型的研究 [D]. 杭州：浙江大学，2011.

[64] 李振洋，白雪洁. 产业政策如何促进制造业绿色全要素生产率提升？——基于鼓励型政策和限制型政策协同的视角 [J]. 产业经济研究，2020 (6)：28 - 42.

[65] 梁丹丹. 中国绿色高质量发展道路的理论内涵、科学依据与路径选择 [J]. 重庆社会科学，2022 (12)：54 - 65.

[66] 林毓铭，刘冀楠. 公共政策的网络舆情演化分析——以延迟退休年龄政策为例 [J]. 情报杂志，2016，35 (8)：151 - 155.

[67] 凌经球. 边疆民族地区高质量发展的理论内涵、现实困境与突破路径——基于广西的分析 [J]. 广西民族研究，2022 (5)：171 - 179.

[68] 刘建华，马瑞俊迪，姜照华. 基于"结构—动力—绩效"视角的战略性新兴产业协同创新——以日本新能源汽车产业为例 [J]. 科技进步与对

策，2020，37（9）：96－104.

[69] 刘金亚，马雨萌，李鑫鑫．"双积分"政策对新能源车企技术创新的影响研究 [J].科学学研究，2023，41（10）：1887－1896.

[70] 刘瑾，李保玉，孟庆庄．数字经济与西部地区经济高质量发展——理论逻辑与实践路径 [J].技术经济与管理研究，2023（3）：14－20.

[71] 刘兰剑，赵志华．财政补贴退出后的多主体创新网络运行机制仿真——以新能源汽车为例 [J].科研管理，2016，37（8）：58－66.

[72] 刘相锋，吴颖婕．新能源补贴"退坡"政策能否激发车企技术水平进步——来自新能源车企采购和生产微观数据的证据 [J].财经论丛，2021（11）：102－112.

[73] 刘雪纯．政府补贴与税收政策对新能源汽车上市公司绩效影响研究 [D].武汉：武汉科技大学，2023.

[74] 刘颖琦，宋泽源，高宏伟，等．中国新能源汽车 10 年推广效果研究：空间效应视角 [J].管理评论，2023，35（3）：3－16.

[75] 刘颖琦，王静宇，ARIKOKKO．电动汽车示范运营的政策与商业模式创新：全球经验及中国实践 [J].中国软科学，2014（12）：1－16.

[76] 刘志彪．建设优势互补高质量发展的区域经济布局 [J].南京社会科学，2019（10）：18－26.

[77] 刘志彪．理解高质量发展：基本特征、支撑要素与当前重点问题 [J].学术月刊，2018，50（7）：39－45，59.

[78] 柳光强，杨芷晴，曹普桥．产业发展视角下税收优惠与财政补贴激励效果比较研究——基于信息技术、新能源产业上市公司经营业绩的面板数据分析 [J].财贸经济，2015（8）：38－47.

[79] 柳卸林，杨博旭．多元化还是专业化？产业集聚对区域创新绩效的影响机制研究 [J].中国软科学，2020（9）：141－161.

[80] 吕灿，杨应策．理解经济高质量发展的新视角——基于产品空间理论的解释 [J].西南民族大学学报（人文社会科学版），2022，43（6）：150－157.

[81] 马亮，仲伟俊，梅姝娥．新能源汽车补贴政策"退坡"问题研究 [J].软科学，2018，32（4）：26－30.

[82] 马茹, 罗晖, 王宏伟, 等. 中国区域经济高质量发展评价指标体系及测度研究 [J]. 中国软科学, 2019 (7): 60 – 67.

[83] 马少超, 范英. 基于时间序列协整的中国新能源汽车政策评估 [J]. 中国人口·资源与环境, 2018, 28 (4): 117 – 124.

[84] 马子行. 中国新能源汽车产业政策影响效应研究 [D]. 徐州: 中国矿业大学, 2020.

[85] 闵钰麟, 黄永峰. 用户定制主题聚焦爬虫的设计与实现 [J]. 计算机工程与设计, 2015, 36 (1): 17 – 21.

[86] 牛丽娟. 数字金融与经济高质量发展: 理论分析与实证检验 [J]. 西南民族大学学报 (人文社会科学版), 2023, 44 (1): 125 – 138.

[87] 潘家华. 持续发展途径的经济学分析 [M]. 北京: 中国人民大学出版社, 1997: 63.

[88] 彭纪生, 孙文祥, 仲为国. 中国技术创新政策演变与绩效实证研究 (1978 – 2006) [J]. 科研管理, 2008 (4): 134 – 150.

[89] 彭纪生, 仲为国, 孙文祥. 政策测量、政策协同演变与经济绩效: 基于创新政策的实证研究 [J]. 管理世界, 2008 (9): 25 – 36.

[90] 彭频, 何熙途. 政府补贴与新能源汽车产业发展——基于系统动力学的演化博弈分析 [J]. 运筹与管理, 2021, 30 (10): 31 – 38.

[91] 彭如霞, 夏丽丽, 林剑铬. 创新政策环境对外商直接投资区位选择的影响——以珠江三角洲核心区六市为例 [J]. 地理学报, 2021, 76 (4): 992 – 1005.

[92] 蒲云洋. 产业政策对企业竞争力的影响 [D]. 昆明: 云南大学, 2022.

[93] 饶奕邦, 舒彤. 基于中国双积分政策的新能源汽车企业技术创新行为分析 [J]. 管理评论, 2023, 35 (7): 74 – 85, 111.

[94] 饶奕邦, 熊勇清, 徐文. 双积分政策对新能源汽车上下游企业财务绩效的异质性影响研究 [J]. 系统工程理论与实践, 2022, 42 (9): 2408 – 2425.

[95] 任保平, 朱晓萌. 新时代中国高质量开放的测度及其路径研究 [J]. 统计与信息论坛, 2020, 35 (9): 26 – 33.

[96] 任保平. 新时代中国经济从高速增长转向高质量发展: 理论阐释与

实践取向 [J]. 学术月刊, 2018, 50 (3): 66 – 86.

[97] 任志成. 战略性新兴产业创新价值链锻造方向选择研究 [J]. 南京社会科学, 2013 (6): 22 – 29.

[98] 邵帅, 徐乐, 章绍一. 碳排放权交易能否助力实现"双碳"目标? ——来自能源供给侧与消费侧的异质性证据 [J]. 兰州大学学报 (社会科学版), 2022, 50 (4): 27 – 40.

[99] 石泓, 苟红岩, 温薇, 等. 正外部性理论视角下支持低碳农业发展的公共财政政策研究 [J]. 商业经济, 2014 (19): 21 – 23, 31.

[100] 时艳琴, 陈雪飞, 谢威, 等. 情报 3.0 时代情报的特征、任务与工具 [J]. 情报杂志, 2017, 36 (10): 1 – 6.

[101] 史丹, 明星. "双积分"政策能否促进新能源汽车实质性创新 [J]. 北京理工大学学报 (社会科学版), 2023, 25 (4): 40 – 51.

[102] 宋大成, 焦凤枝, 范升. 我国科学数据开放共享政策量化评价——基于 PMC 指数模型的分析 [J]. 情报杂志, 2021, 40 (8): 119 – 126.

[103] 孙冰, 袭希, 余浩. 网络关系视角下技术生态位态势研究——基于东北三省新能源汽车产业的实证分析 [J]. 科学学研究, 2013, 31 (4): 518 – 528.

[104] 孙建国, 田明甫. 双积分政策是否促进了新能源汽车企业创新的"量质齐升" [J]. 软科学, 2023: 1 – 11.

[105] 孙建军, 王树祥, 苏志文, 等. 双元创新价值链模型构建: 基于扎根理论的企业创新模式研究 [J]. 管理评论, 2022, 34 (5): 340 – 352.

[106] 孙久文, 陈超君, 孙铮. 黄河流域城市经济韧性研究和影响因素分析——基于不同城市类型的视角 [J]. 经济地理, 2022, 42 (5): 1 – 10.

[107] 孙晓华, 孙瑞, 涂安娜. 网络效应、新兴产业演化与生态位培育——来自电动汽车行业的 ABM 仿真研究 [J]. 管理科学学报, 2018, 21 (11): 1 – 17.

[108] 孙晓华, 孙瑞, 徐帅. 电动汽车产业的网络效应: 识别与异质性检验 [J]. 中国软科学, 2018 (4): 132 – 145.

[109] 谭波, 张增辉. 习近平法治思想中的宪法高质量发展理论研究 [J]. 学习论坛, 2023 (2): 120 – 129.

[110] 谭明方. 县域社会"高质量发展"问题的理论探析——基于社会

学的视角 [J]. 社会科学研究, 2022 (6): 66 - 82.

[111] 唐葆君, 陈俊宇, 王崇州. 政策工具视角下能源行业发展差异分析 [J]. 北京理工大学学报 (社会科学版), 2022, 24 (2): 21 - 27.

[112] 田秋生. 高质量发展的本质和内涵 [N]. 深圳特区报, 2020 - 09 - 22 (B02).

[113] 田秋生. 高质量发展的理论内涵和实践要求 [J]. 山东大学学报 (哲学社会科学版), 2018 (6): 1 - 8.

[114] 汪涛, 张志远, 王新. 创新政策协调对京津冀区域创新绩效的影响研究 [J]. 科研管理, 2022, 43 (8): 10 - 20.

[115] 汪涛, 赵国栋, 王婧. 战略性新兴产业创新政策研究: 以 NEVI 为例 [J]. 科研管理, 2016, 37 (6): 1 - 9.

[116] 王超, 杨伟, 何浩楠, 等. 新能源汽车政府推广政策与消费者购买意向——来自西安的实证研究 [J]. 软科学, 2021, 35 (7): 38 - 44.

[117] 王海, 尹俊雅. 地方产业政策与行业创新发展——来自新能源汽车产业政策文本的经验证据 [J]. 财经研究, 2021, 47 (5): 64 - 78.

[118] 王进富, 杨青云, 张颖颖. 基于 PMC - AE 指数模型的军民融合政策量化评价 [J]. 情报杂志, 2019, 38 (4): 66 - 73.

[119] 王静, 王海龙, 丁堃, 等. 新能源汽车产业政策工具与产业创新需求要素关联分析 [J]. 科学学与科学技术管理, 2018, 39 (5): 28 - 38.

[120] 王君. 产业政策转型的国际实践与理论思考 [J]. 经济研究参考, 2016 (28): 18 - 24.

[121] 王珺. 以高质量发展推进新时代经济建设 [J]. 南方经济, 2017 (10): 1 - 2.

[122] 王璐, 马庆庆, 杨劼, 等. 基于复杂网络演化博弈的绿色消费者对新能源汽车扩散的影响研究 [J]. 中国管理科学, 2022, 30 (4): 74 - 85.

[123] 王洛忠, 张艺君. 我国新能源汽车产业政策协同问题研究——基于结构、过程与内容的三维框架 [J]. 中国行政管理, 2017 (3): 101 - 107.

[124] 王明赫. 我国新能源汽车产业政策研究 [D]. 长春: 吉林大学, 2023.

[125] 王其文, 李善同. 社会核算矩阵: 原理、方法和应用 [M]. 北京:

清华大学出版社, 2008.

[126] 王薇, 刘云. 基于内容分析法的我国新能源汽车产业发展政策分析 [J]. 科研管理, 2017, 38 (S1): 581-591.

[127] 王伟光, 张钟元, 侯军利. 创新价值链及其结构: 一个理论框架 [J]. 科技进步与对策, 2019, 36 (1): 36-43.

[128] 王显志. 新能源汽车推广中的决策与博弈行为 [D]. 北京: 北京理工大学, 2016.

[129] 王燕妮. 中国新能源汽车产业支持政策再分析——基于政策工具、价值链和产业链三维度 [J]. 现代管理科学, 2017 (5): 33-35, 39.

[130] 王一鸣. 百年大变局、高质量发展与构建新发展格局 [J]. 管理世界, 2020, 36 (12): 1-13.

[131] 王永昌, 尹江燕. 论经济高质量发展的基本内涵及趋向 [J]. 浙江学刊, 2019 (1): 91-95.

[132] 王元. 长三角城市高质量发展的驱动因素及动力机制研究 [D]. 无锡: 江南大学, 2023.

[133] 吴江, 王梦. 中国新能源汽车推广政策调整的市场效应: 补贴"退坡"、技术进步与销量爬坡 [J]. 中国人口·资源与环境, 2023, 33 (6): 34-48.

[134] 吴洁, 朱小飞, 张宜浩, 等. 基于用户情感倾向感知的微博情感分析方法 [J]. 山东大学学报 (理学版), 2019, 54 (3): 46-55.

[135] 肖皓. 金融危机时期中国燃油税征收的动态一般均衡分析与政策优化 [D]. 长沙: 湖南大学, 2009.

[136] 谢青, 田志龙. 创新政策如何推动我国新能源汽车产业的发展——基于政策工具与创新价值链的政策文本分析 [J]. 科学学与科学技术管理, 2015, 36 (6): 3-14.

[137] 熊勇清, 陈曼琳. 新能源汽车需求市场培育的政策取向: 供给侧抑或需求侧 [J]. 中国人口·资源与环境, 2016, 26 (5): 129-137.

[138] 熊勇清, 黄恬恬, 李小龙. 新能源汽车消费促进政策实施效果的区域差异性——"购买"和"使用"环节政策比较视角 [J]. 中国人口·资源与环境, 2019, 29 (5): 71-78.

［139］熊勇清，刘徽．新能源汽车推广应用的"非补贴型"政策作用及其差异［J］．科研管理，2022，43（9）：83-90．

［140］徐国虎，许芳．新能源汽车购买决策的影响因素研究［J］．中国人口·资源与环境，2010，20（11）：91-95．

［141］徐乐，赵领娣．重点产业政策的新能源技术创新效应研究［J］．资源科学，2019，41（1）：113-131．

［142］徐小晶，徐小林．财政补贴对企业商业信用融资的影响研究——基于新能源汽车补贴"退坡"政策的实证分析［J］．南开管理评论，2021，24（3）：213-226．

［143］许红晴，王伟．试论我国经济高质量发展的指导理论［J］．中学政治教学参考，2022（20）：86-89．

［144］薛晓珊，方虹，杨昭．新能源汽车推广政策对企业技术创新的影响研究——基于 PSM-DID 方法［J］．科学学与科学技术管理，2021，42（5）：63-84．

［145］薛奕曦，邵鲁宁，尤建新，等．面向新能源汽车的社会——技术域分析及其转型推动研究［J］．中国软科学，2013（3）：78-88．

［146］严金强，武艺扬．数字经济赋能高质量发展的理论机理与实践路径——基于马克思社会再生产"四环节"理论框架［J］．上海经济研究，2023（6）：53-67．

［147］杨慧，杨建林．融合 LDA 模型的政策文本量化分析——基于国际气候领域的实证［J］．现代情报，2016，36（5）：71-81．

［148］杨珂欣，张奇，余乐安，等．基于消费者价值观和有限理性的新能源汽车购买意愿与助推政策研究［J］．管理评论，2023，35（1）：146-158．

［149］杨上广，郭丰．知识产权保护与城市绿色技术创新——基于知识产权示范城市的准自然实验［J］．武汉大学学报（哲学社会科学版），2022，75（4）：100-113．

［150］于左，李相．应加快对新能源汽车补贴政策进行公平竞争审查［J］．中国价格监管与反垄断，2016（9）：29-31．

［151］余明桂，范蕊，钟慧洁．中国产业政策与企业技术创新［J］．中国工业经济，2016（12）：5-22．

［152］岳洪江，范雨露．政策执行偏差及其矫正——以南京市新能源汽车政策为例［J］．重庆交通大学学报（社会科学版），2022，22（4）：37 - 43，56.

［153］昝欣，欧国立．"补贴'退坡'"背景下补贴模式异质性与消费者购买行为的博弈研究［J］．中央财经大学学报，2021（5）：94 - 108.

［154］臧维，李甜甜，徐磊．北京市众创空间扶持政策工具挖掘及量化评价研究［J］．软科学，2018，32（9）：56 - 61.

［155］臧维，张延法，徐磊．我国人工智能政策文本量化研究——政策现状与前沿趋势［J］．科技进步与对策，2021，38（15）：125 - 134.

［156］翟凡，李善同．关税减让、国内税替代及其收入分配效应［J］．经济研究，1996（12）：41 - 50.

［157］张冰秋．我国农业农村现代化的区域差距与空间集聚特征［J］．统计与决策，2023，39（21）：122 - 126.

［158］张存刚，王传智．经济高质量发展的内涵、基本要求与着力点———个马克思主义政治经济学的分析视角［J］．兰州文理学院学报（社会科学版），2021，37（1）：91 - 95.

［159］张导．税收优惠政策对新能源汽车企业影响研究［D］．厦门：集美大学，2019.

［160］张二震，戴翔．以"双循环"新发展格局引领经济高质量发展：理论逻辑与实现路径［J］．南京社会科学，2023（1）：51 - 59.

［161］张国兴，高秀林，汪应洛，等．政策协同：节能减排政策研究的新视角［J］．系统工程理论与实践，2014，34（3）：545 - 559.

［162］张国兴，高秀林，汪应洛，等．中国节能减排政策的测量、协同与演变——基于1978 ~ 2013年政策数据的研究［J］．中国人口·资源与环境，2014，24（12）：62 - 73.

［163］张建刚，沈蓉，邢苗．知识产权战略与城市创新——基于国家知识产权示范城市政策的准自然实验［J］．城市问题，2020（9）：13 - 24.

［164］张剑，李鑫，叶选挺，等．意义创新导向的新能源汽车政策组合量化评估［J］．科学学与科学技术管理，2023，44（8）：3 - 17.

［165］张军扩，侯永志，刘培林，等．高质量发展的目标要求和战略路

径 [J]. 管理世界, 2019, 35 (7): 1-7.

[166] 张蕾, 秦全德, 谢丽娇. 中国新能源汽车产业的政策协同研究——评估与演化 [J]. 北京理工大学学报 (社会科学版), 2020, 22 (3): 26-35.

[167] 张如桂. 中国新能源汽车政策强度量化与绩效评价研究 [D]. 广州: 暨南大学, 2022.

[168] 张树伟. 基于一般均衡 (CGE) 框架的交通能源模拟与政策评价 [D]. 北京: 清华大学, 2007.

[169] 张炜, 费小燕, 方辉. 区域创新政策多维度评价指标体系设计与构建 [J]. 科技进步与对策, 2016, 33 (1): 142-147.

[170] 张永安, 郄海拓. 国务院创新政策量化评价——基于 PMC 指数模型 [J]. 科技进步与对策, 2017, 34 (17): 127-136.

[171] 张永安, 伊茜卓玛. 各地网约车政策评价与比较分析 [J]. 北京工业大学学报 (社会科学版), 2018, 18 (3): 45-53.

[172] 张永安, 周怡园. 新能源汽车补贴政策工具挖掘及量化评价 [J]. 中国人口·资源与环境, 2017, 27 (10): 188-197.

[173] 赵骅, 郑吉川. 不同新能源汽车补贴政策对市场稳定性的影响 [J]. 中国管理科学, 2019, 27 (9): 47-55.

[174] 甄文媛. 2018 新能源车市: 政策转换中的高增长 [J]. 汽车纵横, 2019 (1): 30-32.

[175] 郑吉川, 赵骅, 李志国. 双积分政策下新能源汽车产业研发补贴研究 [J]. 科研管理, 2019, 40 (2): 126-133.

[176] 郑月龙, 冷峥峥, 王琳. 补贴 "退坡"、共性技术供给与新能源汽车产业发展 [J]. 科学与管理, 2018, 38 (2): 45-55.

[177] 支子涵. 基于主题模型的新能源汽车政策目标协同分析 [D]. 上海: 东华大学, 2023.

[178] 周城雄, 李美桂, 林慧, 等. 战略性新兴产业: 从政策工具、功能到政策评估 [J]. 科学学研究, 2017, 35 (3): 346-353.

[179] 周楠, 杨珍, 赵晓旭, 等. 京津冀区域科技创新政策协同演变: 2011—2021 年 [J]. 中国科技论坛, 2023 (8): 27-38.

[180] 周绍朋, 王健. 中国政府经济学导论 [M]. 北京: 经济科学出版

社，1998.

[181] 周文，李思思. 全面理解和把握好高质量发展：内涵特征与关键问题 [J]. 天府新论，2021 (4)：109 - 117.

[182] 周亚虹，蒲余路，陈诗一，等. 政府扶持与新型产业发展——以新能源为例 [J]. 经济研究，2015, 50 (6)：147 - 161.

[183] 周燕，潘遥. 财政补贴与税收减免——交易费用视角下的新能源汽车产业政策分析 [J]. 管理世界，2019, 35 (10)：133 - 149.

[184] 周钰萍. 政策激励与媒体丰富度对消费者新能源汽车购买影响研究 [D]. 南昌：南昌大学，2023.

[185] 朱绍鹏，吴建中，朱琛琦. 民营汽车企业如何推进中国新能源汽车产业化——基于众泰控股集团的实例分析 [J]. 现代管理科学，2013 (9)：79 - 81.

[186] 朱思敏. 新能源汽车推广应用补贴政策对企业专利质量的影响 [D]. 上海：上海财经大学，2023.

[187] 邹钰莹，娄峥嵘. 中央层面养老服务政策内容量化评价——基于 PMC 指数模型的分析 [J]. 电子科技大学学报（社会科学版），2020, 22 (3)：68 - 76.

[188] 周银香，高珊珊，等. 中国新能源汽车产业政策工具动态变迁与效能评价研究 [J]. 工业技术经济，2023, 353 (3)：13 - 23.

[189] 周银香，洪兴建. 中国交通业全要素碳排放效率的测度及动态驱动机理研究 [J]. 商业经济与管理，2018, 319 (5)：63 - 75.

[190] 周银香，吕徐莹. 中国碳排放的经济规模、结构及技术效应——基于 33 个国家 GVAR 模型的实证分析 [J]. 国际贸易问题，2017 (8)：96 - 107.

[191] 周银香. 杭州市居民低碳出行状况分析 [J]. 绿色科技，2012a (8)：207 - 210.

[192] 周银香. 交通碳排放的动态 CGE 模型构建及监管政策效应模拟研究 [M]. 北京：经济科学出版社，2022.

[193] 周银香. 交通碳排放与行业经济增长脱钩及耦合关系研究——基于 Tapio 脱钩模型和协整理论 [J]. 经济问题探索，2016 (6)：41 - 48.

［194］周银香. 基于系统动力学视角的城市交通能源消耗及碳排放研究——以杭州市为例［J］. 城市发展研究，2012b，19（9）：99－105.

［195］周银香. 交通碳排放与行业经济增长的响应关系研究——基于"脱钩"与"复钩"理论和 LMDI 分解的实证分析［J］. 财经论丛，2014（12）：9－16.

［196］周银香. 浙江省经济增长的环境代价之测度——基于长期均衡视角的环境库兹涅茨效应研究［J］. 统计与信息论坛，2011，26（4）：24－29.

［197］Abdul-Manan, Amir F N. Uncertainty and differences in GHG emissions between electric and conventional gasoline vehicles with implications for transport policy making［J］. Energy Policy, 2015, 9（87）：1－7.

［198］Abrell J. Regulating CO_2 emissions of transportation in Europe：A CGE-analysis using market-based instruments［J］. Transportation Research Part D Transport & Environment, 2010, 15（4）：235－239.

［199］Aghion P, Cai J, Dewatripont M, et al. Industrial Policy and Competition［J］. American Economic Journal：Macroeconomics, 2015, 7（04）：1－32.

［200］Andersen P, Petersen N C. A procedure for ranking efficient units in data envelopment analysis［J］. Management Science, 1993, 39（10）：1261－1264.

［201］Anselin L, Florax R, Rey S J. Advances in spatial econometrics：methodology, tools and applications［M］. Springer Science & Business Media, 2013.

［202］Autor David H. Outsourcing at Will：The Contribution of Unjust Dismissal Doctrine to the Growth of Employment Outsourcing［J］. Journal of Labor Economics, 2003, 21（1）：1－23.

［203］Bakker S, Trip J J. Policy options to support the adoption of electric vehicles in the urban environment［J］. Transportation Research Part D：Transport and Environment, 2013, 25：18－23.

［204］Basso J L, Guevara A C, Gschwender A, et al. Congestion pricing, transit subsidies and dedicated bus lanes：Efficient and practical solutions to congestion［J］. Transport Policy, 2011, 18（5）：100－684.

［205］Bergek A, Berggren C, KITE Research Group. The impact of environmental policy instruments on innovation：A review of energy and automotive industry studies [J]. Ecological Economics, 2014, 106: 112 – 123.

[206] Bertrand Marianne, Mullainathan Sendhil. Enjoying the Quiet Life? Corporate Governance and Managerial Preferences [J]. Journal of Political Economy, 2003, 111 (5): 1043 – 1075.

[207] Carolyn Fischer, Richard G, Newell. Environmental and technology policies for climate mitigation [J]. Journal of Environmental Economics and Management, 2007, 55 (2): 142 – 162.

[208] Carreira R, Nicodemus A K, Sanger C. Building Partnerships: Developing a Quality of Life Index [J]. Community College Journal of Research and Practice, 2008, 32 (11): 922 – 924.

[209] Chang L, Yuan L, Dayong Z, et al. The capital market responses to new energy vehicle (NEV) subsidies: An event study on China [J]. Energy Economics, 2022, 105: 105 – 677.

[210] Degirmenci K, Breitner M H. Consumer purchase intentions for electric vehicles: Is green more important than price and range? [J]. Transportation Research Part D: Transport and Environment, 2017, 51: 250 – 260.

[211] Devarajan S, Robinson S. The Influence of Computable General Equilibrium Models Policy [R]. Washington, D C: International Food Policy Research Institute Discussion Paper98, 2002.

[212] Dietzenbacher E, Romero I, Bosma N S. Using average propagation lengths to identify production chains in the Andalusian economy [J]. Estudios de Economia Aplicada, 2005, 23 (2): 405 – 422.

[213] Edler J, Yeow J. Connecting demand and supply: The role of intermediation in public procurement of innovation [J]. Research Policy, 2016, 45 (2): 414 – 426.

[214] Egbue O, Long S. Barriers to widespread adoption of electric vehicles: an analysis of consumer attitudes and perceptions [J]. Energy Policy, 2012, 48 (3): 717 – 729.

[215] Egnér F, Trosvik L. Electric vehicle adoption in Sweden and the impact of local policy instruments [J]. Energy Policy, 2018, 121: 584 – 596.

［216］Estrada M A R. Policy modeling: definition, classification and evalua-tion ［J］. Journal of Policy Modeling, 2011, 33 (4): 523 –536.

［217］Fischer C, Newell R G. Environmental and Technology Policies for Cli-mate Mitigation ［J］. Journal of Environmental Economics and Management, 2008, 55 (2): 142 –162.

［218］Gass V, Schmidt J, Schmid E. Analysis of alternative policy instru-ments to promote electric vehicles in Austria ［J］. Renewable Energy, 2014, 61 (Jan.): 96 –101.

［219］Ghasri M, Ardeshiri A, Rashidi T. Perception towards electric vehicles and the impact on consumers' preference ［J］. Transportation Research Part D, 2019, 77: 271 –291.

［220］Goulder Lawrence H, Parry Ian W H. Instrument Choice in Environmental Policy ［J］. Review of Environmental Economics and Policy, 2008, 2 (2): 152 –174.

［221］Grossman G M, Krueger A B. Economic growth and the environment ［J］. The Quarterly Journal of Economics, 1995, 110 (2): 353 –377.

［222］Guo Z, Li T, Shi B, et al. Economic impacts and carbon emissions of electric vehicles roll-out towards 2025 goal of China: An integrated input-output and computable general equilibrium study ［J］. Sustainable Production and Consump-tion, 2022, 31: 165 –174.

［223］Hall R E, Jones C I. Why do some countries produce so much more output per worker than others? ［J］. The Quarterly Journal of Economics, 1999, 114 (1): 83 –116.

［224］Huang C Y, Shyu J Z, Tzeng G H. Reconfiguring the innovation policy port-folios for Taiwan SIP Mall industry ［J］. Technovation, 2007, 27 (12): 744 –765.

［225］Hughes C E, Ritter A, Mabbitt N. Drug policy coordination: Identif-ying and assessing dimensions of coordination ［J］. International Journal of Drug Policy, 2013, 24 (3): 244 –250.

［226］Karkatsoulis P, Siskos P, Paroussos L, et al. Simulating deep CO_2 emission reduction in transport in a general equilibrium framework: The GEM-E3T model [J]. Transportation Research Part D, 2016, 55: 343 – 358.

[227] Kemp R, Pontoglio S. The innovation effects of environmental policy instruments—A typical case of the blind men and the elephant? [J]. Ecological Economics, 2011, 14 (9): 28 – 36.

[228] Koetse M J, de Groot H L F, Florax R J G M. Capital-energy substitution and shifts in factor demand: A meta-analysis [J]. Energy Economics, 2008, 30 (5): 2236 – 2251.

[229] Lee Y, Kim C, Shin J. A hybrid electric vehicle market penetration model to identify the best policy mix: A consumer ownership cycle approach [J]. Applied Energy, 2016, 184: 438 – 449.

[230] LeSage J, Pace R K. Introduction to Spatial Econometrics [M]. CRC Press, 2009.

[231] Li H, Bao Q, Ren X, et al. Reducing rebound effect through fossil subsidies reform: A comprehensive evaluation in China [J]. Journal of Cleaner Production, 2017, 141: 305 – 314.

[232] Li W, Long R, Chen H. Consumers' evaluation of national new energy vehicle policy in China: An analysis based on a four paradigm model [J]. Energy Policy, 2016, 99: 33 – 41.

[233] Lin B, Wu W. The impact of electric vehicle penetration: A recursive dynamic CGE analysis of China [J]. Energy Economics, 2021, 94 (2): 105086.

[234] Liu C, Liu Y, Zhang D, Xie C. The capital market responses to new energy vehicle (NEV) subsidies: An event study on China [J]. Energy Economics, 2022, 105 (C): 1 – 12.

[235] Liu Q, Jia MT, Xia D. Dynamic evaluation of new energy vehicle policy based on text mining of PMC knowledge framework [J]. Journal of Cleaner Production, 2023, 392: 136 – 237.

[236] Magro E, Wilson R J. Policy-mix evaluation: Governance challenges from new place-based innovation policies [J]. Research Policy, 2019, 48 (10): 103612.

[237] Marcelo M, Montfort M. The Quality of the Recent High-Growth Epi-

sode in Sub-Saharan Africa [J]. IMF Working Papers, 2013, 13 (53): 1.

[238] Mersky C A, Sprei F, Samaras C, et al. Effectiveness of incentives on electric vehicle adoption in Norway [J]. Transportation Research Part D, 2016, 46: 56 – 68.

[239] Moataz El-Said. Growth and Distributional Effects of Trade Liberalization and Alternative Free Trade Agreements: A Macro-Micro Analysis with An Application to Egypt [D]. Washington, D. C.: George Washington University, 2005.

[240] Nagy R L G, Hagspiel V, Kort P M. Green Capacity Investment Under Subsidy Withdrawal Risk [J]. Energy Economics, 2021 (98): 105 – 259.

[241] Narayanan G, Aguiar B, McDougall R. Global Trade, Assistance, and Production: The GTAP 8 Data Base, Center for Global Trade Analysis [M]. Purdue University, 2012.

[242] Orville F, Poland. Program evaluation and administrative theory [J]. Public Administration Review, 1974, 34 (3): 333.

[243] Pang B, Lee L. Opinion mining and sentiment analysis [J]. Foundations & Trends in Information Retrieval, 2008, 2 (1): 459 – 526.

[244] Poland O F. Program evaluation and administrative theory [J]. Public Administration Review, 1974, 34 (4): 333 – 338.

[245] Pyatt G, Thorbecke E. Planning Techniques for a Better Future [M]. Geneva: International Labor Office, 1976.

[246] Qian J L, Zhou Y X, Hao Q Y. The effect and mechanism of digital economy on green total factor productivity——Empirical evidence from China [J]. Journal of Environmental Management, 2024: 123237.

[247] Qian J L, Zhou Y X. Can an emission trading policy promote green transformation of regional economies?: Evidence from China [J]. Journal of Water and Climate Change, 2024, 15 (1): 171 – 191.

[248] Qi L I, Lin X, Shi X, et al. Feed-in tariffs and the carbon emission trading scheme under China's peak emission target: A dynamic CGE analysis for the development of renewable electricity [J]. Journal of Environmental Management, 2023, 335 (1): 117535.

［249］Querini F, Benetto E. Agent-based modelling for assessing hybrid and electric cars deployment policies in Luxembourg and Lorraine ［J］. Transportation Research Part A, 2014, 70: 149 – 161.

［250］Roberts B M. Calibration procedure and the robustness of CGE models: Simulations with a model for Poland ［J］. Economics of Planning, 1994, 27 （3）: 189 – 210.

［251］Roel L G N, Verena H, Peter M Kort. Green capacity investment under subsidy withdrawal risk ［J］. Energy Economics, 2021, 98 （C）: 1 – 21.

［252］Rothwell G, Rothwell R, Zegveld W. Reindustrialization and technology ［M］. New York: ME Sharpe, 1985.

［253］Ruiz E M, Yap S F, Nagara J S. Beyond the ceteris paribus assumption: modeling demand and supply assuming omnia mobilis ［J］. International Journal of Economics Research, 2008, 5 （2）: 185 – 194.

［254］Schneider A, Ingram H. Behavioural Assumptions of Policy Tools ［J］. The Journal of Politics, 1990, 52 （2）: 510 – 529.

［255］Sheng L D, Wei M Z, Jia M Z, et al. How Effective Is the Green Development Policy of China's Yangtze River Economic Belt? A Quantitative Evaluation Based on the PMC-Index Model ［J］. International Journal of Environmental Research and Public Health, 2021, 18 （14）: 7676.

［256］Shoven J B, Whalley J. Applying General Equilibrium ［M］. Cambridge: Cambridge University Press, 1992.

［257］Shrestha S, Dhakal S. An assessment of potential synergies and trade-offs between climate mitigation and adaptation policies of Nepal ［J］. Journal of Environmental Management, 2019, 235: 535 – 545.

［258］Sierzchula W, Bakker S, Maat K, et al. The influence of financial incentives and other socio-economic factors on electric vehicle adoption ［J］. Energy Policy, 2014, 68: 183 – 194.

［259］Solaymani S, Kardooni R, et al. Economic and environmental impacts of energy subsidy reform and oil price shock on the Malaysian transport sector ［J］. Travel Behaviour and Society, 2015, 2 （2）: 65 – 77.

［260］Solaymani S, Kardooni R, Yusoff B S, et al. The impacts of climate change policies on the transportation sector ［J］. Energy, 2015, 81: 719 – 728.

［261］Suchman Edward. Evaluative research ［M］. New York: Russell Sage Foundation, 1967.

［262］Tamba M, Norman A, Weitzel M. Economy-wide impacts of road transport electrification in the EU ［J］. Technological Forecasting and Social Change, 2022, 179: 327 – 338.

［263］Tone K. A slacks-based measure of super-efficiency in data envelopment analysis ［J］. European Journal of Operational Research, 2002, 143 (1): 32 – 41.

［264］Tone K. Dealing with undesirable outputs in DEA: A slacks-based measure (SBM) approach ［R］. Presentation At NAPW III, Toronto, 2004.

［265］Turkenburg W C. The Innovation Chain: Policies to Promote Energy Innovation, Energy for Sustainable Development ［M］. New York: The UN Publication, 2002.

［266］Varian H R. Microeconomic analysis (3rd ed.) ［M］. W. W. Norton & Company, 1992.

［267］Vöhringer F, Grether J M, Mathys N A. Trade and Climate Policies: Do Emissions from International Transport Matter? ［J］. World Economy, 2013, 36 (3): 280 – 302.

［268］Wang N, Tang L, Zhang W, et al. How to Face the Challenges Caused by the Abolishment of Subsidies for Electric Vehicles in China ［J］. Energy, 2018 (166): 359 – 372.

［269］Wang X L, Huang L C, Daim T, et al. Evaluation of China's new energy vehicle policy texts with quantitative and qualitative analysis ［J］. Technology in Society, 2021, 67: 101 – 770.

［270］Wollmann H. Reforms as experiments: Cases and experience in the international perspective ［C］. Annual Conference of the Higher School of Economics, 2007.

［271］Woolthuis R K, Lankhuizen M, Gilsing V. A system failure framework for innovation policy design ［J］. Technovation, 2005, 25 (6): 609 – 619.

［272］Xian Y J, Wang Q, Fan W R, et al. The impact of different incentive policies on new energy vehicle demand in China's gigantic cities ［J］. Energy Policy, 2022, 168: 113 – 137.

［273］Yang T, Xing C, Li X. Evaluation and analysis of new-energy vehicle industry policies in the context of technical innovation in China ［J］. Journal of Cleaner Production, 2020, 281 (4): 125 – 126.

［274］Yao M L, Qi Z, Bo Y L, et al. Substitution effect of New-Energy Vehicle Credit Program and Corporate Average Fuel Consumption Regulation for Green-car Subsidy ［J］. Energy, 2018, 152: 223 – 236.

［275］Yu N, Roo D G, Jong D M, et al. Does the expansion of a motorway network lead to economic agglomeration? Evidence from China ［J］. Transport Policy, 2016, 45 (Jan.): 218 – 227.

［276］Zhang X, Liang Y, Yu E, et al. Review of electric vehicle policies in China: Content summary and effect analysis ［J］. Renewable and Sustainable Energy Reviews, 2017 (70): 698 – 714.

［277］Zhang Y X, Jin Y L, Xue X L. Evaluation of construction industrialization policy based on PMC index model ［R］. In: American Society of Civil Engineers International Conference on Construction and Real Estate Management (IC-CREM), Charleston, South Carolina, American, 2018.

［278］Zhou Y X, Fang W S, Li M J, et al. Exploring the impacts of a low-carbon policy instrument: A case of carbon tax on transportation in China ［J］. Resources, Conservation Recycling, 2018, 139: 307 – 314.

［279］Zhou Y X, Liu W L, Lv X Y, et al. Investigating interior driving factors and cross-industrial linkages of carbon emission efficiency in China's construction industry: Based on Super-SBM DEA and GVAR model ［J］. Journal of Cleaner Production, 2019, 241: 118322.

后　记

在高质量发展视域下，中国新能源汽车产业的崛起已成为全球关注的焦点。作为国家能源安全、节能减排和汽车产业转型升级的重要支柱，新能源汽车产业不仅关乎国民经济的增长，更关乎社会民生和生态环境的全面提升。新能源汽车产业的高质量发展绝非简单的规模扩张，而是创新链、产业链与政策链的协同演进，产业的发展轨迹既映射了政策驱动的制度优势，也面临着创新生态的深层挑战。从新能源汽车产业扶持政策的"退坡"到"暂缓退坡"，再到购置税减免政策的延长，政策的每一次调整都牵动着整个产业的神经。因此，如何科学评估产业扶持政策的"双刃剑"效应，破解"政策依赖"与"市场韧性"的悖论，在政策扶持与市场驱动之间找到平衡，成为新能源汽车产业高质量发展的关键。

本书研究正是基于上述背景展开的，通过对新能源汽车产业扶持政策的深入分析，试图揭示政策动态效应的复杂性。全书围绕新能源汽车产业扶持政策，基于政策工具与创新价值链的双重视角，运用文本挖掘、内容分析法、PMC指数模型、PSM－DID模型、GIS空间分析等多种方法，对创新价值链各环节的政策质量、政策效能及政策地域异质性实施效果进行了系统而深入的探究。通过这些研究，揭示了扶持政策在推动产业快速发展中的正效应，也剖析了政策可能带来的负效应。此外，还通过构建动态混合CGE模型，模拟了政策实施及"退坡"对新能源汽车产业高质量发展的直接效应和波及效应。在研究过程中，笔者深刻体会到新能源汽车产业的复杂性和政策制定的挑战性，其涉及的领域之广、技术路线之多，犹如一张错综复杂的巨网，牵一发而动全身。研究期间，浙江财经大学数据科学学院李金昌教授和洪兴建教授、浙江工商大学徐蔼婷教授和程开明教授等，都曾给予诸多指导与帮助。浙江财经大学数据科学学院芮紫薇老师，博士研究生高珊珊、钱佳丽、田婧茹和余文俊，硕士研究生程欣宜、刘思雨、胡董鑫、杨瑞、徐莹茜、梁丽丽、孙莹、王晓琦、张娓娓、胡方平、张璇璇、周宁、王华等，参与了文献检索、资料整理、数据测算和部分章节的实证分析等工作，在此一并致谢。本书得以出版，特别感谢经济科学出版社的大力支持！还要感谢经济科学出版社张燕同志出色的编辑工作，令本书增色良多。

本书相关研究得到国家社会科学基金重点项目（24ATJ004）、国家社会科学基金一般项目（20BTJ007，15BTJ025）、浙江财经大学"新经济统计监测与智能决策研究"战略性学科团队、浙江财经大学浙江省域现代化监测与评价实验室、浙江省新型重点专业智库"浙江财经大学中国政府监管与公共政策研究院"及浙江省一流学科 A 类（浙江财经大学统计学）的资助，在此表示感谢。另外，限于自身的认知水平，书中难免出现疏漏和不妥之处，敬请各位专家和读者批评指正！

周银香

2024 年 10 月于杭州